OEUVRES COMPLÈTES

DE M. LE VICOMTE

DE CHATEAUBRIAND.

—

TOME IV.

DE L'IMPRIMERIE DE CRAPELET,
RUE DE VAUGIRARD, N° 9.

ŒUVRES COMPLÈTES

DE M. LE VICOMTE

DE CHATEAUBRIAND,

MEMBRE DE L'ACADÉMIE FRANÇOISE.

TOME QUATRIÈME.

ÉTUDES HISTORIQUES.

TOME I.

PARIS.

POURRAT FRÈRES, ÉDITEURS.

M. DCCC. XXXVI.

AVANT-PROPOS.

MARS 1831.

> « Souvenez-vous, pour ne pas perdre de vue le
> « train du monde, qu'à cette époque (*la chute de*
> « *l'empire romain*).........................
> « .... il y avoit des historiens qui fouilloient
> « comme moi les archives du passé au milieu des
> « ruines du présent, qui écrivoient les annales des
> « anciennes révolutions au bruit des révolutions
> « nouvelles; eux et moi prenant pour table, dans
> « l'édifice croulant, la pierre tombée à nos pieds,
> « en attendant celle qui devoit écraser nos têtes. »
>
> (*Étude sixième*, seconde partie.)

JE ne voudrois pas, pour ce qui me reste à vivre, recommencer les dix-huit mois qui viennent de s'écouler. On n'aura jamais une idée de la violence que je me suis faite; j'ai été forcé d'abstraire mon esprit dix, douze et quinze heures par jour, de ce qui se passoit autour de moi, pour me livrer puérilement à la composition d'un ouvrage dont personne ne parcourra une ligne. Qui liroit quatre gros volumes, lorsqu'on a bien de la peine à lire le feuilleton d'une gazette? J'écrivois l'histoire ancienne, et l'histoire moderne frappoit à ma porte; en vain je lui criois : « Attendez, je vais à « vous. » Elle passoit au bruit du canon, en emportant trois générations de rois.

Et que le temps concorde heureusement avec la nature même de ces *Études!* On abat les croix, on poursuit les prêtres; et il est question de croix et de prêtres à toutes les pages de mon récit : on bannit les Capets, et je publie une histoire dont les Capets occupent huit siècles. Le plus long et le dernier travail de ma vie, celui qui m'a coûté le plus de recherches, de soins et d'années, celui où j'ai peut-être remué le plus d'idées et de faits, paroît lorsqu'il ne peut trouver de lecteurs; c'est comme si je le jetois dans un puits, où il va s'enfoncer sous l'amas des décombres qui le suivront. Quand une société se compose et se décompose; quand il y va de l'existence de chacun et de tous; quand on n'est pas sûr d'un avenir d'une heure, qui se soucie de ce que fait, dit et pense son voisin? Il s'agit bien de Néron, de Constantin, de Julien, des apôtres, des Martyrs, des Pères de l'Église, des Goths, des Huns, des Vandales, des Francs, de Clovis, de Charlemagne, de Hugues Capet et de Henri IV! Il s'agit bien du naufrage de l'ancien monde, lorsque nous nous trouvons engagés dans le naufrage du monde moderne!

N'est-ce pas une sorte de radotage, une espèce de foiblesse d'esprit, que de s'occuper de lettres dans ce moment? Il est vrai; mais ce radotage ne tient pas à mon cerveau, il vient des antécédents de ma méchante fortune. Si je n'avois pas tant fait de sacrifices aux libertés de mon pays, je n'aurois pas été obligé de contracter des engagements qui s'achèvent de remplir dans des circonstances doublement déplorables pour moi. Je ne puis suspendre une publication [1] dont je ne suis pas le maître; il faut donc couronner par un dernier sacrifice tous mes sacrifices. Aucun auteur n'a été mis à une pareille épreuve : grâce à Dieu, elle est à son terme : je n'ai plus qu'à m'asseoir sur des ruines, et à mépriser cette vie que je dédaignois dans ma jeunesse.

Après ces plaintes bien naturelles, et qui me sont involontairement échappées, une pensée me vient consoler. J'ai commencé ma carrière littéraire par un ouvrage où j'envisageois le christianisme sous les rapports poétiques et moraux; je la finis par un ouvrage où je considère la même religion sous ses rapports philosophiques et historiques : j'ai commencé ma carrière politique avec la Restauration, je la finis avec la Restauration. Ce n'est

---

[1] Celle de la dernière livraison de la première édition de ses OEuvres complètes. (Lef...)

pas sans une secrète satisfaction que je me trouve ainsi conséquent avec moi-même. Les grandes lignes de mon existence n'ont point fléchi : si, comme tous les hommes, je n'ai pas été semblable à moi-même dans les détails, qu'on le pardonne à la fragilité humaine. Les principes sur lesquels se fonde la société m'ont été chers et sacrés ; on me rendra cette justice de reconnoître qu'un amour sincère de la liberté respire dans mes ouvrages, que j'ai été passionné pour l'honneur et la gloire de ma patrie, que, sans envie, je n'ai jamais refusé mon admiration aux talents dans quelque parti qu'ils se soient trouvés. Me serois-je laissé trop emporter à l'ardeur de la polémique ? Je m'en repens, et je rends justice aux qualités que je pourrois avoir méconnues : je veux quitter le monde en ami,

PRÉFACE.

Hérodote commence son histoire par déclarer les motifs qui la lui ont fait entreprendre; Tacite explique les raisons qui lui ont mis la plume à la main. Sans avoir les talents de ces historiens, je puis imiter leur exemple; je puis dire, comme Hérodote, que j'écris pour la gloire de ma patrie et parce que j'ai vu les maux des hommes. Plus libre que Tacite, je n'aime ni ne crains les tyrans. Désormais isolé sur la terre, n'attendant rien de mes travaux, je me trouve dans la position la plus favorable à l'indépendance de l'écrivain, puisque j'habite déjà avec les générations dont j'ai évoqué les ombres.

Les sociétés anciennes périssent; de leurs ruines sortent des sociétés nouvelles : lois, mœurs, usages, coutumes, opinions, principes même, tout est changé. Une grande révolution est accomplie, une grande révolution se prépare : la France doit recomposer ses annales, pour les mettre en rapport avec les progrès de l'intelligence. Dans cette nécessité d'une reconstruction sur un nouveau plan, où faut-il chercher des matériaux? Quels sont les travaux exécutés avant notre temps? Qu'y a-t-il à louer ou à blamer dans les écrivains de l'ancienne École historique? La nouvelle École doit-elle être entièrement suivie, et quels sont les auteurs les plus remarquables de cette École? Tout est-il vrai dans les théories religieuses, philosophiques et politiques du moment? Voilà ce que je me propose d'examiner dans cette préface. Je travaillois depuis bien des années à une histoire de France dont ces *Études* ne présenteront que l'exposition, les vues générales et les débris. Ma vie manque à mon ouvrage : sur la route où le temps m'arrête, je montre de la main aux jeunes voyageurs les pierres que j'avois entassées, le sol et le site où je voulois bâtir mon édifice.

Origine commune des Peuples de l'Europe. Documents et historiens étrangers
à consulter pour l'Histoire de France.

Les anciens avoient conçu l'histoire autrement que nous ; ils la regardoient comme un simple enseignement, et, sous ce rapport, Aristote la place dans un rang inférieur à la poésie : ils attachoient peu d'importance à la vérité matérielle ; pourvu qu'il y eût un fait vrai ou faux à raconter, que ce fait offrît un grand spectacle ou une leçon de morale et de politique, cela leur suffisoit. Délivrés de ces immenses lectures sous lesquelles l'imagination et la mémoire sont également écrasées, ils avoient peu de documents à consulter ; leurs citations ne sont presque rien, et quand ils renvoient à une autorité, c'est presque toujours sans indication précise. Hérodote se contente de dire dans son premier livre, *Clio*, qu'il écrit d'après les historiens de Perse et de Phœnicie ; dans son second livre, *Euterpe*, il parle d'après les prêtres égyptiens qui *lui ont lu* leurs Annales. Il reproduit un vers de l'*Iliade*, un passage de l'*Odyssée*, un fragment d'Eschyle : il ne faut pas plus d'autorités à Hérodote, ni à ses auditeurs des jeux Olympiques. Thucydide n'a pas une seule citation : ils mentionne seulement quelques chants populaires.

Tite-Live ne s'appuie jamais d'un texte : *des auteurs, des historiens rapportent ;* c'est sa manière de procéder. Dans sa troisième Décade, il rappelle les dires de Cintius Alimentus, prisonnier d'Annibal, et de Cœlius et Valérius sur la guerre Punique.

Dans Tacite les autorités sont moins rares, quoique encore bien peu nombreuses ; on n'en compte que treize de nominales : ce sont, dans le premier livre des *Annales*, Pline, historien des guerres de Germanie ; dans le quatrième livre ; les *Mémoires* d'Agrippine, mère de Néron, ouvrage dont ont ne sauroit trop déplorer la perte ; dans le treizième livre, Fabius Rusticus, Pline l'historien et Cluvius ; dans le quatorzième, Cluvius ; dans le quinzième,

Pline. Dans le troisième livre des *Histoires*, Tacite nomme Messala et Pline, et renvoie à des *Mémoires* qu'il avoit entre les mains ; dans le quatrième livre, il s'en réfère aux prêtres égyptiens ; dans les *Mœurs des Germains*, il écrit un vers de Virgile en l'altérant. Souvent il dit : « Les historiens de ces temps racontent, » *temporum illorum scriptores prodiderint ;* il explique son système en déclarant qu'il ne rapporte le nom des auteurs que lorsqu'ils diffèrent entre eux. Ainsi deux citations vagues dans Hérodote, pas une dans Thucydide, deux ou trois dans Tite-Live, et treize dans Tacite, forment tout le corps des autorités de ces historiens. Quelques biographes, comme Suétone et Plutarque surtout, ont lu un peu plus de *Mémoires ;* mais les nombreuses citations sont laissées aux compilateurs, comme Pline le naturaliste, Athénée, Macrobe, et saint Clément d'Alexandrie, dans ses *Stromates*.

Les annalistes de l'antiquité ne faisoient point entrer dans leurs récits le tableau des différentes branches de l'administration : les sciences, les arts, l'éducation publique, étoient rejetés du domaine de l'histoire ; Clio marchoit légèrement, débarrassée du pesant bagage qu'elle traîne aujourd'hui après elle. Souvent l'historien n'étoit qu'un voyageur racontant ce qu'il avoit vu. Maintenant l'histoire est une encyclopédie ; il y faut tout faire entrer, depuis l'astronomie jusqu'à la chimie ; depuis l'art du financier jusqu'à celui du manufacturier ; depuis la connoissance du peintre, du sculpteur et de l'architecte jusqu'à la science de l'économiste ; depuis l'étude des lois ecclésiastiques, civiles et criminelles jusqu'à celle des lois politiques. L'historien moderne se laisse-t-il aller au récit d'une scène de mœurs et de passions, la gabelle survient au beau milieu ; un autre impôt réclame ; la guerre, la navigation, le commerce, accourent. Comment les armes étoient-elles faites alors ? D'où tiroit-on les bois de construction ? Combien valoit la livre de poivre ? Tout est perdu si l'auteur n'a pas remarqué que l'année commençoit à Pâques et qu'il l'ait datée du 1ᵉʳ janvier. Comment voulez-vous qu'on s'assûre en sa parole, s'il s'est trompé de page dans une citation, ou s'il a mal coté l'édition? La société demeure inconnue, si l'on ignore la couleur du haut-de-chausses du roi et le prix du marc d'argent. Cet historien doit savoir non-seulement ce qui se passe dans sa patrie, mais encore dans les contrées voisines, et parmi ces détails, il faut qu'une idée philosophique soit présentée à sa pensée et lui serve de guide. Voilà les inconvénients de l'histoire moderne : ils sont tels qu'ils nous empêcheront peut-être d'avoir jamais des historiens comme Thucydide, Tite-Live et Tacite; mais on ne peut éviter ces inconvénients, et force est de s'y soumettre.

L'écrivain appelé à nous peindre un jour un grand tableau de notre histoire, ne se bornera pas à la recherche des sources d'où sortent immédiatement les Franks et les François; il étudiera les premiers siècles des sociétés qui environnent la France, parce que les jeunes peuples de diverses contrées, comme les enfants de divers pays ont entre eux la ressemblance commune que leur donne la nature, et parce que ces peuples, nés d'un petit nombre de familles alliées, conservent dans leur adolescence l'empreinte des traits maternels.

Quatre espèces de documents renferment l'histoire entière des nations dans l'ordre successif de leur âge : les Poésies, les Lois, les Chroniques contenant les faits généraux, les Mémoires peignant les mœurs et la vie privée. Les hommes chantent d'abord; ils écrivent ensuite.

Nous n'avons plus les Bardits que fit recueillir Charlemagne; il ne nous reste qu'une ode en l'honneur de la victoire que Louis, fils de Louis-le-Bègue, remporta en 881 sur les Normands; mais le moine de Saint-Gall et Ermold-le-Noir ont tout-à-fait écrit dans le goût de la chanson germanique.

La Mythologie et les Poésies scandinaves; les Edda et les Sagas; les chants des Scaldes, que nous ont conservés Snorron, Saxon-le-Grammairien, Adam de Brême et les Chroniques anglo-saxonnes; les Nibelungs, quoique d'une date plus récente, suppléent à nos pertes : on verra l'usage que j'en ai fait en essayant de tracer l'histoire des mœurs barbares. Quant à ce qui concerne les langues, les évangiles goths d'Ulphilas sont un trésor.

Pour le midi de la France, M. Raynouard a réhabilité l'ancienne langue romane, et, en publiant les poésies écrites ou chantées dans cette langue, il a rendu un service important.

M. Fauriel, à qui nous devons la belle traduction des chants populaires de la Grèce, doit montrer, dans la formation de la langue romane, les traces des trois plus anciennes langues de la Gaule, encore parlées aujourd'hui, l'une en Écosse, l'autre dans le pays de Galles et la Basse-Bretagne, la troisième chez les Basques. Il a remarqué un poëme sur les guerres des Arabes d'Espagne et des chrétiens de l'Occitanie, dont le héros est un prince aquitain nommé Walther : ne seroit-ce point Waiffre ? Plusieurs chants remémorent les rébellions de divers chefs du midi de la France contre les monarques carlovingiens : cela sert de plus en plus à prouver que les hostilités de Charles-le-Martel, de Pepin et de Charlemagne, contre les princes d'Aquitaine, eurent pour cause une inimitié de race, les descendants des Mérovingiens régnant au-delà de la Loire. On nous fait espérer que M. Fauriel s'occupe d'une histoire des Barbares dans les provinces méridionales de la France : le sujet seroit digne de son rare savoir et de ses talents.

Il ne faut pas s'en tenir aux lois salique, ripuaire et gombette pour l'étude des lois barbares; on doit considérer comme chapitres d'un même code national, les lois lombardes, allemandes, bavaroises, russes (celles-ci ne sont que le droit suédois), anglo-saxonnes et galliques : avec les dernières on peut reconstruire plusieurs parties du primitif édifice gaulois. Toutes ces lois ont été imprimées ou séparément ou dans les différents recueils des historiens de la France, de l'Italie, de l'Allemagne et de l'Angleterre. Le père Canciani recueillit à Venise, en 1781, *Barbarum leges antiquæ*, en cinq volumes in-fol.; excellente collection qui devroit être dans nos bibliothèques : on y trouve la traduction italienne des *Assises du royaume de Jérusalem* et divers morceaux inédits. On assure que nous aurons bientôt les *Assises* entières publiées sur le manuscrit retrouvé, avec les traductions grecque-barbare, et italienne de 1490. L'Académie des Inscriptions s'en occupe.

La collation des deux textes de la loi salique, dont il existe dix-huit ou vingt manuscrits connus, collation faite par M. Wiarda, est estimable; il sera bon d'y avoir égard. Mais Bignon reste toujours docteur en cette matière, comme Baluze est à jamais l'homme des *Capitulaires* et des *Formules*.

Après les poésies et les lois, on ne consultera pas sans fruit, pour les six premiers siècles des temps barbares, les historiens de la Russie, de la Pologne, de la Suède et de l'Allemagne, quoiqu'en général ils aient écrit après les nôtres.

Le plus ancien annaliste russe est un moine de Kioff, Nestor. La monarchie russe fut fondée vers le milieu du neuvième siècle : Kioff, depuis l'an 882, en devint la première capitale. A la fin du dixième siècle, Kioff et toute la vieille Russie embrassèrent le christianisme. Nestor rédigea en slavon son ouvrage vers l'an 1073. Cet ouvrage a été traduit en allemand par Scherer, et commenté par Schloezer : il n'en existe aucune traduction françoise ou latine. Quelques notes tirées de Nestor se trouvent seulement dans la traduction françoise de l'histoire de Karomsine. Nestor a imité Constantin, Cedren, Zonare et autres écrivains de la *Byzantine*; il a transporté dans son texte plusieurs passages de ces écrivains; il nous a conservé *in extenso* deux documents précieux de l'histoire de la Russie, les traités de paix d'Olez et d'Igor avec la cour de Constantinople. Les Grecs eux-mèmes ne connoissoient pas l'existence de ces deux pièces, car elles sont de l'époque la plus stérile de leurs annales, de l'an 813 à l'an 959.

La Chronique de Nestor finit à l'année 1096. Nestor reste, d'après l'opinion de Schloezer, la première, l'unique source, au moins la source principale pour l'histoire du Nord scandinave et finois; jusqu'à lui ces contrées étoient, pour les historiens, *terra incognita*. Dans un des continuateurs de Nestor, on remarque le plus ancien code des lois russes, nommé *la Vérité russe* ou *le Droit russe;* il est tiré des lois scandinaves. Les premiers souverains de la Russie vinrent de la Scandinavie, appelés qu'ils furent par la volonté des peuplades russes. Pour se convaincre que *le Droit russe* est d'origine scandinave, il suffit de le comparer avec la législation suédoise, dont les fragments les plus authentiques ont été conservés. Un ouvrage assez rare aujourd'hui, imprimé à Abo ou à Upsal, «*De Jure Sveonum Gothorumque vetusto,*» offre le texte original du droit russe, et souvent on ne peut comprendre le texte russe qu'à l'aide du texte suédois.

Un travail à consulter sur les historiens et la littérature slavo-russe, est celui de Kohl; *Introductio ad histor. litterar. Slav.*

Les historiens des autres peuples d'origine slave sont venus plus tard que Nestor, et même plus tard que son premier continuateur; car Nestor a écrit entre l'an 1056 et l'an 1116, et l'historien de Prague, Cosme, est mort l'an 1125.

Martin Gallus, annaliste de Pologne, doit être placé de 1109 à 1136. *Helmold,* dont l'ouvrage sert de source à l'histoire des peuples du moyen-âge de l'Allemagne, et surtout à celle des Slaves, a écrit à Lubeck, vers l'an 1170, *Chronica Slavorum.*

Adam de Bremen est presque contemporain de Nestor; il est utile pour l'histoire du Danemarck. Un autre annaliste aussi consciencieux que Nestor, et de quelques années plus ancien que lui (mort l'année 1018), est Difmar, évêque de Mersebourg; il a écrit touchant l'Allemagne.

Tous les documents de l'histoire de la Germanie se trouveront réunis dans le Recueil des historiens allemands, que publie en Hanovre le savant Paertz sous les auspices du baron de Stein. M. Paertz a visité le cabinet de nos Chartres, et il a fouillé dans les archives du Vatican pour l'histoire du moyen-âge de l'Allemagne.

Le premier volume in-folio de ce Recueil a été publié, le second et le troisième doivent bientôt paroître. Ce Recueil rendra inutiles ceux connus jusqu'à présent sous la dénomination de *Scriptores rerum germanicarum*. Reste à savoir pourtant si l'on se pourra passer de la Collection de *Leibnitz*, de *Scriptores rerum brunsvicensium*. Leibnitz, génie universel, a pressenti l'importance de son travail pour la mythologie des Slaves et des Germains, et même pour la langue de ces peuples : dans une de ses préfaces on trouve, sur l'histoire du moyen-âge, des idées que les appréciateurs modernes de ces temps n'ont fait souvent que reproduire sous d'autres formes.

L'*Histoire de Suède* de Dalen est une compilation assez complète, mais peu critique; celle de Rühs est la plus estimée. Le nouveau Recueil, dont deux volumes ont déjà paru, est de Geyer. On a deux forts in-folio de Lagerbring, composés de matériaux historiques et législatifs sur la Suède.

L'*Histoire de Danemarck*, de Mallet, n'est pas à négliger. L'introduction relative à la mythologie et aux poésies du Nord est intéressante, quoique depuis on ait fait des progrès dans la langue et des découvertes dans les fables scandinaves.

Saxo-Grammaticus est le Nestor du Danemarck, comme Snorron est l'Hérodote du Nord : ce pays possède aussi un recueil de *scriptores*.

Quant à l'*Histoire de Pologne*, outre Martin Gallus, on trouve Vincent Kadlubeck, évêque de Cracovie, mort en 1223. L'évêque Dlugosh compila les annales de son pays, vers le milieu et la fin du quinzième siècle, empruntant ses récits, comme il l'avoue lui-même, aux traditions populaires.

Par ordre de Nicolas Ier on procède en Russie à la réunion des documents slaves et autres titres de ce vaste empire. La Lusace et la Bavière commencent des Collections. La Société formée à Francfort s'occupe sans relâche de la découverte et de la publication des diplômes et papiers nationaux de l'Allemagne.

Telles sont les richesses que nous offre le Nord de l'Europe. Toutefois n'abusons pas, comme on est trop enclin à le faire, des origines scandinaves, slaves et tudesques. Il semble aujourd'hui que toute notre histoire soit en Allemagne, qu'on ne trouve que là nos antiquités et les hommes qui les ont connues. Les quarante ans de notre révolution ont interrompu les études en France, tandis qu'elles ont continué dans les universités germaniques; les Allemands ont regagné sur nous une partie du temps que nous avions gagné sur eux; mais si, pour le droit, la philologie et la philosophie, ils nous devancent à l'heure qu'il est, ils sont encore loin d'être arrivés en histoire au point où nous nous trouvions lorsque nos troubles ont éclaté.

Rendons justice aux savants de l'Allemagne, mais sachons que les peuples septentrionaux sont, comme *peuples*, plus jeunes que nous de plusieurs siècles; que nos chartes remontent beaucoup plus haut que les leurs; que les immenses travaux des Bénédictins de Saint-Maur et de Saint-Vannes ont commencé bien avant les travaux historiques des professeurs de Gœttingue, d'Jéna, de Bonn, de Dresde, de Weimar, de Brunswick, de Berlin, de Vienne, de Presbourg, etc.; que les érudits françois, supérieurs par la clarté et la précision aux érudits d'outre-Rhin, les surpassent encore par la solidité et l'universalité des recherches. Les Allemands ne l'emportent véritablement sur nous que dans la *codification* : encore les grands légistes, Cujas, Domat, Dumoulin, Pothier, sont-ils François. Nos voisins ont sur les origines des nations barbares quelques notions particulières qu'ils doivent aux langues parlées en Dalmatie, en Hongrie, en Servie, en Bohême, en Pologne, etc.; mais un esprit saint ne doit pas attacher trop d'importance à ces études qui finissent par dégénérer dans une métaphysique de grammaire, laquelle paroît d'autant plus merveilleuse qu'elle est plus noyée dans les brouillards.

Que par l'étude du sanscrit et des différents dialectes indiens thibétain, chinois, tartare, on parvienne à dresser des formules au moyen desquelles on découvre le mécanisme général du langage humain, *philosophiquement* parlant, ce sera un progrès considérable de la science; mais, *historiquement* parlant, il est douteux qu'il en résulte beaucoup de lumières. Au système des origines communes par les racines du *logos*, on opposera toujours avec succès le synchronisme ou la spontanéité du verbe comme de la pensée, dans divers temps et dans divers pays.

Si nous passons de l'Allemagne à l'Angleterre, il n'est pas sans profit de parcourir les poésies anglo-saxonnes, galliques, écossoises, irlandoises, afin de prendre un sentiment général de l'enfance d'une société barbare; mais il ne les faudroit pas convertir en preuves, car la vanité cantonnale a tellement mêlé les chants faits après coup, aux chants originaux, qu'on les peut à peine distinguer.

Quant aux lois, j'ai déjà dit qu'il étoit bon de consulter les lois anglo-saxonnes et galliques. Les *Actes* de Rymer, continués par Robert Sanderson, sont un bon recueil, mais ils ne commencent qu'à l'an 1101, sautent tout à coup de l'an 1103 à l'an 1137, et continuent de la sorte avec des lacunes de dix, quinze et vingt ans, jusqu'au treizième siècle, où les chartes se multiplient. Ce recueil, tout important qu'il soit, est fort inférieur à celui des ordonnances de nos rois et autres collections qui doivent faire suite à ces ordonnances, les matières y sont mêlées et incohérentes; elles ne sont point précédées de ces admirables préfaces dont les De Laurières, les Secousse, les Vilevault, les Bréquigny, ont enrichi leur travail, et qui sont des traités complets du Droit françois. Le Clerc et Rapin ont pourtant donné, dans le dixième volume des *Actes* de Rymer, un abrégé historique sec, mais utile, des vingt volumes de l'édition de Londres de 1745.

Dans les historiens primitifs de l'Angleterre, l'annaliste françois peut glaner avec succès les trois *Gildas*, l'*Histoire ecclésiastique* de Bède, et, dans les bas siècles, les chroniqueurs, poëtes ou prosateurs de la race normande. Les traductions anglo-saxonnes faites du latin, par Alfred-le-

Grand, les lois de ce prince publiées par Guillaume Lombard, son Testament avec les notes de Manning, apprennent quelques faits curieux. Dans sa traduction anglo-saxonne d'Orose, Alfred a inséré deux périples scandinaves de la Baltique, du Norwégien Other et du Danois Wulfstan : c'est ce qu'il y a de plus authentique touchant cette mer intérieure, au bord de laquelle étoient cantonnés ces Barbares qui devoient aller conquérir les habitants civilisés des rivages de la Méditerranée.

Il existe plusieurs recueils des historiens anglois, mais sans ordre; ils se répètent aussi, parce que, dans ce pays de liberté, le gouvernement ne fait rien et les particuliers font tout. Il faut joindre à la collection d'Heidelberg (1587), la collection de Francfort (1601), et les dix auteurs du Recueil de Selden (Londres 1652) : on aura alors à peu près tout ce qui est relatif aux mœurs communes de l'Angleterre et de la France. La réunion des anciens historiens anglois, écossois, irlandois et normands de Camden ne vaut pas sa *Britanniæ Descriptio;* c'est celle-là qu'il faut étudier pour les origines romaines et barbares. Le génie des Normands, lié si intimement au nôtre, se décèle surtout dans le *Doomsdaybook :* ce document, d'un prix inestimable, a été imprimé en 1783, par ordre du parlement d'Angleterre. On le complèteroit en consultant le pouillé général du clergé d'Angleterre et du pays de Galles, auquel Édouard II fit travailler en 1291; le manuscrit de ce pouillé est aux bibliothèques d'Oxford. La principauté de Galles, les comtés de Northumberland, de Cumberland, de Westmoreland et de Durham manquent au *Doomsdaybook :* cette statistique offre le détail des terres cultivées, habitées ou désertes de l'Angleterre, le nombre des habitants libres ou serfs, et jusqu'à celui des troupeaux et des ruches d'abeilles. Dans le *Doomsdaybook,* sont grossièrement dessinées les villes et les abbayes.

Il ne faut pas négliger de consulter les cartes du moyen-âge; elles sont utiles non-seulement pour la géographie historique, mais encore parce qu'à l'aide des noms propres de lieu on retrouve des origines de peuples. Dans le périple de Wulfstan, par exemple, l'île de Bornholm est appelée *Burgenda-land*, et dans l'ouvrage historique de Snorron, *Heims-Kringla*, on voit que les Scandinaves disoient *Borgundar-holm :* voilà la patrie des Burgundes ou Bourguignons. En ne pressant pas trop ces indications, on en tire un bon parti; mais il ne faudroit pas, comme plusieurs auteurs allemands, se figurer qu'une tribu de Franks prit le nom de *Salii*, parce qu'elle campoit sur les bords de la Saale en Franconie. Le gouvernement anglois a employé à Rome le savant Marini à la Collection des lettres des papes et des autres pièces relatives à l'histoire de la Grande-Bretagne, depuis l'an 1216.

Le Portugal et l'Espagne fournissent d'autres espèces de documents. Les langues qu'on parloit dans le midi de la Gaule, avant que ces langues eussent été envahies par le picard ou le françois wallon, étoient parlées dans la Catalogne, le long du cours de l'Èbre, et se répandoient derrière les Basques par les vallées des Astures, jusque dans les Lusitanies. Les poëmes primitifs du Cid et les romances de la même époque, les anciennes lois maritimes de Barcelone, le récit de l'expédition de la grande compagnie catalane en Morée, doivent être lues la plume à la main par l'historien françois ; il trouvera aujourd'hui de nouveaux éclaircissements dans les *Antiquités du Droit maritime*, savant ouvrage de M. Pardessus, et dans la *Chronique* en grec-barbare *des guerres des François en Romanie et en Morée*, publiée par M. Buchon, à qui l'on doit de si utiles éditions.

Alphonse Ier, roi de Castille, surnommé le Sage, a laissé en vieux espagnol un corps de législation bon à consulter. Alphonse remonte souvent aux lois premières; il y a un ton de candeur et de vertu dans l'exposé de ses institutions, qui rend ce roi de Castille un digne contemporain de saint Louis.

Parmi les chroniqueurs espagnols, Idace doit être recherché pour la peinture des mœurs des Suèves et des

Goths, et pour celle des ravages de ces peuples dans les Espagnes et les Gaules; mais il y a plus à prendre dans Isidore de Séville, postérieur à Idace d'environ cent cinquante ans. Il faut lire particulièrement dans Isidore la fin de sa *Chronique*, depuis l'an 500 de Jésus-Christ; son *Histoire des Rois goths, vandales et suèves*, son livre des *Étymologies*, sa *Règle pour les moines de l'Andalousie*, et ses ouvrages de grammaire. Dans la collection des historiens espagnols en quatre volumes in-folio, l'ordre chronologique des auteurs n'a point été suivi; parmi les bruts matériaux de l'histoire d'Espagne, gît le travail des écrivains modernes, et en particulier l'*Historia de rebus hispanicis* de Mariana. Les premiers livres de cette histoire sont excellents, surtout dans la traduction espagnole. Il y a deux cents pages à parcourir dans les *Antiquités lusitaniennes* de Resend.

En descendant de l'Espagne à l'Italie, on retrouve la civilisation qui ne périt jamais sur la terre natale des Romains. Néanmoins, le royaume d'Odoacre, celui des Goths, celui des Lombards, ont laissé des documents où l'on reconnoît la trace des Barbares. Les collections de Muratori offrent seules une large moisson: Mais nous avons négligé d'ouvrir, lorsque nous le pouvions, deux sources; l'Escurial et le Vatican, dont l'abondance auroit renouvelé une partie de l'histoire moderne. Qu'on en juge par un fait presque entièrement ignoré : il est d'usage de tenir un registre secret sur lequel est inscrit, heure par heure, tout ce que dit, fait et ordonne un pape pendant la durée de son pontificat. Quel trésor qu'un pareil journal !

Archives françoises.

Parlons de ce qui nous appartient et indiquons nos propres richesses. Rendons d'abord un éclatant hommage à cette école des Bénédictins que rien ne remplacera jamais. Si je n'étois maintenant un étranger sur le sol qui m'a vu naître; si j'avois le droit de proposer quelque chose;

j'oserois solliciter le rétablissement d'un ordre qui a si bien mérité des lettres. Je voudrois voir revivre la congrégation de Saint-Maur et de Saint-Vannes dans l'abbatial de Saint-Denis, à l'ombre de l'église de Dagobert, auprès de ces tombeaux dont les cendres ont été jetées au vent au moment où l'on dispersoit la poussière du trésor des chartes : il ne falloit aux enfants d'une liberté sans loi, et conséquemment sans mère, que des bibliothèques et des sépulcres vides.

Des entreprises littéraires qui doivent durer des siècles demandoient une société d'hommes consacrés à la solitude, dégagés des embarras matériels de l'existence, nourrissant au milieu d'eux les jeunes élèves héritiers de leur robe et de leur savoir. Ces doctes générations, enchaînées au pied des autels, abdiquoient à ces autels les passions du monde, renfermoient avec candeur toute leur vie dans leurs études, semblables à ces ouvriers ensevelis au fond des mines d'or, qui envoient à la terre des richesses dont ils ne jouiront pas. Gloire à ces Mabillon, à ces Montfaucon, à ces Martène, à ces Ruinart, à ces Bouquet, à ces d'Achery, à ces Vaisette, à ces Lobineau, à ces Calmet, à ces Ceillier, à ces Labat, à ces Clémencet, et à leurs révérends confrères, dont les œuvres sont encore l'intarissable fontaine où nous puisons tous tant que nous sommes, nous qui affectons de les dédaigner! Il n'y a pas de frère lai, déterrant dans un obituaire le diplôme poudreux que lui indiquoit dom Bouquet ou dom Mabillon, qui ne fût mille fois plus instruit que la plupart de ceux qui s'avisent aujourd'hui, comme moi, d'écrire sur l'histoire, de mesurer du haut de leur ignorance ces larges cervelles qui embrassoient tout, ces espèces de contemporains des Pères de l'Église, ces hommes du passé gothique et des vieilles abbayes, qui sembloient avoir écrit eux-mêmes les chartes qu'ils déchiffroient. Où en est la collection des historiens de France? Que sont devenus tant d'autres travaux gigantesques! Qui achèvera ces monuments autour desquels on n'aperçoit plus que les restes vermoulus des échafauds où les ouvriers ont disparu?

Les Bénédictins n'étoient pas le seul corps savant qui s'occupât de nos antiquités; dans les autres sociétés religieuses ils avoient des émules et des rivaux. On doit aux Jésuites la collection des Hagiographes, laquelle a pris son nom de l'érudit qui l'a commencée. Le père Hardouin, mon compatriote, ignoroit-il quelque chose? esprit un peu singulier toutefois. Le père Labbe doit être noté pour avoir fourni le plan et la liste des auteurs de la collection de la Byzantine, et pour avoir publié les huit premiers volumes de l'édition des conciles. Le père Petau est devenu l'oracle de la chronologie. Le père Sirmond a mis au jour la notice des *dignités* des Gaules et les ouvrages de Sidoine Apollinaire, etc., etc.

Les prêtres de l'Oratoire comptent dans leur ordre Charles Le Cointe, auteur des *Annales ecclesiastici Francorum*, continuées par Gérard Dubois et par Julien Loriot, ses confrères. Nous devons à Jacques Le Long la *Bibliothèque historique de la France*, corrigée et augmentée par Fevret de Fontette, etc., etc.

La magistrature parlementaire, le chancelier à sa tête, étoit elle-même un corps lettré qui commandoit des travaux et ne dédaignoit pas d'y porter la main. On le verra quand j'indiquerai les manuscrits à consulter, et les entreprises arrêtées par l'action révolutionnaire.

L'Académie des Inscriptions travailloit de son côté aux fouilles de nos anciens monuments : je n'ai pas compté dans ses Mémoires moins de deux cent cinquante-sept articles sur tous les points litigieux de notre archéologie. On trouve les membres de cette illustre académie chargés de la direction de plusieurs grands travaux qui s'exécutoient avec le concours des lumières de diverses sociétés, sous le patronage du gouvernement. Plus heureuse que la congrégation de Saint-Maur, l'Académie des Inscriptions existe encore; elle voit encore à sa tête ses chefs vénérables, les Dacier, les Sacy, les Quatremère de Quincy, savants de race, comme les Bignon, les Valois, les Sainte-

Marthe, et dont les confrères continuent d'être parmi nous les fidèles interprètes de l'antiquité.

Auprès de ces trois grands corps des Bénédictins, des magistrats et des académiciens, se trouvoient des hommes isolés, comme les Du Cange, les Bergier, les Lebœuf, les Bullet, les Decamps et tant d'autres : leurs dissertations consciencieuses ont jeté la plus vive lumière sur les points obscurs de nos origines. Il est inutile d'indiquer ce qu'il faut choisir dans ces auteurs. Quel puits de science que Du Cange! on en est presque épouvanté.

Je recommande surtout à nos historiens futurs une lecture sérieuse des conciles, des annales particulières des provinces, et des coutumes de ces provinces, tant latines que gauloises : c'est là qu'avec les vies des saints pour les huit premiers siècles de notre monarchie, se trouve la véritable histoire de France.

Et néanmoins, ces matériaux imprimés, dont le nombre écrase l'imagination, ne sont qu'une partie des documents à consulter. Les archives, le cabinet, ou le trésor des chartes, les rôles et les registres du parlement, les manuscrits de la bibliothèque publique et des autres bibliothèques, doivent appeler l'attention. Ce n'est pas tout que de chercher les faits dans des éditions commodes, il faut voir, de ses propres yeux, ce qu'on peut nommer la physionomie des temps, les diplômes que la main de Charlemagne et celle de saint Louis ont touchés; la forme extérieure des chartes, le papyrus, le parchemin, l'encre, l'écriture, les sceaux, les vignettes; il faut enfin manier les siècles et respirer leur poussière. Alors, comme un voyageur à des régions inconnues, on revient avec son journal écrit sur les lieux, et un portefeuille rempli de dessins d'après nature.

Dans une note substantielle, M. Champollion-Figeac a donné des renseignements que je me fais un devoir de reproduire.

« On se proposa, il y a déjà long-temps, de réunir en « une seule collection générale tous les documents authen-

« tiques relatifs à l'histoire de France. Colbert et d'Agues-
« seau jetèrent les premiers fondements de cette collection.
« L'établissement, en 1759, du *Dépôt de législation*, assem-
« blage méthodique de toutes les lois du royaume, qui
« fut porté à plus de trois cent mille pièces, et qui doit
« exister encore, soit à la chancellerie, soit aux archives
« royales, amenoit, comme une de ses dépendances na-
« turelles, la réunion de tous les monuments historiques
« qu'il étoit possible de découvrir, et Louis XV ordonna
« cette réunion en 1762, sous le ministère de M. Bertin. Des
« arrêts du conseil, 8 octobre 1763 et 18 janvier 1764, ré-
« glèrent l'ordre du travail, celui des dépenses, appelèrent
« le zèle et le concours de tous les savants vers ce grand
« but d'utilité publique; établirent, en 1779, des confé-
« rences très propres à régulariser tant d'honorables ef-
« forts, les excitèrent de plus en plus par de nouvelles dis-
« positions ajoutées aux précédentes, en 1781, sous le
« ministère de M. de Maurepas, et augmentèrent, en 1783,
« par l'influence de M. d'Ormesson, les fonds destinés aux
« dépenses du cabinet. M. de Calonne proposa, en 1785,
« de nouveaux moyens d'émulation qui furent générale-
« ment utiles, et le clergé s'y associa en 1786, en ajoutant
« aux fonds accordés par le roi, un supplément pris sur
« les dépenses qu'il affectoit à l'histoire de l'Église. Les
« états des provinces imitèrent ce généreux exemple; les
« ordres de M. de Calonne procurèrent, en 1787, le concours
« de tous les intendants; et l'organisation du travail, sage-
« ment centralisée dans les mains de l'historiographe de
« France, Moreau, sous l'autorité du ministère, rendit tous
« ces efforts propices et fructueux. Les hommes instruits
« de tous les pays recherchoient l'honneur d'y concourir;
« le roi honoroit leur empressement, et récompensoit leurs
« plus notables services par des grâces de tout genre. La
« congrégation de Saint-Maur et celle de Saint-Vannes
« avoient échelonné leurs plus habiles ouvriers sur tous
« les points de la France où quelque recherche étoit à faire.
« Les documents arrivoient en abondance, tout sembloit

«assurer la prochaine publication du Rymer françois, mieux
« conçu, plus utile que celui d'Angleterre; un arrêt du
« conseil, du 10 octobre 1788, assuroit de plus en plus ce
« précieux résultat à l'histoire de France, et l'impression
« du premier volume, contenant les instruments de la pre-
« mière race, avançoit rapidement, quand la révolution
« survint. Un décret du 14 août 1790 ordonna le transport
« de tous les documents historiques à la Bibliothèque
« royale; bientôt on querella, et on supprima ensuite les
« fonds spéciaux qui leur étoient affectés, et il fallut ou-
« blier, durant trente-six ans, ces vénérables archives de
« la monarchie françoise.

« Les travaux des Baluze, Du Cange, Dupuy, d'Achéry,
« Martène et Mabillon, avoient assez prouvé qu'il existoit,
« hors du trésor des chartes de la couronne, une foule de
« documents d'un grand intérêt, quelquefois d'une grande
« importance, pour l'histoire et le droit public du royaume.
« On comprit dès lors l'insuffisance relative des deux grands
« ouvrages entrepris par ordre du roi, le recueil des
« ordonnances et celui des historiens de France. Ce der-
« nier, d'après son plan sagement conçu, étoit purement
« historique, n'admettoit pas les actes d'administration
« générale émanés de l'autorité royale, et le premier n'em-
« brassoit que les ordonnances des rois de la troisième
« race. Il y avoit donc, malgré les Capitulaires de Baluze,
« des lacunes immenses pour les temps écoulés depuis l'o-
« rigine de la monarchie jusqu'à l'avénement des Capétiens.
« Elles ne pouvoient être comblées que par cette foule de
« chartes et d'actes de toute espèce déposés, ou plus géné-
« ralement oubliés, dans les nombreux chartriers des villes,
« des églises, des monastères, des compagnies judiciaires
« et des grandes maisons. Il s'agissoit de reconstruire par
« leur témoignage les annales véridiques et complètes de
« la France, et par leur réunion en un dépôt commun, de
« créer un centre perpétuel pour toutes les recherches or-
« données par le gouvernement ou entreprises par des par-
« ticuliers.

« Ce plan n'effraya point, par son étendue, ceux qui
« l'avoient conçu, ni l'autorité qui devoit en assurer
« l'accomplissement. Mais le travail sur les chartes et di-
« plômes de l'histoire de France comprenoit deux parties
« distinctes, quoique étroitement liées entre elles : 1° la
« table générale des chartes imprimées ; M. de Bréquigny
« fut chargé de la rédiger, et il en publia trois volumes
« in-folio, commençant par une lettre du pape Pie Ier à
« l'évêque de Vienne, qu'on croit de l'année 142 ou bien
« 166, et finissant avec le règne de Louis VII en 1179 : l'im-
« pression du quatrième volume fut interrompue à la
« page 568, arrivant à l'année 1213 ; quelques recueils des
« bonnes feuilles ont été conservés. 2° La réunion la plus
« nombreuse possible, soit de chartes originales, publiées
« ou inédites, soit de copies fidèles de toutes les chartes et
« autres instruments historiques et non publiés ; on y joignit
« les inventaires d'un grand nombre de chartriers ou d'ar-
« chives, plusieurs cartulaires et le dépouillement de ceux
« de la Bibliothèque du roi, des terriers, des collections de
« pièces formées par des particuliers, des portefeuilles lais-
« sés par des savants, dont les travaux étoient analogues à
« la nature du dépôt, enfin quelques ouvrages manuscrits
« intéressant l'histoire de France, et qu'on ne négligea ja-
« mais de sauver de la dispersion : tel est le magnifique
« manuscrit sur vélin, contenant le procès de Jeanne d'Arc,
« et connu sous le nom de *Manuscrit de d'Urfé.*

« Le but final de l'entreprise étoit arrêté, dès son origine
« même, dans la pensée de ceux qui la dirigeoient ; mais
« pour atteindre ce but, outre tout leur zèle et toutes leurs
« lumières, il leur falloit le secours du temps, et ce secours
« leur manqua. On avoit fait pressentir que la collection
« générale de ces diplômes pourroit un jour être publiée
« en entier ; le roi en avoit donné l'espérance au monde
« savant en 1782, et quelques années après, le premier
« volume de la collection des chartes et les deux volumes
« des lettres du pape Innocent III (le plus habile juriscon-
« sulte de son siècle, et qui n'eut pas moins d'influence sur

« les affaires de la France que sur celles des autres États
« de la chrétienté) étoient déjà sous presse, le premier
« par les soins de M. de Bréquigny, et les deux autres par
« ceux de M. Du Theil, qui en avoit recueilli à Rome tous
« les matériaux. Le dépôt lui-même prenoit une consistance
« qui accroissoit son utilité ; il devenoit le centre de ces
« grands travaux historiques qui seront un éternel honneur
« pour les lettres françoises, et de précieux modèles pour
« tous les peuples jaloux de leur propre renommée. On y
« venoit puiser à la fois pour le recueil des ordonnances,
« le recueil des historiens de France, l'art de vérifier les
« dates, et la nouvelle collection des conciles ; époque à
« jamais mémorable de notre histoire littéraire, où, sous
« la même protection, et par le seul effet de la munificence
« royale, les presses françoises produisoient à la fois ces
« quatre grandes collections, dont le mérite égaloit l'éten-
« due, et en même temps la *Gallia christiana,* la collection
« des chartes, les lettres historiques des papes, la table
« chronologique des chartes imprimées, l'histoire litté-
« raire de la France et les histoires particulières des pro-
« vinces par les Bénédictins, le glossaire françois de Sainte-
« Palaye et Mouchet, le Froissard complet de M. Dacier,
« les notices et extraits des manuscrits, et les mémoires
« de l'Académie des Belles-Lettres, qui ont fondé et pro-
« pagé dans le monde savant les plus solides principes de
« l'érudition classique. Ces prospérités littéraires étoient
« dans tout leur éclat en 1789, et en 1791 il ne restoit que
« le douloureux souvenir de tant de glorieuses entreprises.»

M. Champollion parle de l'interruption de ces travaux,
mais il ne dit pas quelle en fut la cause immédiate ; je le
vais dire :

Le 19 juin 1792, Condorcet monta à la tribune de l'Assemblée nationale, et prononça ce discours :

« C'est aujourd'hui l'anniversaire de ce jour mémorable
« où l'Assemblée constituante, en détruisant la noblesse,
« a mis la dernière main à l'édifice de l'égalité politique.
« Attentifs à imiter un si bel exemple, vous l'avez poursui-

« vie jusque dans les dépôts qui servent de refuge à son
« incorrigible vanité. C'est aujourd'hui que, dans la capi-
« tale, la Raison brûle au pied de la statue de Louis XIV
« ces immenses volumes qui attestoient la vanité de cette
« caste. D'autres vestiges en subsistent encore dans les bi-
« bliothèques publiques, dans les chambres des comptes,
« dans les chapitres à preuve et dans les maisons des gé-
« néalogistes. Il faut envelopper ces dépôts dans une des-
« truction commune. Vous ne ferez point garder aux dépens
« de la nation ce ridicule espoir qui semble menacer l'éga-
« lité. Il s'agit de combattre la plus ridicule, mais la plus
« incurable de toutes les passions. En ce moment même
« elle médite encore le projet de deux chambres ou d'une
« distinction de grands propriétaires, si favorable à ces
« hommes qui ne cachent plus combien l'égalité pèse à leur
« nullité personnelle.

« Je propose, en conséquence, de décréter que tous les
« départements sont autorisés à brûler les titres qui se
« trouvent dans les divers dépôts. »

L'Assemblée, après avoir décrété l'urgence, adopte à l'unanimité le projet de Condorcet, qui venoit de dire, dans les dernières phrases de son discours, tout ce qu'on répète aujourd'hui : nous en sommes à la parodie.

Le 22 février 1793, il fut ordonné de *brûler sur la place des Piques trois cent quarante-sept volumes et trente-neuf boîtes.*

Condorcet, malgré tous ses soins, ne se tint pas si fort assuré de l'égalité qu'il ne s'en précautionnât d'une bonne dose dans le poison qu'il portoit habituellement sur lui.

En 1793, le ministre Rolland écrivit aux conservateurs de la Bibliothèque pour leur enjoindre de livrer les manuscrits : ils répondirent qu'ils étoient prêts à obéir, mais ils prirent la liberté de faire observer humblement qu'il falloit aussi détruire l'*Art de vérifier les dates*, et le *Dictionnaire de Moréri*, comme empoisonnés d'un grand nombre d'articles pareils à ceux dont on vouloit, avec tant de raison, purger la terre. Plus tard, le comité de salut public décréta que les armes de France seroient enlevées de dessus les livres de la Bibliothèque; on passa un marché avec un vandale pour cette entreprise, qui devoit coûter un million cinq cent trente mille francs. L'écu de France étoit taillé à l'aide d'un emporte-pièce, et remplacé par un morceau de maroquin. Quand les armes se trouvoient appliquées sur une feuille du volume, on coupoit cette feuille. Ne pourroit-on pas aujourd'hui reprendre cette belle opération?

Le cabinet des médailles fut dénoncé : les médailles d'or et d'argent devoient être portées à la Monnoie pour y être fondues. L'abbé Barthélemy s'adressa à Aumont, ami de Danton, qui fit casser le décret. Danton ne faisoit fondre que les hommes. Un comédien ambulant, ensuite garde-magasin, sollicita la place de conservateur des manuscrits; interrogé s'il pourroit les lire, il répondit : «Sans doute; «j'en ai fait.» De précieux manuscrits furent vendus à la livre aux épiciers; d'autres, envoyés à Metz, servirent à faire des gargousses. On chargea nos canons avec notre vieille gloire : tous les coups portèrent, et elle fit éclater notre gloire nouvelle.

La république aristocratique du Directoire procéda d'une autre manière que la république démocratique de la Convention; elle ordonna de corriger dans Racine, Bossuet et Massillon, tout ce qui sentoit la religion et la royauté. Des hommes de mérite se consacrèrent à ces élucubrations philosophiques : le travail sur Racine fut achevé, je ne sais par qui.

Il se peut que nous n'ayons pas aujourd'hui la stupide fureur d'un sage de la Convention, ni la naïve animosité d'un citoyen du Directoire; mais aimons-nous mieux ce qui fut? Irions-nous même jusqu'à prendre la peine de corriger ce pauvre Racine, qui auroit pu faire quelque chose, si Boileau ne lui eût gâté le goût, et s'il fût né de notre temps? Il avoit des dispositions.

Et pourtant, puisque nous ne sommes plus touchés que des seuls faits, nous devrions reconnoître que le passé est un fait, un fait que rien ne peut détruire, tandis que l'avenir, à nous si cher, n'existe pas. Il est pour un peuple des millions de millions d'avenirs possibles; de tous ces avenirs un seul sera, et peut-être le moins prévu. Si le passé n'est rien, qu'est-ce que l'avenir, sinon une ombre au bord du Léthé, qui n'apparoîtra peut-être jamais dans ce monde? Nous vivons entre un néant et une chimère.

De l'édition commencée des catalogues des chartes et de l'impression de ces chartes, épîtres et documents, il n'est échappé, comme on vient de le lire dans la notice de M. Champollion, que quelques exemplaires; le reste a été mis au pilon. Les volumes imprimés, publiés par Bréquigny et de La Porte du Theil, *Diplomata, Chartæ, Epistolæ et alia Documenta ad res francicas spectantia*, sont précédés de prolégomènes où l'histoire de l'entreprise est racontée, et où l'on trouve ce qu'il est nécessaire de savoir sur les documents contenus dans ces volumes.

Les preuves matérielles de la fausseté d'un acte sont assez faciles à distinguer, quand on a un peu étudié la calligraphie; les Bénédictins ont donné sur cela de bonnes règles; mais il y a des évidences internes d'après lesquelles les jeunes annalistes se doivent aussi décider. Par exemple, il ne nous reste que six diplômes royaux de Khlovigh; et, sur ces six diplômes, un seul est intégralement authentique. Comparez le style et la manière dont ces pièces sont souscrites : vous lisez au bas de l'acte de la fondation du monastère de Saint-Pierre-le-Vif, à Sens : *Ego Chlodoveus, in Dei nomine, rex Francorum, manu propria signavi et suscripsi;* comme si Khlovigh parloit latin, écrivoit en latin, signoit en latin, en défigurant son nom par l'orthographe latine! Après cette prétendue signature, viennent les signatures aussi incroyables de Khlotilde, des quatre fils du roi, de sa fille, de l'archevêque de Reims, etc.

Le diplôme authentique est une lettre dictée, adressée à Euspice et à Maximin : Khlovigh leur donne le lieu appelé Micy, et tout ce qui est du domaine royal entre la

Loire et le Loiret. Cette lettre commence ainsi : *Chlodoveus, Francorum rex, vix inluster,* et finit par ces mots : *ita fiat ut ego Chlodoveus volui.* Au-dessous on lit seulement : *Eusebius episcopus confirmavi.* Voilà le maître ; un évêque truchement traduit ses ordres. Voilà le Frank dans toute la simplicité salique : *fiat : ego volui.*

Le *Glossaire* de Sainte-Palaye et Bréquigny, continué par Mouchet, se compose de cinquante-six volumes in-folio, dont deux seuls sont imprimés ; on n'a sauvé de l'édition que trois exemplaires ; le reste est en manuscrit. Chaque volume contient de quatre à cinq cents colonnes, et depuis quatre cents jusqu'à huit cents articles ; c'est un répertoire composé sur le plan du *Glossaire latin* de Du Cange, et du *Glossaire du Droit françois* de De Laurières ; il traduit souvent les articles du premier, en y ajoutant. Le moyen-âge tout entier est par ordre alphabétique dans cet immense recueil.

Ces rois de France, qui nous maintenoient dans une ignorance crasse afin de nous mieux opprimer, ces rois qui auroient dû naître tous à la fois de nos jours, pour apprendre à mépriser eux et leurs siècles, avoient cependant la manie de favoriser les lettres. L'idée de ces grandes collections de diplômes leur étoit venue de bonne heure, on ne sait trop pourquoi. Montagu, secrétaire et trésorier des chartes sous Charles V, avoit commencé, ou plutôt continué le catalogue général des documents historiques ; il nous apprend que ses prédécesseurs avoient été obligés d'abandonner leurs investigations, faute d'argent pour les suivre. Henri II ordonna d'ouvrir le trésor des chartes à Jean Du Tillet. Ce greffier du parlement, l'homme le plus versé dans nos antiquités qui ait jamais paru, avoit conçu dans presque toutes ses parties le vaste plan accompli sous les rois Louis XIV, Louis XV et Louis XVI, avec l'appui du gouvernement, l'encouragement du clergé, et les veilles des grands corps lettrés de la France.

« Ayant à très grand labeur et dépense, dit Du Tillet au « roi, compulsé l'infinité des registres de votre parlement,

« recherché les librairies et titres de plusieurs églises, j'en-
« treprins dresser par forme d'histoires et ordre des règnes,
« toutes les querelles de cette troisième lignée régnante
« avec ses voisins, les domaines de la couronne par pro-
« vinces, les lois et ordonnances depuis la salique, par
« volumes et règnes et par recueils séparés, ce qui con-
« cerne les personnes et maisons royales, et la forme an-
« cienne du gouvernement des trois états, et ordre de jus-
« tice dudit royaume, avec les changements y survenus. »

Du Tillet met à la suite de ses recueils des *inventaires* des chartes, comme preuves et éclaircissements. Un exemple montrera son exactitude : « Promesse de Éléonor, royne « d'Angleterre, de faire hommage au roy Philippe des du- « chés de Guyenne et comté de Poitou, en juillet 1134. Au « trésor, layette *anglia* C, et sac non coté. »

Ces *inventaires* de Du Tillet sont le modèle des catalogues modernes des chartes.

Après Du Tillet, Pierre Pithou et Marquard Freher formèrent le plan d'une collection des historiens de France, plan que commença à exécuter André Duchesne, justement surnommé *le père de notre histoire;* son fils François continua son ouvrage, qui devoit avoir quatorze volumes, et dont cinq sont imprimés. Colbert confia à une assemblée de savants le soin de poursuivre cette entreprise. Ces savants n'étoient rien moins que Lecointe, Du Cange, Wion d'Hérouval, Adrien de Valois, Jean Gallois et Baluze. Du Cange proposa une autre distribution que celle de Duchesne, avec l'insertion des pièces nouvellement découvertes.

L'archevêque de Reims, Charles-Maurice Le Tellier, reprit le projet sous le patronage de Louvois, son frère, et voulut charger dom Mabillon de la direction des travaux. Le chancelier d'Aguesseau, en 1717, forma deux sociétés de gens de lettres, pour s'occuper du recueil de Duchesne. On a un plan de Du Cange, des remarques de l'abbé Gallois, un mémoire de l'abbé des Thuileries, des observations de l'abbé Grand : lesquels plan, remarques, mémoires et observations, ont puissamment contribué à la confection des *Rerum gallicarum et francicarum Scriptores* de dom Bouquet. Lancelot, Lebœuf, Secousse, Gilbert, Foncemagne, Sainte-Palaye, conféroient de ces recherches chez M. d'Argenson, chez le chancelier de Lamoignon, ou chez M. de Malesherbes, son fils; suite de noms, à compter depuis André Duchesne, que nous pouvons opposer aux noms les plus illustres de l'Europe.

Désirons qu'un temps vienne et que ce temps soit prochain, où ces grands desseins, étouffés par la barbarie révolutionnaire, seront repris, où l'on achèvera de cataloguer ces manuscrits de la Bibliothèque (je ne sais plus si je dois dire royale ou nationale), qui gisent misérablement inconnus. On y pourroit rencontrer non-seulement des documents de l'antiquité franke, mais des ouvrages de l'antiquité grecque et latine. Des auteurs que nous n'avons plus, ou que nous avons mutilés, se voyoient encore aux dixième, onzième et douzième siècles : un Tacite, un Tite-Live, un Ménandre, un Sophocle, ont peut-être échappé aux Condorcet du moyen-âge. Désirons qu'on améliore le sort des hommes honorables qui veillent aux dépôts de la science, qui succombent sous le poids d'un travail qu'accroissent chaque jour, en se multipliant, et les livres et les lecteurs. Désirons qu'on augmente le nombre des élèves de l'École des Chartes. Quand les Dacier et les Vanpraët, quand les autres vénérables savants qui nous restent auront passé de ces tombeaux des temps appelés bibliothèques, à leur propre tombeau, qui déchiffrera nos annales? La patrie des Mabillon subira-t-elle la honte d'aller chercher en Allemagne des interprètes de nos diplômes? Faudra-t-il qu'un Champollion germanique vienne lire sur nos monuments la langue de nos pères, morte pour nous? Désirons enfin qu'on ne s'obstine pas à agrandir le bâtiment de la Bibliothèque sur le terrain où elle existe aujourd'hui, et qu'on adopte le beau plan d'un habile architecte pour réunir le temple de la science au palais du Louvre : ce sont là les derniers vœux d'un François.

PRÉFACE.

Écrivains de l'histoire générale et de l'histoire critique de France, avant la Révolution.

Les jugements sont trop durs aujourd'hui à l'égard des écrivains qui ont travaillé à nos Annales avant la Révolution. Supposons que notre histoire générale fût à composer; qu'il la fallût tirer des manuscrits ou même des documents imprimés; qu'il en fallût débrouiller la chronologie, discuter les faits, établir les règnes; je soutiens que, malgré notre science innée et tout notre savoir acquis, nous n'en mettrions pas trois volumes debout. Combien d'entre nous pourroient déchiffrer une ligne des chartes originales, combien les pourroient lire, même à l'aide des *alphabets*, des *specimen* et des *fac simile* insérés dans la *Re diplomatica* de Mabillon et ailleurs? Nous sommes trop impatients d'étaler nos pensées; nous dédaignons trop nos devanciers pour nous abaisser au modeste rôle de bouquineurs de cartulaires. Si nous lisions, nous aurions moins de temps pour écrire, et quel larcin fait à la postérité! Quel que soit notre juste orgueil, oserai-je supplier notre supériorité de ne pas briser trop vite les béquilles sur lesquelles elle se traîne les ailes ployées? Quand avec des dates bien correctes, des faits bien exacts, imprimés en beau françois dans un caractère bien lisible, nous composons à notre aise des histoires nouvelles, sachons quelque gré à ces esprits obscurs, aux travaux desquels il nous suffit de coudre les lambeaux de notre génie, pour ébahir l'admirant univers.

Du Haillan, Belleforest, de Serres et Dupleix ont travaillé sur l'histoire générale de France. Du Haillant sait beaucoup et des choses curieuses; il a de la fougue; son indépendance nobiliaire est amusante. Dans sa dédicace à Henri IV il dit : «Je n'ai point voulu faire le flat-«teur ni le courtisan, mais l'historien véritable; j'ai voulu «peindre les traits les plus difformes ainsi que les plus

«beaux, et parler hardiment et librement de tout......
«J'ai impugné plusieurs points qui sont de la commune
«opinion des hommes, comme la venue de Pharamond
«ès Gaules, l'institution de la lois salique, etc. »

Belleforest est diffus, mais sa compilation des anciennes chroniques met sur la voie de plusieurs raretés. Du Haillan le critiqua dans une de ses préfaces. «Je ne suis pas de «ces hardis et ignorants écrivains qui enfantent tous les «jours des livres et qui en font de *grosses forêts.*» (Allusion au nom de Belleforest).

Jean de Serres étoit protestant. Il est infidèle dans ses citations, fautif dans sa chronologie; son style est chargé de figures outrées et de métaphores. De Serres étoit savant néanmoins : Pasquier et d'Aubigné l'ont repris avec aigreur.

Dupleix procède avec méthode; c'est le premier historien françois, avec Viguier, qui ait coté en marge ses autorités. Avant le chef-d'œuvre d'Adrien de Valois, Dupleix n'avoit été surpassé dans l'histoire des deux premières races que par Fauchet.

Je ne parle pas de d'Aubigné, bien qu'il en valût la peine, parce qu'il s'est renfermé, ainsi que de Thou, dans une période particulière : la même raison me fait omettre Jean Le Laboureur : personne n'a élevé plus haut le style historique que ce dernier écrivain.

Après ces quatre premiers auteurs de notre histoire générale, nous trouvons Mézeray, Varillas, Cordemoy, Legendre, Daniel, Velly, Villaret et Garnier.

On n'écrira jamais mieux quelques parties de notre histoire que Mézeray n'en a écrit quelques règnes. Son abrégé est supérieur à sa grande histoire, quoiqu'on n'y retrouve pas quelques-uns de ses discours débités à la manière de Corneille. Les vies des reines sont quelquefois des modèles de simplicité. Quant au défaut de lecture reproché à Mézeray, la plupart de ses erreurs ont été redressées par l'abbé Le Laboureur, Launoy, Dirois et le père Griffet. Mézeray avoit été frondeur; rien de plus libre que ses jugements : c'est dommage que son exécuteur testamentaire ait jeté au feu son *Histoire de Maltôte*. Amelot de La Houssaye dit que Mézeray a laissé dans ses écrits une *assez vive image de l'ancienne liberté*. Ménage reproche à cet auteur de n'*avoir pas de phrases*. C'est Mézeray qui a dit : *Sous la fin de la deuxième race le royaume étoit tenu selon les lois des fiefs, se gouvernant comme un grand fief plutôt que comme une monarchie*. Tout ce qu'on a rabâché depuis sur les temps féodaux n'est que le commentaire de cet aperçu de génie.

Louis de Cordemoy publia, en l'achevant, l'*Histoire de France* qu'avoit écrite Géraud de Cordemoy, son père. Cordemoy étoit, comme Bossuet, grand cartésien ; son travail exact est le premier où l'on sente la présence de la méthode philosophique.

L'abbé Le Gendre fit entrer dans l'histoire générale la peinture des mœurs et des coutumes ; heureuse innovation qui ouvroit une nouvelle route à l'histoire. Le Gendre, flatteur de Louis-le-Grand dans ses *Essais* sur le règne de ce roi, juge franchement tout le reste.

Varillas est fort décrié pour son romanesque ; il n'est pas cependant aussi menteur qu'on l'a dit. Versé dans la lecture des originaux, il avoit même perdu la vue à cette lecture ; mais il a la plus singulière manie qu'on puisse imaginer : il transporte les actes d'un personnage à un autre, quand ce personnage a des homonymes dans des siècles différents ; j'en pourrois citer des exemples curieux.

Après le père Daniel, l'histoire militaire de la France n'est plus à faire. Enfin, sans parler de l'*Abrégé chronologique* trop vanté du président Hénault, et des *Essais historiques* trop décriés de Voltaire, le long travail de Velly, de Villaret et Garnier est d'un grand prix. Ce n'étoit pas sans doute des hommes de génie que ces trois derniers écrivains ; mais le génie, qui en a ? si ce n'est dans notre siècle où il court les rues en sortant du maillot, comme un poussin qui brise sa coquille. Au défaut de ce premier don du ciel, qui nous étoit exclusivement réservé, on trouve dans les historiens que je viens de nommer une consciencieuse lecture, des pages nettement écrites, des jugements sains. Ces historiens se trompent, il est vrai, sur la physionomie des siècles, encore pas toujours.

Quant aux deux premières races, il le faut avouer, Velly est quelquefois ridicule : mais il peignoit à la manière de son temps. Khlovigh, dans nos annales anté-révolutionnaires, ressemble à Louis XIV, et Louis XIV à Hugues Capet. On avoit dans la tête le type d'une grave monarchie, toujours la même, marchant carrément avec trois ordres et un parlement en robe longue ; de là cette monotonie de récits, cette uniformité de mœurs qui rend la lecture de notre histoire générale insipide. Les historiens étoient alors des hommes de cabinet, qui n'avoient jamais vu et manié les affaires.

Mais si nous apercevons les faits sous un autre jour, ne nous figurons pas que cela tienne à la seule force de notre intelligence. Nous venons après la monarchie tombée ; nous toisons à terre le colosse brisé, nous lui trouvons des proportions différentes de celles qu'il paroissoit avoir lorsqu'il étoit debout. Placés à un autre point de la perspective, nous prenons pour un progrès de l'esprit humain le simple résultat des événements, le dérangement ou la disparition des objets. Le voyageur qui foule aux pieds les ruines de Thèbes, est-il l'Égyptien qui demeuroit sous une des cent portes de la cité de Pharaon?

Ce qui nous blesse aujourd'hui surtout, en lisant notre histoire passée, c'est de ne pas nous y rencontrer. La France est devenue républicaine et plébéienne, de royale et aristocratique qu'elle étoit. Avec l'esprit d'égalité qui nous maîtrise, la présence exclusive de quelques nobles dans nos fastes nous irrite ; nous nous demandons si nous ne valons pas mieux que ces gens-là, si nos pères n'ont point compté dans les destinées de notre patrie. Une réflexion devroit nous calmer. Qui d'entre nous survivra à son temps? Savons-nous comment s'appeloient ces milliers de soldats qui ont gagné les grandes batailles de l'armée populaire? Ils sont tombés aux yeux de leurs camarades, morts un moment après à leur côté. Des généraux, qui peut-être n'eurent aucune part au succès, sont devenus les illégitimes héritiers de ces obscurs enfants de l'honneur et de la gloire. Une nation n'a qu'un nom; les individus, plébéiens ou patriciens, ne sont eux-mêmes connus que par quelques-uns d'entre eux, jouets ou favoris de la fortune.

Sous le rapport des libertés, une observation analogue se présente. Les historiens du dix-septième siècle ne les pouvoient pas comprendre comme nous; ils ne manquoient ni d'impartialité, ni d'indépendance, ni de courage, mais ils n'avoient pas ces notions générales des choses que le temps et la révolution ont développées. L'histoire fait de progrès dont sont privées quelques autres parties de l'intelligence lettrée. La langue, quand elle a atteint sa maturité, demeure en cet état ou se gâte. On peut faire des vers autrement que Racine, jamais mieux : la poésie a ses bornes dans les limites de l'idiome où elle est écrite et chantée. Mais l'histoire, sans se corrompre, change de caractère avec les âges, parce qu'elle se compose des faits acquis et des vérités trouvées, parce qu'elle réforme ses jugements par ses expériences, parce qu'étant le reflet des mœurs et des opinions de l'homme, elle est susceptible du perfectionnement même de l'espèce humaine. Au physique, la société, avec les découvertes modernes, n'est plus la société sans ses découvertes : au moral, cette société, avec les idées agrandies telles qu'elles le sont de nos jours, n'est plus la société sans ces idées : le Nil à sa source n'est pas le Nil à son embouchure. En un mot, les historiens du dix-neuvième siècle n'ont rien créé; seulement ils ont un monde nouveau sous les yeux, et ce monde nouveau leur sert d'échelle rectifiée pour mesurer l'ancien monde.

Toute justice ainsi rendue aux hommes de mérite qui ont traité de notre histoire générale avant la révolution, je dirai avec la même impartialité qu'il ne les faut pas prendre pour guides. On ne se peut dispenser de recourir aux originaux, car ces écrivains les lisoient autrement que nous et dans un autre esprit : ils n'y cherchoient pas les choses que nous y cherchons, ils ne les voyoient même pas ; ils rejetoient précisément ce que nous recueillons. Ils ne choisissoient, par exemple, dans les ouvrages des Pères de l'Église que ce qui concerne le dogme et la doctrine du christianisme : les mœurs, les usages, les idées ne leur paroissoient d'aucune importance. Une histoire nouvelle tout entière est cachée dans les écrits des Pères ; ces *Études* en indiqueront la route. Nous ne savons rien sur la civilisation grecque et romaine des cinquième, sixième et septième siècles, ni sur la barbarie des destructeurs du monde romain, que par les écrivains ecclésiastiques de cette époque.

A l'égard de nos propres monuments, des découvertes de même nature sont à faire. Avant la révolution, on n'interrogeoit les manuscrits que relativement aux prêtres, aux nobles et aux rois. Nous, nous ne nous enquérons que de ce qui regarde les peuples et les transformations sociales : or ceci est resté enseveli dans les chartes.

Les écrivains anté-révolutionnaires de l'histoire critique de France sont si nombreux qu'il est impossible de les indiquer tous ; quelques-uns seulement doivent être signalés comme chefs d'école.

L'*Histoire de l'établissement de la Monarchie françoise dans les Gaules* est un ouvrage solide, souvent attaqué, jamais renversé, pas même par Montesquieu, qui d'ailleurs a su peu de choses sur les Franks. On vole l'abbé Dubos sans avouer le larcin : il seroit plus loyal d'en convenir.

Il en arrive de même à l'abbé de Gourcy : sa petite *Dissertation sur l'état des personnes en France sous la première et la seconde race*, dissertation couronnée par l'Académie des Inscriptions, est d'une méthode, d'une clarté et d'un savoir rares. Ce qu'on écrit aujourd'hui sur le même sujet est en partie dérobé à l'excellent travail de Gourcy : on a raison de ne pas refaire une besogne si bien faite, mais il faudroit en avertir, pour laisser la louange à qui de droit. Il y a des hommes qui sont ainsi en possession de servir de moniteurs aux autres : Pagi sera l'éternel flambeau des fastes consulaires; Tillemont est le guide le plus sûr des faits et des dates pour l'histoire des empereurs; Gibbon se colle à lui; il se fourvoie et tombe quand l'ouvrage de Tillemont finit; Saint-Marc a débrouillé le chaos des affaires italiennes du cinquième au douzième siècle. On ne mentionne point son *Abrégé chronologique* quand on s'occupe de cette période de l'histoire : ce seroit justice cependant; d'autant mieux que l'on commet beaucoup de fautes quand on ne suit plus Saint-Marc, qui lui-même a suivi Sigonius et Muratori.

Les *Observations* de l'abbé de Mably sont écrites d'un ton d'arrogance et de fatuité qui les feroit prendre pour l'ouvrage de quelques capacités du jour, si la maigreur n'y remplaçoit l'enflure. Sous cette superbe, on ne trouve pourtant dans Mably que des idées écourtées, une grande prétention à la force de tête, le désir de dire des choses immenses en quelques mots brefs : il y a peu de mots en effet et encore moins de choses. Lisez dans cet auteur gourmé quelques passages sur la transfusion des propriétés; ils sont bons.

Boulainvilliers a bien senti la nature aristocratique de l'ancienne constitution françoise, mais il est absurde sur la noblesse : il n'a pas d'ailleurs assez de lecture pour que son instruction dédommage du vice de son système.

De ces détails, il résulte que deux écoles historiques sont à distinguer avant l'époque de la révolution; l'école du dix-septième siècle et l'école du dix-huitième siècle; l'une érudite et religieuse, l'autre critique et philosophique : dans la première, les Bénédictins rassembloient les faits et Bossuet les proclamoit à la terre; dans la seconde, les encyclopédistes critiquoient les faits, et Voltaire les livroit aux disputes du monde. L'Angleterre fondoit auprès de nous son école exacte, plus dégagée que la nôtre des préjugés anti-religieux. Notre école moderne du dix-neuvième siècle peut être appelée l'École politique; elle est philosophique aussi, mais autrement que celle du dix-huitième siècle : parlons-en.

École historique moderne de la France.

L'école moderne se divise en deux systèmes principaux : dans le premier, l'histoire doit être écrite sans réflexions; elle doit consister dans le simple narré des événements, et dans la peinture des mœurs; elle doit présenter un tableau naïf, varié, rempli d'épisodes, laissant chaque lecteur, selon la nature de son esprit, libre de tirer les conséquences des principes, et de dégager les vérités générales des vérités particulières. C'est ce qu'on appelle l'histoire *descriptive,* par opposition à l'histoire *philosophique* du dernier siècle.

Dans le second système, il faut raconter les faits généraux, en supprimant une partie des détails, substituer l'histoire de l'espèce à celle de l'individu, rester impassible devant le vice et la vertu comme devant les catastrophes les plus tragiques. C'est l'histoire *fataliste* ou le *fatalisme* appliqué à l'histoire.

Je vais exposer mes doutes sur ces deux systèmes.

L'histoire descriptive, poussée à ses dernières limites, ne rentre-t-elle pas trop dans la nature du mémoire? La pensée philosophique, employée avec sobriété, n'est-elle pas nécessaire pour donner à l'histoire sa gravité, pour lui faire prononcer les arrêts qui sont du ressort de son dernier et suprême tribunal? Au degré de civilisation où nous sommes arrivés, l'histoire de l'*espèce* peut-elle disparoître entièrement de l'histoire de l'*individu?* Les vérités éternelles, bases de la société humaine, doivent-elles se perdre dans des tableaux qui ne représentent que des mœurs privées?

Il y a dans l'homme deux hommes; l'homme de son siècle, l'homme de tous les siècles : le grand peintre doit surtout s'attacher à la ressemblance de ce dernier. Peut-être aujourd'hui met-on trop de prix à la ressemblance et, pour ainsi dire, à la calque de la physionomie de chaque époque. Il est possible que, dans l'histoire comme dans les arts, nous représentions mieux qu'on ne le faisoit jadis les costumes, les *intérieurs*, tout le matériel de la société; mais une figure de Raphaël, avec des fonds négligés et de flagrants anachronismes, n'efface-t-elle pas ces perfections du second ordre? Lorsqu'on jouoit les personnages de Racine avec les perruques à la Louis XIV, les spectateurs n'étoient ni moins ravis ni moins touchés. Pourquoi? parce qu'on voyoit *l'homme* au lieu *des hommes*.

> Jamais Iphigénie, en Aulide immolée,
> N'a coûté tant de pleurs à la Grèce assemblée,
> Que, dans l'heureux spectacle à nos yeux étalé,
> N'en a fait sous son nom verser la Champmeslé.

M. de Barante s'est élevé au-dessus de ces difficultés par la supériorité de son talent, et parce qu'il n'a pas tout-à-fait caché l'*espèce;* mais je crains qu'il n'ait égaré ses imitateurs.

Voici ce qui me semble vrai dans le système de l'histoire descriptive : l'histoire n'est point un ouvrage de philosophie, c'est un tableau; il faut joindre à la narration, la représentation de l'objet, c'est-à-dire qu'il faut à la fois dessiner et peindre; il faut donner aux personnages le langage et les sentiments de leur temps, ne pas les regarder à travers nos propres opinions; principale cause de l'altération des faits. Si, prenant pour règle ce que nous croyons de la liberté, de l'égalité, de la religion, de tous les principes politiques, nous appliquons cette règle à l'ancien ordre de choses, nous faussons la vérité, nous exigeons des hommes vivant dans cet ordre de choses ce dont ils n'avoient pas même l'idée. Rien n'étoit si mal que nous le pensons; le prêtre, le noble, le bourgeois, le vassal avoient d'autres notions du juste et de l'injuste que les nôtres : c'étoit un autre monde, un monde sans doute moins rapproché des principes généraux naturels que le monde présent, mais qui ne manquoit ni de grandeur ni de force, témoin ses actes et sa durée. Ne nous hâtons pas de prononcer trop dédaigneusement sur le passé : qui sait si la société de ce moment, qui nous semble supérieure (et qui l'est en effet sur beaucoup de points) à l'ancienne société, ne paroîtra pas à nos neveux, dans deux ou trois siècles, ce que nous paroît la société deux ou trois siècles avant nous? Nous réjouirions-nous dans le tombeau d'être jugés par les générations futures avec la même rigueur que nous jugeons nos aïeux? Ce qu'il y a de bon, de sincère dans l'histoire descriptive, c'est qu'elle dit les temps tels qu'ils sont.

L'autre système historique moderne, le système fataliste, a, selon moi, de bien plus graves inconvénients, parce qu'il sépare la morale de l'action humaine; sous ce rapport, j'aurai dans un moment l'occasion de le combattre, en parlant des écrivains de talent qui l'ont adopté. Je dirai seulement ici que le système qui bannit l'*individu* pour ne s'occuper que de l'*espèce,* tombe dans l'excès opposé au système de l'histoire descriptive. Annuler totalement l'*individu,* ne lui donner que la position d'un chiffre, lequel vient dans la série d'un nombre, c'est lui contester la valeur *absolue* qu'il possède, indépendamment de sa valeur *relative.* De même qu'un siècle influe sur un homme, un homme influe sur un siècle; et si un homme est le représentant des idées du temps, plus souvent aussi le temps est le représentant des idées de l'homme.

Le second système de l'histoire moderne a son côté vrai comme le premier. Il est certain qu'on ne peut omettre aujourd'hui l'histoire de l'*espèce;* qu'il y a réellement des révolutions inévitables parce qu'elles sont accomplies dans les esprits avant d'être réalisées au dehors; que l'histoire de l'*humanité,* de la société *générale,* de la civilisation *universelle,* ne doit pas être masquée par l'histoire de l'*individualité sociale,* par les événements *particuliers* à un siècle et un pays. La perfection seroit de marier les trois systèmes : l'histoire philosophique, l'histoire particulière, l'histoire générale; d'admettre les réflexions, les tableaux, les grands résultats de la civilisation, en rejetant des trois systèmes ce qu'ils ont d'exclusif et de sophistique.

Au surplus, s'il est bon d'avoir quelques principes arrêtés en prenant la plume, c'est selon moi une question oiseuse de demander comment l'histoire doit être écrite : chaque historien l'écrit d'après son propre génie; l'un raconte bien, l'autre peint mieux; celui-ci est sentencieux, celui-là indifférent au pathétique, incrédule ou religieux : toute manière est bonne, pourvu qu'elle soit vraie. Réunir la gravité de l'histoire à l'intérêt du mémoire, être à la fois Thucydide et Plutarque, Tacite et Suétone, Bossuet et Froissard, et asseoir les fondements de son travail sur les principes généraux de l'école moderne, quelle merveille! Mais à qui le ciel a-t-il jamais départi cet ensemble de talents dont un seul suffiroit à la gloire de plusieurs hommes? Chacun écrira donc comme il voit, comme il sent; vous ne pouvez exiger de l'historien que la connoissance des faits, l'impartialité des jugements et le style, s'il peut.

École historique de l'Allemagne. Philosophie de l'histoire. L'histoire en Angleterre et en Italie.

Auprès de nous, tandis que nous fondions notre école politique, l'Allemagne établissoit ses nouvelles doctrines et nous devançoit dans les hautes régions de l'intelligence : elle faisoit entrer la philosophie dans l'histoire, non cette philosophie du dix-huitième siècle, qui consistoit à rendre des arrêts moraux ou anti-religieux, mais cette philosophie qui tient à l'essence des êtres, qui, pénétrant l'enveloppe du monde sensible, cherche s'il n'y a point sous cette enveloppe quelque chose de plus réel, de plus vivant, cause des phénomènes sociaux.

Découvrir les lois qui régissent l'espèce humaine; prendre pour base d'opérations les trois ou quatre grandes traditions répandues chez tous les peuples de la terre; reconstruire la société sur ces traditions, de la même manière qu'on restaure un monument d'après ses ruines; suivre le développement des idées et des institutions chez cette société; signaler ses transformations; s'enquérir de l'histoire s'il n'existe pas dans l'humanité quelque mouvement naturel, lequel, se manifestant à des époques fixes dans des positions données, peut faire prédire le retour de telle ou telle révolution, comme on annonce la réapparition des comètes dont les courbes ont été calculées : ce sont là d'immenses intérêts. Qu'est-ce que l'homme? d'où vient-il? où va-t-il? qu'est-il venu faire ici-bas? quelles sont ses destinées? Les archives du monde fournissent-elles des réponses à ces questions? Trouve-t-on à chaque origine nationale un âge religieux? de cet âge passe-t-on à un âge héroïque? de cet âge héroïque à un âge social? de cet âge social à un âge proprement dit humain? de cet âge humain à un âge philosophique? Y a-t-il un Homère qui chante en tout pays, dans différentes langues, au berceau de tous les peuples? L'Allemagne se divise sur ces questions en deux partis : le parti philosophique-historique, et le parti historique.

Le parti philosophique-historique, à la tête duquel se met M. Hegel, prétend que l'âme universelle se manifeste dans l'humanité par quatre modes : l'un substantiel, identique, immobile; on le trouve dans l'Orient : l'autre individuel, varié, actif; on le voit dans la Grèce : le troisième se composant des deux premiers dans une lutte perpétuelle; il étoit à Rome : le quatrième sortant de la lutte du troisième pour harmonier ce qui étoit divers; il existe dans les nations d'origine germanique.

Ainsi l'Orient, la Grèce, Rome, la Germanie, offrent les quatre formes et les quatre principes historiques de la société. Chaque grande masse de peuples, placée dans ces catégories géographiques, tire de ses positions diverses la nature de son génie, le caractère de ses lois, le genre des événements de sa vie sociale.

Le parti historique s'en tient aux seuls faits et rejette

toute formule philosophique. M. Niebuhr, son illustre chef, dont le monde lettré déplore la perte récente, a composé l'histoire romaine qui précéda Rome; mais il n'a point reconstruit son monument cyclopéen autour d'une idée. M. de Savigny, qui suit l'histoire du droit romain depuis son âge poétique jusqu'à l'âge philosophique où nous sommes parvenus, ne cherche point le principe abstrait qui semble avoir donné à ce droit une sorte d'éternité.

L'école philosophique-historique de nos voisins procède, comme on le voit, par *synthèse*, et l'école purement historique par l'*analyse*. Ce sont les deux méthodes naturellement applicables à l'*idée* et à la *forme*. L'école philosophique soutient que l'esprit humain crée les faits : l'école historique dit que le fait met en mouvement l'esprit humain : cette dernière école reconnoît encore un enchaînement providentiel dans l'ordre des événements. Ces deux écoles prennent en Allemagne le nom de système rationel et de système supernaturel.

De concert avec les deux écoles historiques, marchent deux écoles théologiques qui s'unissent aux deux premières selon leurs diverses affinités. Ces écoles théologiques sont chrétiennes; mais l'une fait sortir le christianisme de la raison pure, l'autre de la révélation. Dans ce pays où les hautes études sont poussées si loin, il ne vient à la pensée de personne que l'absence de l'idée chrétienne dans la société soit une preuve des progrès de la civilisation.

Les *Idées sur la philosophie de l'histoire de l'humanité*, par Herder, sont trop célèbres pour ne les pas rappeler ici. Un passage de l'introduction de M. Quinet suffira pour les faire connoître.

«L'histoire, dans son commencement comme dans sa fin,
«est le spectacle de la liberté, la protestation du genre
«humain contre le monde qui l'enchaîne, le triomphe de
«l'infini sur le fini, l'affranchissement de l'esprit, le règne
«de l'âme : le jour où la liberté manqueroit au monde se-

«roit celui où l'histoire s'arrêteroit. Poussé par une main
«invisible, non-seulement le genre humain a brisé le sceau
«de l'univers et tenté une carrière inconnue jusque-là,
«mais il triomphe de lui-même, se dérobe à ses propres
«voies; et changeant incessamment de formes et d'idoles,
«chaque effort atteste que l'univers l'embarrasse et le
«gêne. En vain l'Orient, qui s'endort sur la foi de ses
«symboles, croit-il l'avoir enchaîné de tant de mystérieuses
«entraves; sur le rivage opposé s'élève un peuple enfant
«qui se fera un jouet de ses énigmes et l'étouffera à son
«réveil. En vain la personnalité romaine a-t-elle tout ab-
«sorbé pour tout dévorer; au milieu de ce silence de l'em-
«pire, est-ce une illusion décevante, un leurre poétique,
«que ce bruit sorti des forêts du Nord, et qui n'est ni le
«frémissement des feuilles, ni le cri de l'aigle, ni le mugis-
«sement des bêtes sauvages? Ainsi, captif dans les bornes
«du monde, l'infini s'agite pour en sortir; et l'humanité
«qui l'a recueilli, saisie comme d'un vertige, s'en va, en
«présence de l'univers muet, cheminant de ruines en rui-
«nes sans trouver où s'arrêter. C'est un voyageur pressé;
«plein d'ennui, loin de ses foyers; parti de l'Inde avant
«le jour, à peine a-t-il reposé dans l'enceinte de Baby-
«lone, qu'il brise Babylone; et, resté sans abri, il s'en-
«fuit chez les Perses, chez les Mèdes, dans la terre d'Égypte.
«Un siècle, une heure, et il brise Palmyre, Ecbatane et
«Memphis, et, toujours renversant l'enceinte qui l'a re-
«cueilli, il quitte les Lydiens pour les Hellènes, les Hellènes
«pour les Étrusques, les Étrusques pour les Romains, les
«Romains pour les Gètes, les Gètes..... Mais que sais-je ce
«qui va suivre! Quelle aveugle précipitation! Qui le presse?
«Comment ne craint-il pas de défaillir avant l'arrivée? Ah!
«si dans l'antique épopée nous suivons de mers en mers
«les destinées errantes d'Ulysse jusqu'à son île chérie,
«qui nous dira quand finiront les aventures de cet étrange
«voyageur, et quand il verra de loin fumer les toits de son
«Ithaque?

«Ainsi, nous touchons aux premières limites de l'his-

«toire. Nous quittons les phénomènes physiques pour en-
«trer dans le dédale des révolutions qui marquent la vie
«de l'humanité. Adieu ces douces et paisibles retraites, ce
«repos immuable, cette fraîcheur et cette innocence dans
«les tableaux; l'air que nous allons respirer est dévorant,
«le terrain que nous foulons aux pieds est souillé de sang,
«les objets y vacillent dans une éternelle instabilité : où
«reposer mes yeux? Le moindre grain de sable battu des
«vents a en lui plus d'éléments de durée que la fortune
«de Rome ou de Sparte. Dans tel réduit solitaire je con-
«nois tel petit ruisseau dont le doux murmure, le cours
«sinueux et les vivantes harmonies surpassent en antiquité
«les souvenirs de Nestor et les annales de Babylone. Au-
«jourd'hui, comme aux jours de Pline et de Columelle, la
«jacinthe se plaît dans les Gaules, la pervenche en Illyrie,
«la marguerite sur les ruines de Numance, et pendant
«qu'autour d'elles les villes ont changé de maîtres et de
«nom, que plusieurs sont rentrées dans le néant, que les
«civilisations se sont choquées et brisées, leurs paisibles
«générations ont traversé les âges, et se sont succédé
«l'une à l'autre jusqu'à nous, fraîches et riantes comme
«aux jours des batailles.

«Cette permanence du monde matériel ne doit-elle
«donc ici qu'exciter de vains regrets, et cette masse im-
«posante n'est-elle là que pour mieux faire sentir ce qu'il
«y a d'éphémère et de tumultueux dans la succession des
«civilisations! A Dieu ne plaise! Tout au contraire, elle
«se réfléchit dans le système entier des actions humaines,
«et les marques d'un profond caractère de paix et de sé-
«rénité. Quand il a été établi que les vicissitudes de l'his-
«toire ne naissent pas d'un vain caprice des volontés, mais
«qu'elles ont leurs fondements dans les entrailles mêmes
«de l'univers, qu'elles en sont le résultat le plus élevé, et
«que c'étoit une condition du monde que nous voyons de
«faire naître à telle époque telle forme de civilisation, tel
«mouvement de progression; que ces divers phénomènes
«entrent en rapport avec le domaine entier de la nature

«et participent de son caractère, ainsi que toute autre
«espèce de production terrestre; les actions humaines se
«présentent alors comme un nouveau règne, qui a ses
«harmonies, ses contrastes et sa sphère déterminés.»

Ainsi s'exprime Herder par la voix de son éloquent interprète.

Au surplus, ces nobles systèmes appliqués à l'histoire
ne sont pas aussi nouveaux qu'il le paroissent. Un homme,
patiemment endormi pendant un siècle et demi dans sa
poussière, vient de ressusciter pour réclamer sa gloire
ajournée; il avoit devancé son temps; quand l'ère des idées
qu'il représentoit est arrivée, elles ont été frapper à sa
tombe et le réveiller : je veux parler de Vico.

Dans son ouvrage de la *Science nouvelle*, Vico, laissant
de côté l'histoire particulière des peuples, posa les fondements de l'histoire générale de l'espèce humaine.

«Tracer l'histoire universelle éternelle,» dit M. Michelet
dans sa traduction abrégée et son analyse précise et bien
sentie du système de Vico, «tracer l'histoire universelle
«éternelle qui se produit dans le temps sous la forme des
«histoires particulières; décrire le cercle idéal dans lequel
«tourne le monde réel, voilà l'objet de la *Science nouvelle;*
«elle est tout à la fois la philosophie et l'histoire de l'humanité.

«Elle tire son unité de la religion, principe producteur
«et conservateur de la société. Jusqu'ici on n'a parlé que
«de théologie naturelle, *la Science nouvelle* est une théologie
«sociale, une démonstration historique de la Providence,
«une histoire des décrets par lesquels, à l'insu des hommes
«et souvent malgré eux, elle a gouverné la grande cité
«du genre humain. Qui ne ressentira un divin plaisir en ce
«corps mortel, lorsque nous contemplerons ce monde des
«nations, si varié de caractères, de temps et de lieux,
«dans l'uniformité des idées divines?»

Selon Vico, les fondateurs de la société furent les géants
ou les cyclopes. Les géants étoient sans lois et sans Dieu :
le tonnerre gronda; ils s'effrayèrent; ils reconnurent une

puissance supérieure à la leur ; origine de l'idolàtrie née de la crédulité et non de l'imposture. L'idolàtrie fut nécessaire au monde, dit Vico, elle dompta, par les terreurs de la religion, l'orgueil de la force; elle prépara, par la religion des sens, la religion de la raison et ensuite celle de la foi. Ce fut là le premier âge, âge poétique de la société; à cette époque toutes les lois étoient religieuses. Vico, pour se débarrasser des questions théologiques, met à part le peuple de Dieu comme seul dépositaire de la vraie tradition, et raisonne librement sur tout le reste.

Avec la religion commence la société; les premiers pères de famille deviennent les premiers prêtres, les premiers rois, les *patriarches* (pères et princes).

Ce gouvernement de famille est cruel, absolu; le père a le droit de vie et de mort sur ses enfants, de même que sa vie et sa mort sont soumises au Dieu qui l'a crée, et qu'il a entendu dans le bruit de la foudre. De là les sacrifices humains, les rites, les cérémonies religieuses; loi primitive de l'espèce humaine, loi qui se prolongea jusque dans le droit civil, successeur de cette première loi.

Bientôt des Sauvages, qui étoient restés dans la promiscuité des biens et des femmes et dans l'anarchie qui en étoit la suite, se réfugièrent aux autels des *forts*, sur les hauteurs où les premières familles s'étoient rassemblées sous le gouvernement des pères de famille ou des *héros*.

Ces réfugiés devinrent les esclaves de leurs défenseurs ; ils ne jouirent d'aucune prérogative des héros, et particulièrement du mariage religieux ou solennel qui fonda la société domestique; mais les réfugiés se multiplièrent, et voulurent une part des terres qu'ils cultivoient. Partout où les héros ne furent pas assez puissants pour conserver la totalité des biens, ils cédèrent, à certaines conditions, des terres à leurs anciens esclaves. Telle fut la première loi agraire, l'origine des clientèles et des fiefs.

Alors commença la cité. Les pères de famille devinrent la classe des *nobles*, des *patriciens;* les réfugiés composèrent la classe des *plébéiens, compagnons, cliens, vassaux* : ils n'avoient aucuns droits politiques, ils ne possédoient que la jouissance des terres concédées par les nobles.

Les cités héroïques furent toutes gouvernées aristocratiquement; elles étoient guerrières dans leur essence. Les habitants de ces cités, brigands ou pirates au dehors, étoient éternellement divisés au dedans.

Peu à peu ces sociétés aristocratiques se transforment, par l'accroissement de la partie démocratique, en républiques populaires. Les états populaires se corrompent; le peuple, qui d'abord n'avoit réclamé que l'égalité, veut dominer à son tour. L'anarchie survient, et force le peuple à s'abriter dans la domination d'un seul. Le besoin de l'ordre fonde la monarchie comme le besoin de liberté avoit fondé l'aristocratie et le besoin d'égalité la démocratie.

« Si la monarchie n'arrête pas la corruption du peuple, « ce peuple, dit Vico, devient esclave d'une nation meil-« leure qui le soumet par les armes et le sauve en le sou-« mettant, car ce sont deux lois naturelles : *Qui ne peut* « *se gouverner obéira, et aux meilleurs l'empire du monde.*» Maxime contestable.

La partie vraiment neuve du système de Vico est celle où il fait entrer l'histoire du droit civil dans l'histoire du droit politique. Il avoit dirigé ses études de ce côté; ses premiers essais de jurisprudence et d'étymologie latine sont, à tout prendre, ses meilleurs ouvrages. Il démontre que la jurisprudence varie selon la forme des gouvernements, lesquels eux-mêmes sont nés des mœurs; il observe que la première loi de la société, loi d'abord toute religieuse, pénétra et se prolongea dans l'ordre civil à travers les révolutions et les transformations politiques. Nul n'avoit vu avant lui que si la jurisprudence des Romains étoit entourée de solennités et de mystères, c'est qu'elle découloit de l'antique droit religieux, et que ces mystères n'étoient point une imposture, un moyen de pouvoir inventé par les prêtres et par les nobles. A Rome, les actes appelés par excellence *actes légitimes*, étoient accompagnés de rites sacrés : pour que les mariages et les testaments fussent dits *justes*, c'est-à-dire supposant les droits de l'ordre politique le plus élevé, il falloit qu'ils eussent été légalisés par des cérémonies saintes.

Cette belle remarque de Vico se peut appliquer à notre société même : le christianisme qui la fonda à part, au milieu de la société païenne de Rome et de la Grèce ou chez les peuples barbares, la soumit à la loi religieuse. Le mariage et la sépulture ne furent *solennels* et *légitimes* parmi les fidèles, qu'autant qu'ils furent chrétiennement *autorisés*; le baptême fit de plus une chose *solennelle* et *légitime* de la naissance, comme l'extrême-onction consacra la mort. Les sept sacrements de l'Église furent des actes civils de la première société chrétienne.

Tel est le système de Vico, système où il faut reconnoître un homme d'un grand entendement, mais un homme dominé par l'imagination, et qui mêle à des vérités nouvelles des jeux d'esprit que ne peuvent approuver l'histoire, la raison et la saine logique. Ses idées sur l'idolâtrie, utile selon lui aux hommes, sont insoutenables : quand il fait d'Hercule, d'Hermès, d'Homère, d'Ésope, de Romulus, non des individus, mais un type idéal des mœurs et des idées d'une époque, il raisonne visiblement contre les opérations naturelles de l'esprit humain. Le Sauvage *personnifie* les arbres, les fleurs, les rochers, mais il n'*allégorise* pas le temps. Lorsque Vico dit que les hommes reprirent la taille anté-diluvienne en redevenant sauvages après le déluge, il va contre la bonne physique : l'homme dans l'état *bestial*, comme tous les animaux, est chétif; c'est la société pour les hommes, et la domesticité pour les animaux capables d'éducation, qui développe la plus grande nature.

Vico tranche encore trop légèrement la question sur la parole humaine; il suppose qu'elle se perdit après le déluge, et qu'il y eut une époque de mutisme pour le genre humain, qui, ce cas arrivé, n'auroit plus été qu'une espèce de famille de singes. Le verbe a-t-il été donné à l'homme avec la pensée? Est-il né d'elle comme le fruit sort de la fleur? La parole, au contraire, est-elle révélée? Immense question que Vico a résolue d'un trait de plume, et que la rigueur de l'histoire ne permet pas d'adopter comme un fait incontestable.

De nos jours un écrivain françois a renouvelé, en l'améliorant, une partie du système de Vico. La philosophie de M. Ballanche est une théosophie chrétienne. Selon cette philosophie, une loi providentielle générale gouverne l'ensemble des destinées humaines, depuis le commencement jusqu'à la fin. Cette loi générale n'est autre chose que le développement de deux dogmes générateurs, la déchéance et la réhabilitation, dogmes qui se retrouvent dans toutes les traditions générales de l'humanité, et qui sont le christianisme même. Le vif sentiment de ces deux dogmes produit une psychologie qui explique les facultés humaines en rendant compte de la nature intime de l'homme, et qui se révèle dans la contexture des langues anciennes. L'homme, durant sa laborieuse carrière, cherche sans repos sa route de la déchéance à la réhabilitation, pour arriver à l'unité perdue.

M. Ballanche a voulu faire pénétrer le génie historique dans la région qui a précédé l'histoire. Son Orphée résume les quinze siècles de l'humanité antérieurs aux temps historiques.

Il a réduit ensuite les cinq premiers siècles de l'histoire romaine à une synthèse, laquelle est en même temps une trilogie poétique et une psychologie de l'humanité.

Je ne puis mieux achever de faire connoître la *Palingénésie sociale* qu'en empruntant ce passage d'un excellent extrait de M. Desmousseaux de Givré, homme dont l'esprit est marqué d'un de ces caractères distincts qui se font reconnoître à l'instant dans l'ordre littéraire ou politique[1].

« Interrogeant tour à tour les livres saints, les poésies
« primitives, l'histoire, M. Ballanche a déduit de leurs ré-
« ponses concordantes une analogie parfaite entre le prin-
« cipe révélé et le principe rationnel; et c'est là toute la
« pensée *palingénésique*. Il croit que la loi qui préside aux
« progrès de l'humanité, soit qu'on la contemple dans la
« sphère religieuse, soit qu'on l'étudie dans la sphère phi-
« losophique, est *une*. Le titre à inscrire sur le frontispice
« de ses OEuvres complètes pour en annoncer l'idée fonda-
« mentale, pourroit donc être celui-ci : *Identité du dogme
« de la déchéance et de la réhabilitation du genre humain avec
« la loi philosophique de la perfectibilité.*

« Les Écritures nous montrent un *homme* succombant
« dans l'épreuve de l'obéissance, puis initié, par sa chute
« même, à la connoissance du bien et du mal, et, plus
« tard, rachetant sa faute par le sang d'une victime inno-
« cente et volontaire. Cet homme des Écritures, c'est à la
« fois Adam, le peuple juif et le genre humain. Le fils de
« Dieu, venant sur la terre pour y mourir, offre une triple
« expiation. Par Marie, sa mère, il est le fils d'Adam, le
« fils de David, *le Fils de l'Homme*, c'est-à-dire l'enfant du
« premier pécheur, l'enfant du peuple choisi, l'enfant du
« genre humain. Il y a donc, en un sens mystique, identité
« entre un homme, une nation, et l'hmanité tout entière.

---

[1] Cet extrait a paru dans le *Journal des Débats*, du 27 juin 1830. M. Desmousseaux de Givré, attaché à mon ambassade à Londres, étoit mon second secrétaire d'ambassade à Rome. De tous les jeunes diplomates, c'est le seul qui ait donné sa démission lorsque M. de Polignac fut chargé du portefeuille des affaires étrangères ; il se retira avec moi et malgré moi. Il desiroit reprendre du service après les journées de juillet; on lui a préféré des hommes tout-à-fait nouveaux dans la carrière, ou qui n'avoient d'autre mérite que d'avoir été placés auprès des ambassadeurs les plus opposés aux libertés constitutionnelles de la France. Notre corps diplomatique n'étoit vraiment pas assez riche (et je le connois à fond) pour se passer des services d'un homme comme M. de Givré, quand il vouloit bien faire le sacrifice de s'attacher à un ministère aussi déplorable.

4.

«Pour ces trois unités vivantes, d'une nature semblable,
«quoique d'un ordre différent, il y a trois degrés néces-
«saires avant d'arriver à la perfection dont le salut dépend,
«à savoir : l'épreuve, l'initiation, l'expiation.

«Eh bien! partout dans les croyances des peuples, par-
«tout dans les chants des poëtes, partout dans les souve-
«nirs de l'histoire le *mythe* chrétien se reproduit.

«Aux temps fabuleux, Prométhée ravit la flamme du
«ciel : initié au secret des dieux, il expie sa témérité dans
«les tourments. Aux temps héroïques, Orphée, initiateur
«des peuples, perd une seconde fois Eurydice, parce qu'il
«a voulu surprendre le secret des enfers. Aux temps his-
«toriques, Brutus, après avoir consulté l'oracle, affran-
«chit le patriciat de l'autorité des rois, et le sang généreux
«de Lucrèce coule pour l'expiation. Plus tard, c'est Vir-
«ginie sacrifiée par son père, pure victime, dont la mort
«consacre l'émancipation de la plèbe, c'est-à-dire l'ini-
«tiation d'un peuple à la liberté. Dans ces faits, choisis
«au hasard entre mille autres faits analogues, l'épreuve à
«subir, l'énigme à deviner, et le sacrifice d'une vie inno-
«cente, ces trois grands traits du *mythe* chrétien sont par-
«tout reconnoissables.

«Rechercher, restaurer, rapprocher ces lambeaux dé-
«figurés d'une idée à la fois une et triple, n'a été que la
«partie matérielle d'un grand travail, la tâche de l'érudi-
«tion et de la science; mais avoir appliqué aux phénomènes
«de la vie des nations le dogme chrétien, avoir retrouvé
«dans chaque peuple *l'homme* dont parle l'Écriture, voilà
«l'inspiration religieuse, et en même temps la pensée phi-
«losophique. »

L'histoire vue de si haut ne convient peut-être pas à
toutes les intelligences; mais celles mêmes qui se plaisent
aux lectures faciles trouveront un charme particulier
dans la *Palingénésie sociale* de M. Ballanche. Un style
élégant et harmonieux revêt des pensées consolantes et
pures : il semble que l'on voie tous les secrets de la conscience calme et sereine de l'auteur, comme à la tran-

quille et mystérieuse lumière de son imagination. Ce génie théosophique ne nous laisse rien à envier à l'Allemagne et à l'Italie. Je ne sais si Vico, Herder et M. Ballanche, en appliquant leurs formules à l'histoire, ne confondent pas un peu des sujets et des genres divers; mais certainement ils agrandissent l'homme : il est bon que l'historien ait une haute idée de l'espèce humaine, afin d'écrire avec plus de noblesse de ses droits et de ses libertés.

Tandis que le mouvement des esprits dans la France et l'Allemagne s'accroissoit, la Grande-Bretagne demeuroit stationnaire. L'école d'Édimbourg a fait avancer les études philosophiques : les *Esquisses de philosophie morale* de Dugald Stewart ont été traduites par M. Jouffroy, jeune professeur qui commence à battre en ruine avec une logique claire et puissante des systèmes dont l'esprit du jour est infatué. Mais, sous les rapports historiques, comme l'Angleterre jouit depuis long-temps de franchises considérables; comme elle s'est bien trouvée de ces franchises pour sa prospérité, sa paix et sa gloire, ses écrivains n'ont point été conduits à considérer les faits dans le but d'un meilleur avenir. La liberté aristocratique, qui jusqu'ici a dominé les libertés royales et populaires à Westminster, a jeté les idées dans un moule uniforme dont elles n'ont point cherché à se dégager; cela se remarque jusque dans les écrivains économistes de la Grande-Bretagne; ils envisagent l'impôt, le crédit, la propriété, de tous genres, dans le sens des institutions actuelles de leur pays.

Mais, par l'influence croissante de l'industrie, par l'importation des principes du continent, il se forme actuellement dans les trois royaumes-unis une classe d'hommes dont les idées ne sont plus *angloises :* on les distingue très bien, ces idées, à leur *couleur,* dans les livres, dans les discours à la chambre des lords, à la chambre des communes, tôt ou tard elles renverseront la constitution de 1688. Le premier pas dans cette route a été l'émancipation de l'Irlande catholique, le second sera la réforme parlementaire : alors la vieille Angleterre aura ses révolutions et son histoire se renouvellera.

En ces derniers temps l'*Histoire d'Angleterre* par le docteur Lingard s'est fait remarquer; elle ne dispense point de lire les historiens des deux anciennes écoles wigh et tory. Il y a eu grand scandale lorsqu'on a vu un prêtre catholique anglois trouver Charles Ier coupable, et ne blâmer que la forme dans l'exécution de ce prince.

L'Angleterre n'étoit pas riche en mémoires; ils commencent à s'y multiplier. M. Hallam me semble avoir mieux réussi dans son *Histoire constitutionnelle d'Angleterre* que dans son *Europe au moyen-âge*.

Le génie de l'Italie étoit sorti de son vieux temple au bruit de la commotion européenne. Maintenant ce génie est retourné à ses ruines; lieux de franchise pour les grandeurs tombées, la gloire persécutée et les talents malheureux. L'*Histoire des États-Unis* par Botta ne peut être répudiée par la patrie des Villani, des Bentivoglio, des Giannone, des Davila, des Guicciardini et des Machiavel. Pour l'histoire ancienne, les Italiens seront toujours nos maîtres, parce qu'ils en sont eux-mêmes la suite, et qu'ils sont familiarisés avec sa langue et ses monuments.

J'écrivois que le génie de l'Italie étoit retourné à ses ruines, il me saisit la main et me force à me rétracter.

Auteurs françois qui ont écrit l'histoire depuis la révolution. Mémoires, traductions et publications. Théâtre. Roman historique. Poésie. Écrivains fondateurs de notre nouvelle école historique.

De l'examen des principes de l'école moderne historique considérée dans ses systèmes, en France, en Allemagne, en Angleterre, en Italie, je passe à l'examen des historiens de cette école parmi nous.

Les écrivains françois qui se sont occupés de l'histoire depuis la révolution, ont pris des routes opposées; les uns sont restés fidèles aux traditions de l'ancienne école, les autres se sont attachés à l'école nouvelle descriptive et fataliste.

M. Villemain, qui tient par le bon goût du style à l'ancienne école et par les idées à la nouvelle, nous a donné une histoire complète de Cromwell. Se cachant derrière les événements et les laissant parler, il a su avec beaucoup d'art les mettre à l'aise et dans la place convenable à leur plus grand effet. Un sujet d'un immense intérêt occupe maintenant l'auteur. A en juger par les fragments de la *Vie de Grégoire VII*, dont j'ai eu le bonheur d'entendre la lecture, le public peut espérer un des meilleurs ouvrages historiques qui aient paru depuis long-temps. Au surplus je cite souvent les travaux de M. Villemain dans ces *Études*, et, pour ne point me répéter, j'abrége ici des éloges que l'on retrouvera ailleurs.

M. Daunou appartenoit à cette congrégation religieuse d'où sont sortis les Lecointe et les Lelong; il n'a point démenti sa docte origine : c'est un des plus savants continuateurs de l'*Histoire littéraire de la France*. Dans ses divers mémoires on trouve à s'instruire. Il faut être en garde contre ce qu'il dit des souverains pontifes, lorsqu'il juge un pape du dixième siècle d'après les idées du dix-huitième. M. Daunou paroît peu favorable à la moderne école.

M. de Saint-Martin, qui suit aussi les vieilles traces, a jeté par sa connoissance de la langue arménienne une vive lumière sur l'histoire des Perses.

Dans la *Théorie du pouvoir civil et religieux*, de M. de Bonald, il y a eu du génie; mais c'est une chose qui fait peine de reconnoître combien les idées de cette théorie sont déjà loin de nous. Avec quelle rapidité le temps nous entraîne! L'ouvrage de M. de Bonald est comme ces pyramides, palais de la mort, qui ne servent au navigateur sur le Nil qu'à mesurer le chemin qu'il a fait avec les flots.

Je ne sais comment classer M. Dulaure; il fut connu avant, pendant et après la révolution. Ses *Descriptions des curiosités et des environs de Paris*, ses *Singularités historiques*, son *Histoire critique de la noblesse*, sont remplis de faits curieusement choisis. Toutefois c'est de la satire historique et non de l'histoire : on peut toujours montrer l'envers d'une société. Il faut lire de M. Dulaure son *Supplément aux crimes de l'ancien comité du gouvernement*, imprimé en 1795.

Malte-Brun, dans sa *Géographie*, a touché avec une grande sagacité et beaucoup d'instruction quelques origines barbares.

Le travail de M. de Montlosier sur la féodalité est rempli d'idées neuves, exprimées dans un style indépendant qui sent son moyen-âge. Si les anciens seigneurs des donjons avoient su faire avec une plume autre chose qu'une croix, ils auroient écrit comme cela, mais ils n'auroient pas vu si loin.

M. Lacretelle a tracé l'histoire de nos jours avec raison, clarté, énergie. Il a pris le noble parti de la vertu contre le crime; il déteste de la révolution tout ce qui n'est pas la liberté. Lui-même, acteur dans les scènes révolutionnaires, il a bravé dans les rues de Paris les mitraillades d'un pouvoir plus heureux que celui qui vient d'expirer. On trouve aujourd'hui beaucoup d'hommes qui savent écrire une cinquantaine de pages, et quelquefois un tome (pas trop gros), d'une manière fort distinguée; mais des hommes capables de composer et de coordonner un ouvrage étendu, d'embrasser un système, de le soutenir avec art et intérêt pendant le cours de plusieurs volumes, il y en a très peu : cela demande une force de judiciaire, une longueur d'haleine, une abondance de diction, une faculté d'application, qui diminuent tous les jours. La brochure et l'article du journal semblent être devenus la mesure et la borne de notre esprit.

L'ouvrage de M. Lemontey sur Louis XIV présente le règne de ce prince sous un jour tout nouveau. Je crois cependant avoir fait à propos de cet ouvrage une observation nécessaire en parlant du règne du grand roi.

M. Mazure a laissé une histoire écrite avec négligence, mais elle a changé, sous plusieurs rapports, ce que nous savions de Jacques II, et du rôle que joua Louis XIV dans la catastrophe du prince anglois. On n'a pas rendu assez de justice à M. Mazure. On puise dans son travail des renseignements qu'on ne trouve que là, et dont on cache ou l'on tait la source.

Une femme qui n'a point de rivale, nous a donné, dans les *Considérations sur les principaux événements de la révolution françoise*, une idée de ce qu'elle auroit pu faire si elle eût appliqué son esprit à l'histoire. Les *Considérations* sont empreintes d'un vif sentiment de gloire et de liberté. Quand l'auteur, parlant de l'abaissement du tiers-état sous l'ancienne monarchie, le montre au moment de l'ouverture des états-généraux, et s'écrie avec Corneille : «Nous nous levons alors!» jamais citation ne fut plus éloquente. Mais Mme de Staël abhorre les tyrans, et tout oppresseur de la liberté, si grand qu'il soit, ne trouve en elle aucune sympathie.

Il faut lire dans les *Considérations* ce qu'elle raconte de Mirabeau : «Tribun par calcul, aristocrate par goût, qui, «en parlant de Coligny, ajoutoit : *Qui, par parenthèse, étoit* «*mon cousin*, tant il cherchoit l'occasion de rappeler qu'il «étoit bon gentilhomme.—Après ma mort, disoit-il encore, «les factieux se partageront les lambeaux de la monarchie.» Mme de Staël termine de la sorte ces intéressants récits de Mirabeau : «Je me reproche d'exprimer ainsi des re-«grets pour un caractère peu digne d'estime; mais tant «d'esprit est si rare, et il est malheureusement si probable «qu'on ne verra rien de pareil dans le cours de sa vie, «qu'on ne peut s'empêcher de soupirer lorsque la mort «ferme ses portes d'airain sur un homme naguère si «éloquent, si animé, enfin si fortement en possession de «la vie.»

Ces réflexions s'appliquent à Mme de Staël elle-même en changeant les premiers mots, ce qui les rend encore plus douloureuses. On ne se reprochera jamais d'*exprimer des regrets pour le caractère* de cette famille illustre; il n'y eut rien de plus digne que ce caractère. La noble indépendance de Mme de Staël lui valut l'exil et les persécutions qui ont avancé sa mort. Buonaparte apprit, et Buonaparte auroit dû le savoir, que le génie est le seul roi qu'on n'enchaîne pas à un char de triomphe.

Je ne puis me refuser, comme dernière preuve du talent éminent de Mme de Staël, à transcrire ce paragraphe sur la catastrophe de Robespierre : « On vit cet homme, qui avoit « signé pendant plus d'une année un nombre inouï d'arrêts « de mort, couché tout sanglant sur la table même où il « apposoit son nom à ses sentences funestes. Sa mâchoire « étoit brisée d'un coup de pistolet; il ne pouvoit pas même « parler pour se défendre, lui qui avoit tant parlé pour « proscrire! »

On ne sauroit trop déplorer la fin prématurée de Mme de Staël : son talent croissoit; son style s'épuroit; à mesure que sa jeunesse pesoit moins sur sa vie, sa pensée se dégageoit de son enveloppe et prenoit plus d'immortalité.

Sous le titre modeste : *Du Sacre des rois de France et des rapports de cette cérémonie avec la constitution de l'État, aux différents âges de la monarchie,* M. Clausel de Coussergues a écrit un volume qui restera : les amateurs de la clarté et des faits bien classés sans prétention et sans verbiage y trouveront à se satisfaire.

M. Fiévée a renfermé dans le cadre étroit de sa brochure intitulée : *Des Opinions et des Intérêts,* beaucoup d'idées neuves et d'aperçus ingénieux sur notre histoire.

J'ai parlé ailleurs de l'*Histoire des Croisades;* je me contenterai de dire ici que les traductions et les extraits des annalistes des Croisades, tant orientaux qu'occidentaux, ajoutés comme preuves aux nouvelles éditions, sont un recueil extrêmement recommandable. M. Michaud s'est placé dans son *Histoire;* il est allé, dernier croisé, à ce tombeau où je croyois avoir déposé pour toujours mon bâton de pèlerin.

L'*Histoire de Pologne, avant et sous le roi Jean Sobieski,* de M. Salvandy, est un ouvrage grave bien composé. « Ce « fut Sobieski, dit l'historien, dont le bras redoutable « posa la borne que la domination des Osmanlis ne de-

«voit plus franchir. Ce fut devant ses victoires que cette
«dernière invasion des Barbares, jusque-là toujours in-
«domptable et menaçante, vint briser sa furie : elle n'a
«fait depuis lors que retirer ses flots.....................
«Soldat et prince, tous ses jours s'écoulèrent dans le per-
«pétuel sacrifice de ses penchants, de ses affections, de sa
«fortune, de sa vie, aux intérêts de la Pologne. Lui seul
«sembloit, champion infatigable, occupé à la défendre; ses
«efforts pour lui conserver des lois et des frontières tien-
«nent du prodige. Cette passion domina le cours entier de
«son existence. Il réussit à dompter les ennemis qui te-
«noient la république des Jagellons pressée et envahie de
«toutes parts, plus facilement qu'à vaincre ceux qu'elle
«portoit dans son sein. Ensuite il expira; et, ce puissant
«soutien abattu, la Pologne mit en quelque sorte aussi le
«pied dans la tombe. Elle ne devoit plus, sous les succes-
«seurs de Jean III, qu'achever de mourir.»

Ce noble style se soutient pendant tout l'ouvrage; l'auteur a soin de remarquer l'influence que la France du dix-septième siècle exerçoit sur les destinées de l'Europe : comme si tous les grands hommes devoient alors venir de la cour du grand roi, Sobieski avoit été mousquetaire de la maison militaire de Louis XIV. L'*Histoire de l'Anarchie de Pologne*, par Rulhières, fait pour ainsi dire suite à l'histoire de M. Salvandy : il ne faut ajouter à ces deux monuments, ni l'appendice de M. Ferrand, ni celui que M. Daunou a substitué au travail de M. Ferrand, mais il faut y joindre de curieuses et piquantes brochures de M. de Pradt.

L'*Histoire des François des divers états*, par M. Monteil, suppose de grandes recherches. M. Monteil est, avec M. Capefigue, du petit nombre de ces jeunes savants qui n'écrivent aujourd'hui qu'après avoir lu; ils eussent été de dignes disciples de l'école bénédictine. Mais M. Monteil a été égaré par le goût du siècle, et par le funeste exemple qu'a donné l'abbé Barthélemy : la forme romanesque dans laquelle l'auteur de l'*Histoire des François* a enveloppé ses études leur porte dommage : on doit l'engager, au nom de son propre savoir et de son véritable mérite, à la faire disparoître dans les futures éditions de son ouvrage.

Le succès qu'a obtenu l'*Histoire de la campagne de Russie* est une preuve que l'on n'a pas besoin, pour intéresser le lecteur, de se placer dans un système. Des récits animés, un coloris brillant, des scènes mises sous les yeux dans tout leur mouvement et dans toute leur vie, voilà ce qui est de toutes les écoles, et ce qui fera vivre l'ouvrage de M. de Ségur.

Les *Vies des capitaines françois au moyen-âge*, par M. Mazas, ne peuvent être passées sous silence. L'auteur n'a voulu raconter que l'exacte vérité; il a visité le théâtre où brillèrent les guerriers dont il peint les exploits : il a cherché sur les bruyères de ma pauvre patrie les traces de Du Guesclin. Je me souviens avoir commencé mes premières études dans le collége obscur de l'obscure petite ville où reposoit le cœur du bon connétable; j'étudiois un peu de latin, de grec et d'hébreu auprès de ce cœur qui n'avoit jamais parlé que françois : c'est une langue que le mien n'a pas oubliée. M. Mazas croit avoir retrouvé le point du passage d'Édouard III à Blanque-Taque sur la Somme. J'aurois désiré qu'il eût dit si le gué est encore praticable, ou s'il se trouve perdu dans la mer, vis-à-vis le Crotoy, comme on le pense généralement.

J'oublie sans doute, et à mon grand déplaisir, beaucoup d'écrivains qui mériteroient que je rappelasse leurs ouvrages; mais les bornes d'une préface ne me permettent pas de m'étendre. Le public reproduira les noms qui échappent à ma mémoire et à la justice que je désirerois leur rendre.

Le temps où nous vivons a dû nécessairement fournir de nombreux matériaux aux mémoires. Il n'y a personne qui ne soit devenu, au moins pendant vingt-quatre heures, un personnage, et qui ne se croie obligé de rendre compte au monde de l'influence qu'il a exercée sur l'univers. Tous ceux qui ont sauté de la loge du portier dans l'antichambre, qui se sont glissés de l'antichambre dans le salon, qui ont rampé du salon dans le cabinet du ministre ; tous ceux qui ont écouté aux portes, ont à dire comment ils ont reçu dans l'estomac l'outrage qui avoit un autre but. Les admirations à la suite, les mendicités dorées, les vertueuses trahisons, les égalités portant plaque, ordre ou couleurs de laquais, les libertés attachées au cordon de la sonnette, ont à faire resplendir leur loyauté, leur honneur, leur indépendance. Celui-ci se croit obligé de raconter comment, tout pénétré des dernières marques de la confiance de son maître, tout chaud de ses embrassements, il a juré obéissance à un autre maître ; il vous fera entendre qu'il n'a trahi que pour trahir mieux ; celui-là vous expliquera comment il approuvoit tout haut ce qu'il détestoit tout bas, ou comment il poussoit aux ruines sous lesquelles il n'a pas eu le courage de se faire écraser. A ces mémoires tristement véritables, viennent se joindre les mémoires plus tristement faux ; fabrique où la vie d'un homme est vendue à l'aune, où l'ouvrier, pour prix d'un dîner frugal, jette de la boue au visage de la renommée qu'on a livrée à sa faim.

On se console pourtant en trouvant dans ce chaos de bassesse et d'ignominie quelques écrits consciencieux, dont les auteurs s'attachent à reproduire sincèrement ce qu'ils ont vu et ce qu'ils ont éprouvé. Le travail de ces auteurs doit être considéré comme de précieux renseignements historiques ; MM. de Las Cases et Gourgaud doivent être crus quand ils parlent du prisonnier de Sainte-Hélène.

Non-seulement M. Carrel a publié l'*Histoire de la contre-révolution en Angleterre sous Charles II, et Jacques II,* histoire écrite avec cette mâle simplicité qui plaît avant tout ; mais, en rendant compte de divers ouvrages sur l'Espagne, il a donné lui-même une notice hors de pair. On y trouve une manière ferme, une allure décidée, quelque chose de franc et de courageux dans le style, des observations écrites à la lueur du feu du bivouac, et des étoiles d'un ciel ennemi, entre le combat du soir et celui qui recommencera à la diane. «*La narration d'un brave expérimenté*,

« dit Gaspar de Tavannes, *est différente des contes de celui* « *qui n'a jamais eu les mains ensanglantées de ses fiers ennemis* « *sur les plaines armées.* » On sent dans M. Carrel une opinion fixe qui ne l'empêche pas de comprendre l'opinion qu'il n'a pas, et d'être juste envers tous. Si le simple soldat sans instruction, sans moyen de fixer ses pensées, est intéressant dans les récits des assauts qu'il a livrés, des pays qu'il a battus, l'homme d'éducation et de mérite, devenu soldat volontaire pour une cause dont il s'est passionné, a bien d'autres moyens de faire passer ses sentiments dans les âmes auxquelles il s'adresse. Qu'on se figure un françois errant sur les montagnes d'Espagne, allant demander aux pasteurs dont il croit défendre la liberté, une hospitalité guerrière; dans cette intimité d'une vie d'aventures et de périls, il surprendra le secret des mœurs, et mettra sous vos yeux une société qu'aucun autre historien ne vous auroit pu montrer. J'ai traversé l'Espagne, j'ai rencontré ces Arabes chrétiens auxquels la liberté politique est si indifférente, parce qu'ils jouissent de l'indépendance individuelle, et je n'ai retrouvé le peuple que j'ai vu que dans le récit de M. Carrel.

L'auteur trace rapidement le tableau de la guerre de Catalogne en 1823; il représente le courage de Mina, et la marche de cet habile chef dans les montagnes. Nous tous qui, dispersés par les orages de notre patrie, avons porté le havresac et le mousquet en défense de notre propre opinion pour des causes étrangères, nous éprouvons un attendrissement de soldat et de malheur à la lecture de cette histoire si bien contée, et qui semble être la nôtre.

« Les passions qui ont fait la guerre d'Espagne, dit M. Car- « rel, sont maintenant assez effacées pour qu'on puisse se « promettre d'inspirer quelque intérêt en montrant, au mi- « lieu des montagnes de la Catalogne, sous l'ancien uni- « forme françois, des soldats de toutes les nations ralliés à « l'ascendant d'un grand caractère, marchant où il les me- « noit, souffrant et se battant sans espoir d'être loués ni « de rien changer, quoi qu'ils fissent, à l'état désespéré de

PRÉFACE.

«leur cause, n'ayant d'autre perspective qu'une fin misé-
«rable au milieu d'un pays soulevé contre eux, ou la mort
«des esplanades s'ils échappoient à celle du champ de ba-
«taille. Telle fut pendant de longs jours la situation de
«ceux qui, partis de Barcelone peu de temps avant la ca-
«pitulation de cette place, allèrent succomber avec Pa-
«chiarotti devant Figuières, après quarante-huit heures
«d'un combat dont l'acharnement prouva que c'étoient des
«François qui combattoient de part et d'autre. Ce combat
«devoit finir par l'extermination du dernier de ceux qui,
«au milieu de l'Europe de 1823, avoient osé mettre la
«flamme tricolore au bout de leurs lances et rattacher à
«leur schako la cocarde de Fleurus et de Zurich..... Ce
«n'est rien que la destinée de quelques hommes dans de
«tels événements; mais combien d'autres événements il
«avoit fallu pour que ces hommes de toutes les parties de
«l'Europe se rencontrassent, anciens soldats du même ca-
«pitaine, venus dans un pays qu'ils ne connoissoient pas,
«défendre une cause qui se trouvoit être la leur!.... Les
«*choses, dans leurs continuelles et fatales transformations,*
«*n'entraînent point avec elles toutes les intelligences; elles ne*
«*domptent point tous les caractères avec une égale facilité,*
«*elles ne prennent pas même soin de tous les intérêts; c'est ce*
«*qu'il faut comprendre, et pardonner quelque chose aux pro-*
«*testations qui s'élèvent en faveur du passé. Quand une époque*
«*est finie, le moule est brisé, et il suffit à la Providence qu'il*
«*ne se puisse refaire; mais des débris restés à terre, il en est*
«*quelquefois de beaux à contempler.*»

J'ai souligné ces dernières lignes : l'homme qui a pu les
écrire a de quoi sympathiser avec ceux qui ont foi en la
Providence, qui respectent la religion du passé, et qui ont
aussi les yeux attachés sur des débris.

Au surplus, les temps où nous vivons sont si fort des
temps historiques, qu'ils impriment leur sceau sur tous
les genres de travail. On traduit les anciennes chroniques,
on publie les vieux manuscrits. On doit à M. Guizot la *Collection des mémoires relatifs à l'histoire de France, depuis la*

fondation de la monarchie françoise jusqu'au treizième siècle. Je ne sais si des traductions de nos annales latines, tout en favorisant l'histoire, ne nuiront pas à l'historien ; il est à craindre qu'en ouvrant le sanctuaire des faits aux ignorants et aux incapables, nous ne nous trouvions inondés de Tite-Live et de Thucydide, aux gages de quelque libraire. Il n'en est pas ainsi de la mise en lumière des originaux : on ne sauroit trop louer M. le marquis de Fortia de nous avoir donné le texte des *Annales du Hainaut,* par Jacques de Guise. Il faut remercier M. Buchon de l'édition de son *Froissard* et de celles de ses autres chroniques. M. Crapelet, M. Pluquet, M. Méon, M. Barrière, ont montré leur dévouement à la science : le premier a publié l'*Histoire* du châtelain de Coucy, le second le roman de *Rou,* le troisième le roman de *Renart,* le quatrième les *Mémoires* de Loménie. Ces mémoires contiennent des anecdotes sur les derniers moments de Mazarin ; ils achèvent de faire connoître les personnages que M. le marquis de Sainte-Aulaire a remis en scène avec tant de bonheur dans son *Histoire de la Fronde.*

Tout prend aujourd'hui la forme de l'histoire, polémique, théâtre, roman, poésie. Si nous avons le *Richelieu* de M. Victor Hugo, nous saurons ce qu'un génie à part peut trouver dans une route inconnue aux Corneille et aux Racine. L'Écosse voit renaître le moyen-âge dans les célèbres inventions de Walter Scott. Le Nouveau-Monde qui n'a d'autres antiquités que ses forêts, ses Sauvages, et sa liberté vieille comme la terre, a trouvé dans M. Cooper le peintre de ces antiquités. Nous n'avons point failli en ce nouveau genre de littérature : une foule d'hommes de talent nous ont donné des tableaux empreints des couleurs de l'histoire. Je ne puis rappeler tous ces tableaux, mais deux s'offrent en ce moment même à ma mémoire : l'un de M. Mérimée, représente les mœurs à l'époque de la Saint-Barthélemy ; l'autre, de M. Latouche, met sous nos yeux une des réactions sanglantes de la contre-révolution napolitaine. Ces vives peintures rendront de plus en plus difficile la tâche de l'historien. Au treizième siècle la chevalerie historique produisit la chevalerie romanesque, qui marcha de pair avec elle ; de notre temps la véritable histoire aura son histoire fictive, qui la fera disparoître dans son éclat, ou la suivra comme son ombre.

Sous le simple titre de *chansonnier*, un homme est devenu un des plus grands poëtes que la France ait produits : avec un génie qui tient de La Fontaine et d'Horace, il a chanté, lorsqu'il l'a voulu, comme Tacite écrivoit :

> Vous avez vu tomber la gloire
> D'un Ilion trop insulté,
> Qui prit l'autel de la Victoire
> Pour l'autel de la Liberté.
> Vingt nations ont poussé de Thersite
> Jusqu'en nos murs le char injurieux.
> Ah! sans regrets, mon âme, partez vite ;
> En souriant, remontez dans les cieux.
>
> Cherchez au-dessus des orages
> Tant de François morts à propos.
> Qui, se dérobant aux outrages,
> Ont au ciel porté leurs drapeaux.
> Pour conjurer la foudre qu'on irrite,
> Unissez-vous à tous ces demi-dieux :
> Ah! sans regrets, mon âme, partez vite, etc.
>
> Un conquérant, dans sa fortune altière,
> Se fit un jeu des sceptres et des lois,
> Et de ses pieds on peut voir la poussière
> Empreinte encor sur le bandeau des rois.

Le poëte n'est peut-être pas tout-à-fait aussi heureux quand il chante les rois sur leur trône, à moins que ce ne soit le roi d'Yvetot. En général M. de Béranger a pour démon familier une de ces muses qui pleurent en riant, et dont le malheur fait grandir les ailes.

Les fondateurs de notre école moderne historique réclament à présent toute notre attention.

J'ai déjà dit que M. de Barante avoit créé l'école descriptive. J'ai rendu compte au public de l'*Histoire des ducs de Bourgogne;* on trouvera mon opinion consignée dans le dix-huitième volume de ces *OEuvres complètes.* Aujourd'hui, en parcourant sa carrière nouvelle, peu importent sans doute à M. de Barante des éloges littéraires : qu'il me soit permis de regretter cette *Histoire du Parlement* qu'il nous promettoit. Peut-être la continuera-t-il, si jamais il est enlevé aux affaires : les lettres sont l'espérance pour entrer dans la vie, le repos pour en sortir.

MM. Thiers et Mignet sont les chefs de l'école fataliste, MM. Thierry, Guizot et Sismondi, les grands réformateurs de notre histoire générale : je m'arrête d'abord à ces derniers.

En joignant, pour les faits, l'histoire d'Adrien de Valois aux observations de MM. Thierry, Guizot et Sismondi, il n'y a presque plus rien à dire touchant la première et la seconde race de nos rois.

Les *Lettres* de M. Thierry *sur l'Histoire de France,* ouvrage excellent, rendent à un temps défiguré par notre ancienne école son véritable caractère. M. Thierry, comme tous les hommes doués de conscience, d'un talent vrai et progressif, a corrigé ce qui lui a paru douteux dans les premières éditions de sa belle et savante *Histoire de la conquête de l'Angleterre,* et dans ses *Lettres sur l'Histoire de France.* Quelques-unes de ses opinions se sont modifiées, l'expérience est venue reviser des jugements un peu absolus. On ne sauroit trop déplorer l'excès de travail qui a privé M. Thierry de la vue. Espérons qu'il dictera long-temps à ses amis, pour ses admirateurs (au nombre desquels je demande la première place), les pages de nos annales : l'histoire aura son Homère comme la poésie. Je retrouverai encore l'occasion de parler de M. Thierry dans cette préface, de même que j'ai été heureux de le citer et de m'appuyer de son autorité dans ces *Études historiques.*

Le cours d'histoire de M. Guizot, en ce qui concerne la seconde race, est d'un haut mérite. On peut ne pas convenir, avec le docte professeur, de quelques détails; mais il a aperçu, avec une raison éclairée, les causes générales de la décomposition et de la recomposition de l'ordre social aux huitième et neuvième siècles. Il a aussi de curieuses leçons sur la littérature civile et religieuse, et une foule de choses justes, bien observées, et écrites avec impartialité. M. Guizot est remplacé dans sa chaire par un des jeunes écrivains de notre époque, qui s'annonce avec le plus d'éclat à la France, M. Saint-Marc Girardin : tant cette France est inépuisable en talents !

M. Sismondi, connu par son *Histoire des républiques italiennes,* est un étranger de mérite qui s'est consacré avec un dévouement honorable pour nous à notre histoire. Trop préoccupé, peut-être, des idées modernes, il a trop jugé le passé d'après le présent : un peu d'humeur philosophique, bien naturelle sans doute, lui a fait traiter sévèrement quelques hommes et quelques règnes; mais il a vu, un des premiers, le parti que les peuples pouvoient tirer même de leurs crimes. Les élucubrations de ce savant annaliste doivent être lues avec précaution, mais étudiées avec fruit.

D'accord avec les écrivains que je viens de nommer, sur presque tous les faits qu'ils ont redressés dans nos historiens de l'ancienne école, tels que la ressemblance que ces historiens établissoient entre les Franks et les François, le prétendu affranchissement des communes par Louis-le-Gros, etc., il y a pourtant quelques points où je suis forcé de différer de ces maîtres.

L'inexorable histoire repousse les systèmes les plus ingénieux, lorsqu'ils ne sont pas appuyés sur des documents authentiques.

On parle comme de la plus grande découverte de l'école moderne d'une *seconde invasion des Franks,* c'est-à-dire d'une invasion des Franks d'Austrasie dans le royaume des Franks de Neustrie; invasion qui seroit devenue la cause de l'élévation de la seconde race.

Pour avancer une pareille nouveauté, il faut, ce me semble, autre chose que des conjectures. Produit-on des passages inédits, des chartes, des diplômes inconnus jusqu'ici ? Non ; rien de positif n'est cité au soutien d'une assertion dont les preuves changeroient les trois premiers siècles de notre histoire. On est réduit à chercher sur quelle apparence de vérité est appuyé un fait dont toutes les chroniques devroient retentir. Quoi ! une seconde invasion des Franks auroit été tout à coup découverte au dix-neuvième siècle, sans que personne en eût entendu parler auparavant ? Ni les Bénédictins, ni les savants de l'Académie des Inscriptions, ni des hommes comme Du Tillet, Duchesne, Baluze, Bignon, Adrien de Valois, ni tous les historiens de France, quelle qu'ait été la diversité de leurs opinions et de leurs doctrines, ni des critiques tels que Scaliger, Du Plessis, Bullet, Bayle, Secousse, Gibert, Fréret, Lebœuf, ni les publicistes tels que Bodin, Mably, Montesquieu, n'auroient rien vu ? Cela seul me feroit douter, moi qui ne puis avoir aucune assurance en mes lumières. Il y a cependant trente ans que je lis, la plume à la main, les documents de notre histoire, et je n'ai aperçu aucune trace de l'événement qui auroit produit une si grande révolution.

Toujours prêt à reconnoître la supériorité des autres et ma propre foiblesse, cédant peut-être trop vite aux conseils et aux critiques, je me suis débattu contre moi-même, afin de me convaincre d'une chose que les faits me dénioient. Peppin de Héristal, duc d'Austrasie, conduisant l'armée austrasienne, défait Thierry III, roi de Neustrie, et s'empare de toute l'autorité sous le nom de Maire du Palais, vers l'an 690. Est-ce cela qu'on auroit qualifié de seconde invasion des Franks ?

Mais depuis l'établissement des Franks dans les Gaules, depuis Khlovigh jusqu'à Peppin, chef de la seconde race, les royaumes des Franks avoient été sans cesse en hostilité les uns contre les autres ; effet inévitable du partage de la succession royale, qui se reproduisit sous les descendants de Charlemagne. Ainsi s'étoient formés et avoient disparu tour à tour les royaumes de Metz, de Soissons, d'Orléans, de Paris, de Bourgogne, d'Aquitaine. J'ai bien peur qu'on n'ait pris pour une nouvelle invasion des Franks une guerre civile de plus entre les tribus frankes.

Il ne me paroît pas démontré davantage que les Franks d'Austrasie fussent plus nombreux, et eussent mieux conservé le caractère salique que les Franks neustriens. Les Franks de la Neustrie ne s'étendoient guère outre-Loire; le pays au-delà de ce fleuve reconnoissoit à peine leur autorité, et ils étoient obligés d'y porter leurs armes : M. Thierry lui-même cite un exemple des ravages passagers qu'ils y commettoient. Qu'avoient, pour le courage et les mœurs des Franks, les cités gallo-romaines situées entre la Somme, la Seine et la Loire, de plus amollissant que celles qui couvroient les rives de la Meuse, de la Moselle et du Rhin? Paris étoit un misérable village, tandis que Cologne, Trèves, Mayence, Spire, Strasbourg, Worms, étoient des cités fameuses par les monuments dont leurs anciens maîtres les avoient ornées. D'après M. Guizot, les Franks devinrent propriétaires plus promptement dans l'Austrasie que dans la Neustrie; c'est là que l'on trouve, selon lui, les plus considérables de ces habitations qui devinrent des châteaux. La remarque est juste; mais ces châteaux n'étoient pas l'ouvrage des Franks. Les derniers empereurs avoient permis aux sujets et aux citoyens romains de fortifier leurs demeures particulières; les habitations fortifiées de l'Austrasie n'étoient que des propriétés anciennement données aux vétérans légionnaires chargés de la défense des rives du Rhin, de la Meuse et de la Moselle, d'où leur étoit venu le nom de *Ripuaires*. Les Franks neustriens n'étoient ni plus énervés ni moins braves que leurs compatriotes, on n'aperçoit en histoire aucune différence entre un Frank de Soissons, de Paris et d'Orléans, et un Frank de Metz, de Mayence et de Cologne. Ce furent des Franks neustriens comme des Franks austrasiens qui vainquirent les Arabes à Tours et les Saxons en Germanie, sous les Peppin et sous Charles-le-Martel. Les rois ou chefs de la Neustrie parloient le langage germanique, comme les rois ou chefs de l'Austrasie; leurs peuples seuls différoient de langage.

Remarquez enfin que Charles, duc de la Basse-Lorraine, oncle de Louis V, ayant fait hommage à l'empereur Othon de son duché, fut déclaré indigne de régner sur les Franks; et Charles étoit de la race de Charlemagne. Ce seroit donc les Franks austrasiens qui auroient renié la race qu'ils avoient élevée sur le pavois; ils auroient choisi un roi parmi les Franks neustriens vaincus, pour le mettre à la place d'un chef sorti de Franks austrasiens vainqueurs.

Tels sont mes doutes; ils expliqueront pourquoi, en admettant relativement aux deux premières races la plupart des opinions de l'école moderne, j'ai rejeté la seconde invasion des Franks. Je suis persuadé que les hommes habiles dont je ne partage pas sur ce point le sentiment, examineront eux-mêmes de plus près un fait d'une nature si grave. Peut-être à leur tour me reprocheront-ils mes hardiesses quand ils me verront hésiter sur la signification que l'on donne au nom *frank*, ne me tenir pas bien assuré qu'il y ait eu jamais une *ligue* de peuples germaniques connue sous le nom de *Franks*, à cause même de leur *confédération*.

Passons aux écrivains de l'école moderne du système fataliste.

Deux de ces écrivains attirent particulièrement l'attention : unis entre eux du triple lien de l'amitié, de l'opinion et du talent, ils se sont partagé le récit des fastes révolutionnaires. M. Mignet a resserré dans un ouvrage court et substantiel le récit que M. Thiers a étendu dans de plus larges limites. On trouve dans le premier une foule de traits tels que ceux-ci : « Les révolutions qui emploient beaucoup « de chefs ne se donnent qu'à un seul. » — « En révolution « tout dépend d'un premier refus et d'une première lutte. « Pour qu'une innovation soit pacifique, il faut qu'elle ne « soit pas contestée ; car alors, au lieu de réformateurs sages « et modérés, on n'a plus que des réformateurs extrêmes « et inflexibles... D'une main ils combattent pour défendre « leur domination ; de l'autre ils fondent leur système pour « la consolider. »

Le portrait de Danton est supérieurement tracé : « Dan-
« ton, dit l'auteur, étoit un révolutionnaire gigantesque...
.« Danton, qu'on a nommé le Mirabeau de la populace,
« avoit de la ressemblance avec ce tribun des hautes clas-
« ses........ Ce puissant démagogue offroit un mélange de
« vices et de qualités contraires. Quoiqu'il se fût vendu à
« la cour, il n'étoit pas pourtant vil, car il est des carac-
« tères qui relèvent jusqu'à la bassesse...... Une révolu-
« tion à ses yeux étoit un jeu où le vainqueur, s'il en avoit
« besoin, gagnoit la vie du vaincu. » La lutte de Robespierre contre Camille Desmoulins et Danton est représentée avec un grand intérêt, et l'historien entremêle son
récit des discours et des paroles de ces hommes de sang.
Danton, au moment de périr, pesoit ainsi ses destins :
« J'aime mieux être guillotiné que guillotineur ; ma vie
« n'en vaut pas la peine, et l'humanité m'ennuie. » On lui
conseilloit de partir : « Partir ! est-ce qu'on emporte sa pa-
« trie à la semelle de son soulier ? » Enfermé dans le cachot
qu'avoit occupé Hébert, il disoit : « C'est à pareille époque
« que j'ai fait instituer le tribunal révolutionnaire ; j'en de-
« mande pardon à Dieu et aux hommes ; mais ce n'étoit pas
« pour qu'il fût le fléau de l'humanité. » Interrogé par le
président Dumas, il répondit : « Je suis Danton ; j'ai trente-
« cinq ans ; ma demeure sera bientôt le néant. » Condamné,
il s'écria : « J'entraîne Robespierre, Robespierre me suit. »
Ici la terreur a passé dans le récit de l'historien.

L'auteur, parlant de la mort de Robespierre, dit : « Il
« faut, homme de faction, qu'on périsse par les échafauds,
« comme les conquérants par la guerre. » C'est l'éloquence
appliquée à la raison.

M. Mignet a tracé une esquisse vigoureuse ; M. Thiers a
peint le tableau. Je mettrai particulièrement sous les yeux
de mes lecteurs la mort de Mirabeau et celle de Louis XVI,
d'autant plus que l'auteur, n'ayant pas à représenter des
personnages plébéiens, objets de ses prédilections, admire
pourtant : la vérité de sa conscience et de son talent l'emporte en lui sur la séduction de son système. Je sens moi-

même que, si j'avois à parler comme historien de Mirabeau et de Louis XVI, je serois plus sévère que M. Thiers : je demanderois si tous les vices du premier étoient ceux d'un grand politique, si toutes les vertus du second étoient celles d'un grand roi. «Mirabeau, dit l'auteur, et l'on ne «sauroit mieux dire, Mirabeau, dans cette occasion, frappa «surtout par son audace; jamais peut-être il n'avoit plus «impérieusement subjugué l'assemblée. Mais sa fin appro-«choit, et c'étoient là ses derniers triomphes............
«La philosophie et la gaieté se partagèrent ses derniers «instants. Pâle, et les yeux profondément creusés, il pa-«roissoit tout différent à la tribune, et souvent il étoit saisi «de défaillances subites. Les excès de plaisir et de travail, «les émotions de la tribune, avoient usé en peu de temps «cette existence si forte..............................
«Une dernière fois il prit la parole à cinq reprises diffé-«rentes, il sortit épuisé, et ne reparut plus. Le lit de mort «le reçut et ne le rendit qu'au Panthéon. Il avoit exigé de «Cabanis qu'on n'appelât pas de médecins; néanmoins on «lui désobéit; ils trouvèrent la mort qui s'approchoit, et «qui déjà s'étoit emparée des pieds : la tête fut la dernière «atteinte, comme si la nature avoit voulu laisser briller «son génie jusqu'au dernier instant. Un peuple immense se «pressoit autour de sa demeure, et encombroit toutes les «issues dans le plus profond silence...................
«Mirabeau fit ouvrir ses fenêtres : Mon ami, dit-il à Caba-«nis, je mourrai aujourd'hui : il ne reste plus qu'à s'en-«velopper de parfums, qu'à se couronner de fleurs, qu'à «s'environner de musique, afin d'entrer paisiblement dans «le sommeil éternel. Des douleurs poignantes interrom-«poient de temps en temps ces discours si nobles et si «calmes. Vous aviez promis, dit-il à ses amis, de m'épar-«gner des souffrances inutiles. En disant cela, il demande «de l'opium avec instance. Comme on le lui refusoit, il «l'exige avec sa violence accoutumée. Pour le satisfaire, «on le trompe, et on lui présente une coupe, en lui per-«suadant qu'elle contient de l'opium. Il la saisit, avale

« le breuvage qu'il croit mortel, et paroît satisfait. Un ins-
« tant après il expire. C'étoit le 20 avril 1791............
« L'Assemblée interrompt ses travaux, un deuil général est
« ordonné, des funérailles magnifiques sont préparées. On
« demande quelques députés. Nous irons tous, s'écrièrent-
« ils. L'église de Sainte-Geneviève est érigée en Panthéon,
« avec cette inscription qui n'est plus à l'instant où je ra-
« conte ces faits :

« AUX GRANDS HOMMES LA PATRIE RECONNOISSANTE. »

L'inscription est replacée : y restera-t-elle? Qui sait ce que renferme l'avenir? Qui connoît les grands hommes et qui les juge? Je ne veux rien poursuivre sous le couvercle d'un cercueil; quand la mort a appliqué sa main sur le visage d'un homme, il ne reste plus d'espace à l'insulte; mais les passions politiques sont moins scrupuleuses, et pourvu qu'une révolution dure quelques années, il est peu de gloire qui soit en sûreté dans la tombe. En compa- rant le récit de M. Thiers à celui de Mme de Staël, on pourra saisir quelques-uns des secrets du talent.

Passons à la mort de Louis XVI. L'innocence de la vic- time s'emparant du génie de l'auteur, le subjugue et se re- produit tout entière dans ces éloquentes paroles :

« Dans Paris régnoit une stupeur profonde; l'audace du
« nouveau gouvernement avoit produit l'effet ordinaire que
« la force produit sur les masses; elle les avoit paralysées
« et réduites au silence. Le conseil exécutif étoit chargé de
« la douloureuse mission de faire exécuter la sentence.
« Tous les ministres étoient réunis dans la salle de leur
« séance et comme frappés de consternation. Le tambour
« battoit dans la capitale; tous ceux qu'aucune obligation
« n'appeloit à figurer dans cette terrible journée se ca-
« choient chez eux. Les portes et les fenêtres étoient fer-
« mées, et chacun attendoit chez soi le triste événement.
« A huit heures, le roi partit du Temple. Des officiers de
« gendarmerie étoient placés sur le devant de la voiture.
« Ils étoient confondus de la piété et de la résignation de

«la victime. Une multitude armée formoit la haie. La voi-
«ture s'avançoit lentement au milieu du silence universel.
«On avoit laissé un espace vide autour de l'échafaud. Des
«canons environnoient cet espace, et la vile populace, tou-
«jours prête à outrager le génie, la vertu et le malheur,
«se pressoit derrière les rangs des fédérés, et donnoit
«seule quelques signes extérieurs de satisfaction.»

Les campagnes d'Italie forment dans l'ouvrage de M. Thiers un épisode à part, qui suffiroit seul pour assigner à l'auteur un rang élevé parmi les historiens.

Après cet hommage sans réserve rendu aux chefs de l'école politique fataliste, il me sera peut-être loisible de hasarder des réflexions sur leur système, parce qu'on en a étrangement abusé.

Les écoliers, comme il arrive toujours, n'ayant point le talent des maîtres, croient les surpasser en exagérant leurs principes. Il s'est formé une petite secte de théoristes de terreur, qui n'a d'autre but que la justification des excès révolutionnaires; espèces d'architectes en ossements et en têtes de morts, comme ceux qu'on trouve à Rome dans les catacombes. Tantôt les égorgements sont des conceptions pleines de génie; tantôt des drames terribles dont la grandeur couvre la sanglante turpitude. On transforme les événements en personnages; on ne vous dit pas : «Admirez Marat,» mais, «Admirez ses œuvres;» le meurtrier n'est pas beau, c'est le meurtre qui est divin. Les membres des comités révolutionnaires pouvoient être des assassins publics, mais leurs assassinats sont sublimes, car voyez les grandes choses qu'ils ont produites. Les hommes ne sont rien; les choses sont tout; et les choses ne sont point coupables. On disoit autrefois : «Détestez le crime, et pardonnez au criminel;» si l'on en croyoit les parodistes de MM. Thiers et Mignet, la maxime seroit renversée, et il faudroit dire : «Détestez le criminel et pardonnez...... que dis-je, pardonnez! aimez, révérez le crime!»

Il faut que l'historien dans ce système raconte les plus grandes atrocités sans indignation, et parle des plus hautes vertus sans amour; que d'un œil glacé il regarde la société comme soumise à certaines lois irrésistibles, de manière que chaque chose arrive comme elle devoit inévitablement arriver. L'innocent ou l'homme de génie doit mourir, non pas parce qu'il est innocent ou homme de génie, mais parce que sa mort est nécessaire et que sa vie mettroit obstacle à un fait général placé dans la série des événements. La mort ici n'est rien; c'est l'accident plus ou moins pathétique : besoin étoit que tel individu disparût pour l'avancement de telle chose, pour l'accomplissement de telle vérité.

Il y a mille erreurs détestables dans ce système.

La fatalité, introduite dans les affaires humaines, n'auroit pas même l'avantage de transporter à l'histoire l'intérêt de la fatalité tragique. Qu'un personnage sur la scène soit victime de l'inexorable destin; que, malgré ses vertus, il périsse : quelque chose de terrible résulte de ce ressort mis en mouvement par le poëte. Mais que la société soit représentée comme une espèce de machine qui se meut aveuglément par des lois physiques latentes; qu'une révolution arrive par cela seul qu'elle doit arriver; que, sous les roues de son char, comme sous celles du char de l'idole indienne, soient écrasés au hasard innocents et coupables; que l'indifférence ou la pitié soit la même à l'égard du vice et de la vertu : cette fatalité de la chose, cette impartialité de l'homme sont hébétées et non tragiques. Ce niveau historique, loin de déceler la vigueur, ne trahit que l'impuissance de celui qui le promène sur les faits. J'ose dire que les deux historiens qui ont produit de si déplorables imitateurs, étoient très supérieurs à l'opinion dont on a cru trouver le germe dans leurs ouvrages.

Non, si l'on sépare la vérité morale des actions humaines, il n'est plus de règle pour juger ces actions; si l'on retranche la vérité morale de la vérité politique, celle-ci reste sans base; alors il n'y a plus aucune raison de préférer la liberté à l'esclavage, l'ordre à l'anarchie. Mon *intérêt!* direz-vous. Qui vous a dit que mon *intérêt* est l'ordre et la liberté? Si j'aime le pouvoir, moi, comme tant de révolutionnaires? Si je veux bien abaisser ce que j'envie, mais si je ne me contente pas d'être un citoyen pauvre et obscur, au nom de quelle loi m'obligerez-vous à me courber sous le joug de vos idées? — Par la force? — Mais si je suis le plus fort? — En détruisant la vérité morale, vous me rendez à l'état de nature; tout m'est permis, et vous êtes en contradiction avec vous-même quand vous venez, afin de me retenir, me parler de certaines nécessités que je ne reconnois pas. Ma règle est mon bras : vous l'avez déchaîné, je l'étendrai pour prendre ou frapper au gré de ma cupidité ou de ma haine.

Grâce au ciel il n'est pas vrai qu'un crime soit jamais utile, qu'une injustice soit jamais nécessaire. Ne disons pas que si dans les révolutions tel homme innocent ou illustre, opposé d'esprit à ces révolutions, n'avoit péri, il en eût arrêté le cours; que le tout ne doit pas être sacrifié à la partie. Sans doute cet homme de vertu ou de génie eût pu ralentir le mouvement; mais l'injustice ou le crime accompli sur sa personne retardent mille fois plus ce même mouvement. Les souvenirs des excès révolutionnaires ont été et sont encore parmi nous les plus grands obstacles à l'établissement de la liberté.

Si, taisant ce que la révolution a fait de bien, ce qu'elle a détruit de préjugés, établi de libertés dans la France, on retraçoit l'histoire de cette révolution par ses crimes, sans ajouter un seul mot, une seule réflexion au texte, mettant seulement bout à bout toutes les horreurs qui se sont dites et perpétrées dans Paris et les provinces pendant quatre ans, cette tête de Méduse feroit reculer pour des siècles le genre humain jusqu'aux dernières bornes de la servitude; l'imagination épouvantée se refuseroit à croire qu'il y ait eu quelque chose de bon caché sous ces attentats. C'est donc une étrange méprise que de glorifier ces attentats pour faire aimer la révolution. Ce n'est point l'année 1793 et ses énormités qui ont produit la liberté; ce temps d'anarchie n'a enfanté que le despotisme militaire; ce despotisme dureroit encore si celui qui avoit rendu la Gloire sa complice avoit su mettre quelque modération dans les jouissances de la victoire. Le régime constitutionnel est sorti des entrailles de l'année 1789; nous sommes revenus, après de longs égarements, au point du départ : mais combien de voyageurs sont restés sur la route!

Tout ce qu'on peut faire par la violence, on peut l'exécuter par la loi : le peuple qui a la force de proscrire, a la force de contraindre à l'obéissance sans proscription. S'il est jamais permis de transgresser la justice sous le prétexte du bien public, voyez où cela vous conduit : vous êtes aujourd'hui le plus fort, vous tuez pour la liberté, l'égalité, la tolérance; demain vous serez le plus foible, et l'on vous tuera pour la servitude, l'inégalité, le fanatisme. Qu'aurez-vous à dire? Vous étiez un obstacle à la chose qu'on vouloit; il a fallu vous faire disparoître; fâcheuse nécessité sans doute, mais enfin nécessité : ce sont là vos principes; subissez-en la conséquence. Marius répandoit le sang au nom de la démocratie, Sylla au nom de l'aristocratie; Antoine, Lépide et Auguste trouvèrent utile d'écimer les têtes qui rêvoient encore la liberté romaine. Ne blâmons plus les égorgeurs de la Saint-Barthélemy; ils étoient obligés (bien malgré eux sans doute) d'ainsi faire pour arriver à leur but.

Il n'a péri, dit-on, que six mille victimes par les tribunaux révolutionnaires. C'est peu! Reprenons les choses à leur origine.

Le premier numéro du *Bulletin des Lois* contient le décret qui institue le *tribunal révolutionnaire :* on maintient ce décret à la tête de ce recueil, non pas, je suppose, pour en faire usage en temps et lieu, mais comme une inscription redoutable gravée au fronton du temple des lois, pour épouvanter le législateur et lui inspirer l'horreur de l'injustice. Ce décret prononce que la seule peine portée par le *tribunal révolutionnaire* est la peine de mort. L'article 9 autorise tout citoyen à saisir et à conduire devant les *ma-*

gistrats, les *conspirateurs* et les *contre-révolutionnaires*; l'article 13 dispense de la preuve testimoniale; et l'art. 16 prive de défenseur les *conspirateurs*. Ce tribunal étoit sans appel.

Voilà d'abord la grande base sur laquelle il nous faut asseoir notre admiration : honneur à l'équité révolutionnaire! honneur à la justice de la caverne! Maintenant, compulsons les actes émanés de cette justice. Le républicain Prudhomme, qui ne haïssoit pas la révolution, et qui a écrit lorsque le sang étoit tout chaud, nous a laissé six volumes de détails. Deux de ces six volumes sont consacrés à un dictionnaire où chaque *criminel* se trouve inscrit à sa lettre alphabétique, avec ses *nom, prénoms, âge, lieu de naissance, qualité, domicile, profession, date et motif de la condamnation, jour et lieu de l'exécution*. On y trouve parmi les guillotinés dix-huit mille six cent treize victimes ainsi réparties :

Ci-devant nobles.	1,278
Femmes *idem*.	730
Femmes de laboureurs et d'artisans.	1,467
Religieuses.	350
Prêtres.	1,135
Hommes non nobles de divers états.	13,633
TOTAL.	18,613

Femmes mortes par suites de couches prématurées.	3,400
Femmes enceintes et en couches.	348
Femmes tuées dans la Vendée.	15,000
Enfants id. id.	22,000
Morts dans la Vendée.	900,000
Victimes sous le proconsulat de Carrier, à Nantes.	32,000

Dont :
Enfants fusillés.	500
Id. noyés.	1,500
Femmes fusillées.	264
Id. noyées.	500
Prêtres fusillés.	300
Id. noyés.	460
Nobles noyés.	1,400
Artisans *idem*.	5,300

Victimes à **Lyon**.	31,000

Dans ces nombres ne sont point compris les massacrés à Versailles, aux Carmes, à l'Abbaye, à la glacière d'Avignon, les fusillés de Toulon et de Marseille après les siéges de ces deux villes, et les égorgés de la petite ville provençale de Bédoin, dont la population périt tout entière.

Pour l'exécution de la loi des suspects, du 21 septembre 1793, plus de cinquante mille comités révolutionnaires furent installés sur la surface de la France. D'après les calculs du conventionnel Cambon, ils coûtoient annuellement cinq cent quatre-vingt-onze millions (assignats). Chaque membre de ces comités recevoit trois francs par jour, et ils étoient cinq cent quarante mille : c'étoient cinq cent quarante mille accusateurs ayant droit de désigner à la mort. A Paris, seulement, on comptoit soixante comités révolutionnaires; chacun d'eux avoit sa prison pour la détention des suspects.

Vous remarquerez que ce ne sont pas seulement des *nobles*, des *prêtres*, des *religieux*, qui figurent ici dans le registre mortuaire; s'il ne s'agissoit que de ces gens-là, la terreur seroit véritablement la vertu : *canaille! sotte espèce!* Mais voilà dix-huit mille neuf cent vingt-trois hommes non nobles, de divers états, et deux mille deux cent trente et une femmes de laboureurs ou d'artisans, deux mille enfants guillotinés, noyés et fusillés : à Bordeaux, on exécutoit pour crime de *négociantisme*. Des femmes! mais savez-vous que dans aucun pays, dans aucun temps, chez aucune nation de la terre, dans aucune proscription politique les femmes n'ont été livrées au bourreau, si ce n'est quelques têtes isolées à Rome sous les empereurs, en Angleterre sous Henri VIII, la reine Marie et Jacques II? La terreur a seule donné au monde le lâche et impitoyable spectacle de l'assassinat juridique des femmes et des enfants en masse.

Le Girondin Riouffe, prisonnier avec Vergniaux, madame Roland et leurs amis à la Conciergerie, rapporte ce qui suit dans ses *Mémoires d'un détenu* : «Les femmes les «plus belles, les plus jeunes, les plus intéressantes, tom-«boient pêle-mêle dans ce gouffre (l'Abbaye), dont elles

«sortoient pour aller par douzaine inonder l'échafaud de
«leur sang.

« On eût dit que le gouvernement étoit dans les mains
«de ces hommes dépravés qui, non contents d'insulter au
«sexe par des goûts monstrueux, lui vouent encore une
«haine implacable. De jeunes femmes enceintes, d'autres
«qui venoient d'accoucher et qui étoient encore dans cet
«état de foiblesse et de pâleur qui suit ce grand travail
«de la nature qui seroit respecté par les peuples les plus
«sauvages; d'autres dont le lait s'étoit arrêté tout à coup,
«ou par frayeur, ou parce qu'on avoit arraché leurs en-
«fants de leur sein, étoient jour et nuit précipitées dans
«cet abîme. Elles arrivoient traînées de cachots en cachots,
«leurs foibles mains comprimées dans d'indignes fers : on
«en a vu qui avoient un collier au cou. Elles entroient, les
«unes évanouies et portées dans les bras des guichetiers
«qui en rioient, d'autres en état de stupéfaction qui les
«rendoit presque imbéciles : vers les derniers mois surtout
«(avant le 9 thermidor), c'étoit l'activité des enfers : jour et
«nuit les verrous s'agitoient; soixante personnes arrivoient
«le soir pour aller à l'échafaud le lendemain ; elles étoient
«remplacées par cent autres, que le même sort attendoit le
«jour suivant.

«Quatorze jeunes filles de Verdun, d'une candeur sans
«exemple, et qui avoient l'air de jeunes vierges préparées
«pour une fête publique, furent menées ensemble à l'é-
«chafaud. Elles disparurent tout à coup et furent moisson-
«nées dans leur printemps : la cour des femmes avoit l'air, le
«lendemain de leur mort, d'un parterre dégarni de ses fleurs
«par un orage. Je n'ai jamais vu parmi nous de désespoir
«pareil à celui qu'excita cette barbarie.

« Vingt femmes de Poitou, pauvres paysannes pour la
«plupart, furent également assassinées ensemble. Je les
«vois encore, ces malheureuses victimes, je les vois éten-
«dues dans la cour de la Conciergerie, accablées de la
«fatigue d'une longue route et dormant sur le pavé... Au
«moment d'aller au supplice, on arracha du sein d'une de

«ces infortunées un enfant qu'elle nourrissoit, et qui, au
«moment même, s'abreuvoit d'un lait dont le bourreau
«alloit tarir la source : ô cris de la douleur maternelle,
«que vous fûtes aigus! mais sans effet....... Quelques
«femmes sont mortes dans la charrette, et on a guillotiné
«leurs cadavres. N'ai-je pas vu, peu de jours avant le
«9 thermidor, d'autres femmes traînées à la mort? elles
«s'étoient déclarées enceintes.... Et ce sont des hommes,
«des François, à qui leurs philosophes les plus éloquents
«prêchent depuis soixante années l'humanité et la tolé-
«rance..

...Déjà un aqueduc immense qui devoit voiturer du
«sang avoit été creusé à la place Saint-Antoine. Disons-le,
«quelque horrible qu'il soit de le dire, tous les jours le
«sang humain se puisoit par seaux, et quatre hommes
«étoient occupés, au moment de l'exécution, à les vider
«dans cet aqueduc.

«C'étoit vers trois heures après midi que ces longues
«processions de victimes descendoient au tribunal, et
«traversoient lentement sous de longues voûtes, au milieu
«des prisonniers qui se rangeoient en haie pour les voir
«passer avec une avidité sans pareille. J'ai vu quarante-
«cinq magistrats du parlement de Paris, trente-trois du
«parlement de Toulouse, allant à la mort du même air
«qu'ils marchoient autrefois aux cérémonies publiques;
«j'ai vu trente fermiers généraux passer d'un pas calme
«et ferme; les vingt-cinq premiers négociants de *Sedan*
«plaignant en allant à la mort dix mille ouvriers qu'ils
«laissoient sans pain. J'ai vu ce *Baysser, l'effroi des rebelles*
«*de la Vendée*, et le plus bel homme de guerre qu'eût la
«France; j'ai vu tous ces généraux que la victoire venoit
«de couvrir de lauriers qu'on changeoit soudain en cy-
«près; enfin tous ces jeunes militaires si forts, si vigou-
«reux..... ils marchoient silencieusement..... ils ne sa-
«voient que mourir.»

Prudhomme va compléter ce tableau :

«La mission de Le Bon dans les départements frontières

«du nord peut être comparée à l'apparition de ces noires
«furies si redoutées dans les temps du paganisme....... »

Dans les jours de fêtes l'orchestre étoit placé à côté de
l'échafaud ; Le Bon disoit aux jeunes filles qui s'y trouvoient:
«Suivez la voix de la nature, livrez-vous, abandonnez-vous
«dans les bras de vos amants. »....................

«Des enfants qu'il avoit corrompus lui formoient une
«garde et étoient les espions de leurs parents. Quelques-
«uns avoient de petites guillotines avec lesquelles ils s'amu-
«soient à donner la mort à des oiseaux et à des souris.» On
sait que Le Bon, après avoir abusé d'une femme qui s'étoit
livrée à lui pour sauver son mari, fit mourir cet homme
sous les yeux de cette femme, à laquelle il ne resta que
l'horreur de son sacrifice; genre d'atrocités si répétées
d'ailleurs, que Prudhomme dit qu'on ne les sauroit compter.

Carrier se distingua à Nantes : «Environ quatre-vingts
«femmes extraites de l'entrepôt, traduites à ce champ de
«carnage, y furent fusillées; ensuite on les dépouilla et
«leurs corps restèrent ainsi épars pendant trois jours.

«Cinq cents enfants des deux sexes, dont les plus âgés
«avoient quatorze ans, sont conduits au même endroit pour
«y être fusillés. Jamais spectacle ne fut plus attendrissant
«et plus effroyable; la petitesse de leur taille en met plu-
«sieurs à l'abri des coups de feu; ils délient leurs liens,
«s'éparpillent jusque dans les bataillons de leurs bour-
«reaux, cherchent un refuge entre leurs jambes, qu'ils
«embrassent fortement, en levant vers eux leur visage où
«se peignent à la fois l'innocence et l'effroi. Rien ne fait
«impression sur ces exterminateurs, ils les égorgent à
«leurs pieds. »

Noyades à Nantes :

«Une quantité de femmes, la plupart enceintes, et d'au-
«tres pressant leur nourrisson sur leur sein, sont menées
«à bord des gabares.......... Les innocentes caresses, le
«sourire de ces tendres victimes versent dans l'âme de ces
«mères éplorées un sentiment qui achève de déchirer
«leurs entrailles; elles répondent avec vivacité à leurs ten-

«dres caresses, en songeant que c'est pour la dernière
«fois!!! Une d'elles venoit d'accoucher sur la grève, les
«bourreaux lui donnent à peine le temps de terminer ce
«grand travail; ils avancent; toutes sont amoncelées dans
«la gabare, et, après les avoir dépouillées à nu, on leur
«attaché les mains derrière le dos. Les cris les plus aigus,
«les reproches les plus amers de ces malheureuses mères
«se font entendre de toutes parts contre les bourreaux;
«Fouquet, Robin et Lamberty y répondoient à coups de
«sabre, et la timide beauté, déjà assez occupée à cacher
«sa nudité aux monstres qui l'outragent, détourne en fré-
«missant ses regards de sa compagne défigurée par le sang,
«et qui déjà chancelante vient rendre le dernier soupir à
«ses pieds. Mais le signal est donné; les charpentiers d'un
«coup de hache lèvent les sabords, et l'onde les ensevelit
«pour jamais.»

Et voilà l'objet de vos hymnes! Des milliers d'exécutions
en moins de trois années, en vertu d'une loi qui privoit les
accusés de témoins, de défenseurs et d'appel! Songez-vous
que le souvenir d'une seule condamnation inique, celle de
Socrate, a traversé vingt siècles pour flétrir les juges et les
bourreaux? Pour entonner le chant de triomphe, il faudroit du moins attendre que les pères et les mères, les
femmes et les enfants, les frères et les sœurs des victimes
fussent morts, et ils couvrent encore la France. Femmes,
bourgeois, négociants, magistrats, paysans, soldats, généraux, immense majorité plébéienne sur laquelle est tombée la terreur, vous plaît-il de fournir de nouveaux ali-
mens à ce merveilleux spectacle?

On dit : Une révolution est une bataille; comparaison
défectueuse. Sur un champ de bataille si on reçoit la mort
on la donne, les deux partis ont les armes à la main. L'exécuteur des hautes œuvres combat sans péril; lui seul tient
la corde ou le glaive; on lui amène l'ennemi garrotté. Je
ne sache pas qu'on ait jamais appelé duel ce qui se passoit
entre Louis XVI, la jeune fille de Verdun, Bailly, André
Chénier, le vieillard Malesherbes et le bourreau. Le voleur

qui m'attend au coin d'un bois joue du moins sa vie contre la mienne; mais le révolutionnaire qui, du sein de la débauche, après s'être vendu tantôt à la cour, tantôt au parti républicain, envoyoit à la place du supplice des tombereaux remplis de femmes, quels risques couroit-il avec ces foibles adversaires?

Les prodiges de nos soldats ne furent point l'œuvre de la terreur; ils tinrent à l'esprit militaire des François, qui se réveillera toujours au son de la trompette. Ce ne furent point les commissaires de la Convention et les guillotines à la suite des victoires, qui rétablirent la discipline dans les armées, ce furent les armées qui rapportèrent l'ordre dans la France.

La preuve que ce temps mauvais n'avoit rien de supérieur propre à être reproduit, c'est qu'il seroit impossible de le faire renaître. Les émeutes, les massacres populaires sont de tous les siècles, de tous les pays; mais une organisation complète de meurtres appelés légaux, des tribunaux jugeant à mort dans toutes les villes, des assassins affiliés dépouillant leurs victimes et les conduisant presque sans gardes au supplice, c'est ce qu'on n'a vu qu'une fois, c'est ce qu'on ne reverra jamais. Aujourd'hui les individus résisteroient un à un; chacun se défendroit dans sa maison, sur son champ, dans la prison, au supplice même. La terreur ne fut point une invention de quelques géants; ce fut tout simplement une maladie morale, une peste. Un médecin, dans son amour de l'art, s'écrioit plein de joie: «On a retrouvé la lèpre.» On ne retrouvera pas la terreur. N'apprenons point au peuple à choyer les crimes; ne nous donnons point pour une nation d'ogres, qui lèche comme le lion avec délices ses mâchoires ensanglantées. Le système de la terreur, poussé à l'extrême, n'est autre que la conquête accomplie par l'extermination; or, on ne peut jamais consumer assez vite tous les holocaustes, pour que l'horreur qu'ils inspirent ne soulève pas jusqu'aux allumeurs de bûchers.

La même admiration que l'on accorde à la terreur, on

la prodigue aux terroristes avec aussi peu de raison : ceux qui les ont vus de près savent que la plupart d'entre eux n'étoient que des misérables dont la capacité ne s'élevoit pas au-dessus de l'esprit le plus vulgaire; héros de la peur, ils tuoient dans la crainte d'être tués. Loin d'avoir ces desseins profonds qu'on leur suppose aujourd'hui, ils marchoient sans savoir où ils alloient, jouets de leur ivresse et des événements. On a prêté de l'intelligence à des instincts matériels; on a forgé la théorie d'après la pratique; on a tiré la poétique du poëme. Si même quelques-uns de ces stupides démons ont par hasard mêlé quelques qualités à leurs vices, ces dons stériles ressembloient aux fruits qui se détachent de la branche et pourrissent au pied de l'arbre qui les a portés. Un vrai terroriste n'est qu'un homme mutilé, privé comme l'eunuque de la faculté d'aimer et de renaître : c'est son impuissance dont on a voulu faire du génie.

Que, dans la fièvre révolutionnaire, il se soit trouvé d'atroces sycophantes engraissés de sang comme ces vermines immondes qui pullulent dans les voiries; que des sorcières plus sales que celles de Macbeth aient dansé en rond autour du chaudron où l'on faisoit bouillir les membres déchirés de la France, soit; mais que l'on rencontre aujourd'hui des hommes qui, dans une société paisible et bien ordonnée, se constituent les mielleux apologistes de ces brutales orgies; des hommes qui parfument et couronnent de fleurs le baquet où tomboient les têtes à couronne ou à bonnet rouge; des hommes qui enseignent la logique du meurtre, qui se font maîtres ès-arts de massacre, comme il y a des professeurs d'escrime, voilà ce qui ne se comprend pas.

Défions-nous de ce mouvement d'amour-propre qui nous fait croire à la supériorité de notre esprit, à la fortitude de notre âme, parce que nous envisageons de sang-froid les plus épouvantables catastrophes : le bourreau manie des troncs palpitans sans en être ému; cela prouve-t-il la fermeté de son caractère et la grandeur de son intelligence ? Quand le plus vil des peuples, quand les Romains du temps de l'empire couroient au spectacle des gladiateurs; quand vingt mille prisonniers s'égorgeoient pour amuser un Néron entouré de prostituées toutes nues, n'étoit-ce pas là de la terreur sur une grande échelle? Le mot changera-t-il le fait? Faudra-t-il trouver horrible, au nom de la tyrannie, ce qu'on trouveroit admirable au nom de la liberté?

Placer la fatalité dans l'histoire, c'est se débarrasser de la peine de penser, s'épargner l'embarras de rechercher la cause des événements. Il y a bien autrement de puissance à montrer comment la déviation des principes de la morale et de la justice a produit des malheurs, comment ces malheurs ont enfanté des libertés par le retour à la morale et à la justice; il y a certes en cela bien plus de puissance qu'à mettre la société sous de gros pilons qui réduisent en pâte ou en poudre les choses et les hommes : il ne faut que lâcher l'écluse des passions, et les pilons vont se levant et retombant. Quant à moi, je ne me sens aucun enthousiasme pour une hache. J'ai vu porter des têtes au bout d'une pique, et j'affirme que c'étoit fort laid. J'ai rencontré quelques-unes de ces vastes capacités qui faisoient promener ces têtes ; je déclare qu'il n'y avoit rien de moins vaste : le monde les menoit, et elles croyoient mener le monde. Un des plus fameux révolutionnaires, à moi connu, étoit un homme léger, bavard, d'un esprit court, et qui, privé de cœur de toute façon, en manquoit dans le péril. Les équarrisseurs de chair humaine ne m'imposent point : en vain ils me diront que, dans leurs fabriques de pourritures et de sang, ils tirent d'excellents ingrédients des carcasses industriellement pilées : manufacturiers de cadavres, vous aurez beau broyer la mort, vous n'en ferez jamais sortir un germe de liberté, un grain de vertu, une étincelle de génie.

Que les théoriciens de terreur gardent donc s'ils le veulent leur fanatisme à la glace, lequel leur fournit deux ou trois phrases inexplicables de *nécessité*, de *mouve-*

ment, de *force progressive*, sous lesquelles ils cachent le vide de leurs pensées, je ne les lirai plus ; mais je relirai les deux historiens qu'ils ont pris si mal à propos pour guides, et dont le talent me fera oublier leurs infimes et sauvages imitateurs.

Au surplus, un auteur à qui la liberté doit beaucoup, le dernier orateur de ces générations constitutionnelles qui finissent, un homme dont la tombe récente doit augmenter l'autorité, M. Benjamin Constant, a combattu avant moi ces dogmatiques de terreur. Il faut lire tout entier, dans ses *Mélanges de littérature et de politique,* l'article dont je ne citerai que ce passage : « La terreur n'a produit aucun « bien. A côté d'elle a existé ce qui étoit indispensable à « tout gouvernement, mais ce qui auroit existé sans elle, et « ce qu'elle a corrompu et empoisonné en s'y mêlant......

« ....

« Ce régime abominable n'a point, comme on l'a dit, « préparé le peuple à la liberté, il l'a préparé à subir un « joug quelconque ; il a courbé les têtes, mais en dégra- « dant les esprits, en flétrissant les cœurs ; il a servi pen- « dant sa durée les amis de l'anarchie, et son souvenir sert « maintenant les amis de l'esclavage et de l'avilissement de « l'espèce humaine..........................

« Je n'aurois pas rappelé de tristes souvenirs, si je n'a- « vois pensé qu'il importoit à la France, quelles que soient « désormais ses destinées, de ne pas voir confondre ce qui « est digne d'admiration et ce qui n'est digne que d'hor- « reur. Justifier le régime de 1793, peindre des forfaits et « du délire comme une nécessité qui pèse sur les peuples, « toutes les fois qu'ils essaient d'être libres, c'est nuire à « une cause sacrée, plus que ne lui nuiroient les attaques « de ses ennemis les plus déclarés....................

« ....

« Séparez donc soigneusement les époques et les actes ; « flétrissez ce qui est éternellement coupable ; ne recourez « pas à une métaphysique abstraite et subtile pour prêter à « des attentats l'excuse d'une fatalité irrésistible qui n'existe

« pas, n'ôtez pas à vos jugements toute autorité, à vos
« hommages toute valeur. »

Une pensée doit nous consoler, c'est que le régime de
la terreur ne peut renaître, non-seulement, comme je l'ai
dit, parce que personne ne s'y soumettroit, mais encore
parce que les causes et les circonstances qui l'ont produite
ont disparu. En 1793, il y avoit à jeter à terre l'immense
édifice du passé, à faire la conquête des idées, des institutions, des propriétés. On conçoit comment un système de
meurtre, appliqué ainsi qu'un lévier à la démolition d'un
monument colossal, pouvoit sembler une force nécessaire
à des esprits pervers ; mais tout est renversé aujourd'hui,
tout est conquis, idées, institutions, propriétés. De quoi
s'agit-il maintenant ? D'une forme politique un peu plus ou
un peu moins républicaine, de quelques lois à abolir ou
à publier, de quelques hommes à remplacer par quelques
autres. Or, pour d'aussi minces résultats qui ne rencontrent aucune résistance collective, qui ne blessent aucune
classe particulière de la société, il n'est pas besoin de mettre une nation en coupe réglée. On ne fait point de la terreur *à priori* : la terreur ne fut point un plan combiné et
annoncé d'avance ; elle vint peu à peu avec les événements ;
elle commença par les assassinats privés et désordonnés
de 1789, 1790, 1791, 1792, pour arriver aux assassinats
publics et réguliers de 1793. Les terroristes ne savoient pas
d'avance qu'ils étoient des terroristes. Nos terroristes de
théories nous crient : « Oyez, nous sommes des terroristes
« barbus ou imberbes, nous ! Nous allons établir une su-
« perbe terreur. Venez que nous vous coupions le cou. Nous
« sommes des hommes énergiques, nous ! Le génie est notre
« fort. » Ces parodistes de terreur, ces terroristes de mélodrame, bien capables sans doute de vous tuer, si vous les
en défiez, pour la preuve et l'honneur de la chose, seroient
incapables de maintenir trois jours en permanence l'instrument de mort qui retomberoit sur eux.

De ces Études historiques

Il est temps de rendre compte de mes propres *Études*. J'ai déduit dans mon *Avant-propos* les raisons pour lesquelles on ne me lira point, les causes pour lesquelles je perds le dernier grand travail de ma vie; mais enfin si dans quelque moment dérobé à l'importance des catastrophes du jour, si dans ces courts intervalles de repos qui séparent les événements dans les révolutions, quelques hommes singuliers s'enquéroient de mes recherches, je leur vais épargner la peine d'aller plus avant. Quand on aura jeté un coup d'œil sur cette fin de préface, on sera à même de dire, si l'on veut, qu'on a lu mon ouvrage, de l'approuver et de le combattre sans l'avoir lu, si par hasard on avoit le loisir ou la fantaisie de s'occuper d'une controverse littéraire.

J'ai donné à la première partie de mon travail le titre d'*Études historiques*, en lui laissant toutefois celui de *Discours* que j'avois d'abord choisi. J'ai pensé que ce titre d'*Études* convenoit mieux à la modestie de mon travail, qu'il me donnoit plus de liberté pour parler des diverses choses convergentes à mon sujet, et ne m'obligeoit pas de tenir incessamment mon style à la hauteur du *discours*.

Dans l'Introduction, j'expose mon système; je définis les trois vérités qui sont le fondement de l'ordre social; la vérité religieuse, la vérité philosophique ou l'indépendance de l'esprit de l'homme, la vérité politique ou la liberté. Je dis que tous les faits historiques naissent du choc, de la division ou de l'alliance de ces trois vérités. J'adopte pour vérité religieuse la vérité chrétienne, non pas comme Bossuet en faisant du christianisme un cercle inflexible, mais un cercle qui s'étend à mesure que les lumières et la liberté se développent. Le christianisme a eu plusieurs ères : son ère morale ou évangélique, son ère des martyrs, son ère métaphysique ou théologique, son ère politique : il est arrivé à son ère ou à son âge philosophique.

Le monde moderne prend naissance au pied de la croix. Les nations modernes sont composées des trois peuples, païen, chrétien et Barbare; de là la nécessité, pour les bien connoître, de remonter à leurs origines; de là l'obligation pour l'historien de reprendre les faits au temps d'Auguste, où commencent à la fois l'empire romain, le christianisme et les premiers mouvements des Barbares.

Ainsi : l'histoire de l'empire romain mêlée à l'histoire du christianisme, lequel attaque au dedans la société païenne, tandis que les Barbares l'assaillent au dehors : histoire des invasions successives des Barbares; il en faut distinguer deux principales; l'une quand les Barbares n'avoient point encore reçu la foi, l'autre lorsqu'ils étoient devenus chrétiens.

Principaux vices de l'ancienne société; elle étoit fondée sur deux abominations : le polythéisme et l'esclavage. Le polythéisme, en faussant la vérité religieuse, l'unité d'un Dieu, faussoit toutes les vérités morales; l'esclavage corrompoit toutes les vérités politiques.

Philosophie des païens : ce qu'elle donna au christianisme et ce que le christianisme reçut d'elle. Les philosophes grecs firent sortir la philosophie des temples et la renfermèrent dans les écoles; les prêtres chrétiens firent sortir la philosophie des écoles et la livrèrent à tous les hommes.

Le polythéisme se trouva sous Julien dans la position où le christianisme se trouve de nos jours, avec cette différence qu'il n'y auroit rien aujourd'hui à substituer au christianisme, et que sous Julien le christianisme étoit là, tout prêt à remplacer l'ancienne religion. Inutiles efforts de Julien pour faire rétrograder son siècle : le temps ne recule point, et le plus fier champion ne pourroit le faire rompre d'une semelle. Conversion de Constantin, destruction des temples. La vérité politique commence à rentrer dans la société par la morale chrétienne et par les institutions des Barbares. Entre les grands changements opérés dans l'ordre social par le christianisme, il faut remarquer principalement l'*émancipation des femmes*, qui néanmoins n'est pas encore complète par la loi, et le *principe de l'égalité humaine*, inconnu de l'antiquité polythéiste.

Toutes les origines de notre société ont été placées deux siècles trop bas : Constantin, qui remplaça le grand patriciat par une noblesse titrée, et qui changea avec d'autres, institutions la nature de la société latine, est le véritable fondateur de la royauté moderne, dans ce qu'elle conserva de romain.

Entre les monarchies barbares et l'empire purement latin-romain, il y a eu un empire romain-barbare qui a duré près d'un siècle avant la déposition d'Augustule. C'est ce qu'on n'a pas remarqué, et ce qui explique pourquoi, au moment de la fondation des royaumes barbares, rien ne parut changé dans le monde : aux malheurs près, c'étoient toujours les mêmes hommes et les mêmes mœurs.

Arrivé à travers les faits jusqu'à l'érection du royaume d'Italie par Odoacre, et à celle du royaume des Franks par Clovigh, je m'arrête, et je présente séparément les trois grands tableaux des mœurs, des lois, de la religion des païens, des chrétiens et des Barbares.

Concentration de toutes les philosophies et de toutes les religions dans l'Asie hébraïque, persane et grecque. Grande école des prophètes. Systèmes philosophiques. Hérésies juives et grecques : affinités des systèmes philosophiques et des hérésies. L'hérésie maintint l'indépendance de l'esprit humain, et fut favorable à la vérité philosophique.

Là se terminent les *Études historiques*, et j'y substitue un nouveau titre pour continuer ma marche.

On sait que mon premier plan avoit été de faire des *Discours historiques* depuis l'établissement du christianisme (en passant par l'empire romain, les races mérovingienne et carlovingienne, et la race capétienne) jusqu'au règne de Philippe VI dit de Valois. A ce règne, je me proposois d'écrire l'histoire de France proprement dite, et de la conduire jusqu'à la révolution. Je ne m'étois engagé à publier, dans la collection de mes *OEuvres*, que les *Discours historiques*. La vie qui m'échappe, ne me permettant pas d'accomplir mes projets, je me suis déterminé à satisfaire ceux de mes lecteurs qui témoignoient le désir de connoître mon système entier sur l'histoire de notre patrie. En conséquence, je trace une *Analyse raisonnée* de cette histoire sous les deux premières races et sous une partie de la troisième. Quand j'arrive à l'époque où devoit commencer mon histoire proprement dite, je donne des fragments des règnes de Philippe de Valois et du roi Jean, notamment les batailles de Créci et de Poitiers, ayant soin de remplir les lacunes par des sommaires. Après ces deux règnes, je reprends l'*analyse raisonnée,* et je la continue jusqu'à la mort de Louis XVI.

Les *Études* ou *Discours historiques* très étendus, qui vont d'Auguste à Augustule, montrent par la profondeur des fondements l'intention où j'étois d'élever un grand édifice : le temps m'a manqué ; je ne puis bâtir sur les masses que j'avois enfoncées dans la terre qu'une espèce de baraque en planches, ou en toile, peinte à la grosse brosse, représentant tant bien que mal le monument projeté, et entremêlée de quelques membres d'architecture sculptés à part sur mes premiers dessins. Quoi qu'il en soit, voici ce que l'on trouve dans le tracé de mon plan, autrement dans mon *Analyse raisonnée*.

Pour les deux premières races, j'adopte généralement les idées de *l'École moderne*: je ne transforme point les Franks en François ; je vois la société romaine subsister presque tout entière, dominée par quelques Barbares, jusque vers la fin de la seconde race. Je suis le système de M. Thierry quant aux noms propres de la première et de la seconde race. Rien en effet ne fixe mieux le moment de la métamorphose des Franks en François que les altérations survenues dans les noms. Mais je n'ai pas tout-à-fait orthographié les noms franks comme l'auteur *des Lettres sur l'histoire de France,* je n'écris pas *Khlodowig* ou *Chlodowig* pour *Clovis* ; j'écris *Khlodovigh* ; je blesse moins ainsi, ce me semble, les habitudes de notre œil et de notre oreille. La première syllabe de Clovis reste *Klo* ; en l'écrivant *Chlo*, la prononciation françoise obligeroit à dire *Chelo* ; j'ajoute un *h* au *g*, comme dans l'allemand, ce qui, adoucissant ou mouillant le *g*, fait comprendre comment le *gh* a pu se changer en *s*. Je n'insiste pas sur l'orthographe des autres noms, on la verra.

Au surplus, elle est justifiée par les chroniqueurs latins, germaniques et vieux françois; Du Tillet et surtout Chantereau Lefebvre l'ont essayée dans quelques noms : il me semble utile que cette réforme passe enfin dans notre histoire. J'avoue cependant que j'ai été foible à l'égard de Charlemagne ; il m'a été impossible de le changer en Karle-le-Grand, excepté en citant le moine de Saint-Gall. Que voulez-vous ! on ne peut rien contre la gloire ; quand elle a fait un nom, force est de l'adopter ; l'eût-elle mal prononcé. Les Grecs étoient grands corrupteurs de la vérité syllabique ; leur oreille poétique et dédaigneuse, sans s'embarrasser de la vérité historique, ramenoit de force les noms barbares à l'euphonie. J'écris aussi Karle-le-Martel au lieu de Karle-Marteau : c'est absolument la même chose dans la vieille langue, et j'espère que l'habitude du *Martel* fera pardonner au *Karle*.

J'avois commencé des recherches assez considérables sur les Gaulois ; l'ouvrage de M. Amédée Thierry a paru, et j'ai abandonné mon travail : il étoit dans la destinée des deux frères de m'instruire et de me décourager.

Mais si je me suis soumis aux heureuses innovations de l'école moderne, je combats aussi quelques-uns de ses sentiments : je ne puis admettre, par exemple, que les Franks fussent des espèces de sauvages tels que ceux chez lesquels j'ai vécu en Amérique ; les faits repoussent cette supposition. Je rejette également la seconde invasion des Franks, laquelle auroit mis les Carlovingiens sur le trône : j'ai dit plus haut les motifs de mon incrédulité. Quant à l'ancienne école, je lui nie sa doctrine de l'hérédité des rois de la première et de la seconde race ; je soutiens que l'élection étoit partout; qu'il ne pouvoit y avoir usurpation là où il y avoit élection. Il y a plus : j'avance que l'*hérédité* est une chose nouvelle dans les successions souveraines; que l'antiquité *européenne* tout entière l'a ignorée; que cette hérédité n'a commencé qu'à Hugues Capet, au dixième siècle, par une raison que j'indiquerai dans un moment.

L'antiquité romaine barbare finit vers la fin de la seconde race, et alors s'opère une des grandes transformations de l'espèce humaine par l'établissement de la féodalité. Le moyen-âge fut l'ouvrage du christianisme mêlé au tempérament des Barbares et aux institutions germaniques.

Avant d'entrer dans l'*analyse raisonnée* des règnes de la troisième race, je montre quelle étoit la communauté chrétienne et quelle étoit la constitution de l'église chrétienne, deux choses différentes l'une de l'autre. Je prouve que l'église chrétienne étoit une monarchie élective, représentative, républicaine, fondée sur le principe de la plus complète égalité; que l'immense majorité des biens de l'Église appartenoit à la partie plébéienne des nations; qu'une abbaye n'étoit qu'une maison romaine; que le pape, souvent tiré des dernières classes sociales, étoit le tribun et le mandataire des libertés des hommes; que c'étoit en cette qualité d'unique représentant d'une vérité politique opprimée, qu'il avoit mission et qualité de juger et de déposer les rois. Je dis qu'à cette époque où le peuple disparut, le peuple se fit prêtre et conserva sous ce déguisement l'usage et la souveraineté de ses droits : c'est l'ère politique du christianisme. Le christianisme dut entrer dans l'état et s'emparer du pouvoir temporel, lorsque toutes les lumières furent concentrées dans le clergé. La liberté est chrétienne.

On voit par cet exposé comment mes idées sur le christianisme diffèrent de celles de M. le comte de Maistre, et de celles de M. l'abbé de La Mennais : le premier veut réduire les peuples à une commune servitude, elle-même dominée par une théocratie; le second me semble appeler les peuples (sauf erreur de ma part) à une indépendance générale sous la même domination théocratique. Ainsi que mon illustre compatriote, je demande l'affranchissement des hommes; je demande encore, ainsi qu'il le fait, l'émancipation du clergé, on le verra dans ces *Études;* mais je ne crois pas que la papauté doive être une espèce de pouvoir dictatorial planant sur de futures républiques. Selon moi, le christianisme devint politique au moyen-âge par une nécessité rigoureuse : quand les nations eurent perdu leurs droits, la religion, qui seule alors étoit éclairée et puissante, en devint la dépositaire. Aujourd'hui que les peuples les reprennent, ces droits, la papauté abdiquera naturellement les fonctions temporelles, résignera la tutelle de son grand pupille arrivé à l'âge de majorité. Déposant l'autorité politique dont il fut justement investi dans les jours d'oppression et de barbarie, le clergé rentrera dans les voies de la primitive Église, alors qu'il avoit à combattre la fausse religion, la fausse morale et les fausses doctrines philosophiques. Je pense que l'âge politique du christianisme finit; que son âge philosophique commence; que la papauté ne sera plus que la source pure où se conservera le principe de la foi prise dans le sens le plus rationnel et le plus étendu. L'unité catholique sera personnifiée dans un chef vénérable représentant lui-même le Christ, c'est-à-dire les vérités de la nature de Dieu et de la nature de l'homme. Que le souverain pontife soit à jamais le conservateur de ces vérités auprès des reliques de saint Pierre et de saint Paul! Laissons dans la Rome chrétienne tout un peuple tomber à genoux sous la main d'un vieillard. Y a-t-il rien qui aille mieux à l'air de tant de ruines? En quoi cela pourroit-t-il déplaire à notre philosophie? Le pape est le seul prince qui bénisse ses sujets.

La vérité religieuse ne s'anéantira point, parce qu'aucune vérité ne se perd; mais elle peut être défigurée, abandonnée, niée dans certains moments de sophisme et d'orgueil par ceux qui, ne croyant plus au Fils de l'homme, sont les enfants ingrats de la nouvelle synagogue. Or, je ne sache rien de plus beau qu'une institution consacrée à la garde de cette vérité d'espérance où les âmes se peuvent venir désaltérer comme à la fontaine d'eau vive dont parle Isaïe. Les antipathies entre les diverses communions n'existent plus; les enfants du Christ, de quelque lignée qu'ils proviennent, se sont serrés au pied du Calvaire, souche naturelle de la famille. Les désordres et l'ambition de la cour romaine ont cessé; il n'est plus resté au Vatican que la vertu des premiers évêques, la protection des arts et la majesté des souvenirs. Tout tend à recomposer l'unité catholique; avec quelques concessions de part et d'autre, l'accord seroit bientôt fait. Je répèterai ce que j'ai déjà dit dans cet ouvrage : pour jeter un nouvel éclat, le christianisme n'attend qu'un génie supérieur venu à son heure et dans sa place [1]. La religion chrétienne entre dans une ère nouvelle; comme les institutions et les mœurs, elle subit la troisième transformation. Elle cesse d'être politique, elle devient philosophique sans cesser d'être divine : son cercle flexible s'étend avec les lumières et les libertés, tandis que la croix marque à jamais son centre immobile.

Avec la troisième race se constitue la féodalité, et sous le règne de Philippe Ier paroît le moyen-âge dans l'énergie de sa jeunesse, l'âme toute religieuse, le corps tout barbare, l'esprit aussi vigoureux que le bras. L'hérédité et le droit de primogéniture s'établirent dans la personne de Hugues Capet par la cérémonie du sacre. Le sacre, ou l'élection religieuse, a usurpé l'élection politique : j'apporte les preuves de ce fait qu'aucun historien, du moins que je sache, n'avoit jusqu'ici remarqué.

Les Franks deviennent des François sous les premiers rois de la troisième race.

---

[1] Depuis que ces lignes ont été écrites, le cardinal Capellari a été nommé pape. C'est un homme d'une vaste science, d'une éminente vertu, et qui comprend son siècle; mais n'est-il pas arrivé trop tard? J'avois appelé ce choix de tous mes vœux dans le précédent conclave.

PRÉFACE.

Il y a eu quatre monarchies, à compter de Hugues Capet à Louis XVI : la monarchie purement féodale et de la grande pairie, la monarchie des états (appelés dans la suite états-généraux), la monarchie parlementaire dans les intermissions des états, la monarchie absolue qui se perd dans la monarchie constitutionnelle.

Incidence de ces diverses monarchies ou grands événements qui s'y rattachent : affranchissement des communes, croisades, etc.; etc.

La monarchie féodale étoit une véritable république aristocratique fédérative, ou plutôt une démocratie noble, car il n'y avoit point de peuple dans cette aristocratie; il n'y avoit point de sujets; il n'y avoit que des serfs. Le nom de *peuple* ne se trouve point à cette époque dans les chroniques, parce qu'en effet le peuple n'existoit point. Le peuple commence à renaître sous Louis-le-Gros, dans les villes par les *bourgeois*, dans les campagnes par les *serfs affranchis*, et par la recomposition successive de la petite et de la moyenne propriété.

Exposé de la féodalité. Quel étoit le fief? Le fief étoit le mélange de la propriété et de la souveraineté. La propriété prit le caractère du propriétaire; elle devint conquérante. Le pouvoir, la justice et la noblesse, furent attachés à la terre; cause principale de la longue durée du règne féodal. Preuves et explication à ce sujet:

Le fief et l'aleu étoient le combat et la coexistence de la propriété selon l'ancienne société, et la propriété selon la société nouvelle. Le monde féodal ne fut qu'un monde militaire où tout reposa, comme dans un camp entre des chefs et des soldats, sur la subordination et des engagements d'honneur.

Sous la féodalité, la servitude germanique remplaça la servitude romaine. Le servage prit la place de l'esclavage; c'est le premier pas de l'affranchissement de la race humaine; et, chose étrange! on le doit à la féodalité. Le serf devenu vassal ne fut plus qu'un soldat armé, et les armes délivrent ceux qui les portent. Du servage on a passé au salaire, et le salaire se modifiera encore, parce qu'il n'est pas une entière liberté.

Louis-le-Gros n'a point affranchi les communes, comme l'a si long-temps assuré l'ancienne école historique; mais le mouvement insurrectionnel général des communes dans le onzième siècle, qu'a remarqué l'école moderne, ne doit être admis qu'avec restriction : cette école s'est laissé entraîner sur ce point à l'esprit de système.

Les Croisades ont recomposé les grandes armées modernes, décomposées par les cantonnements de la féodalité.

La chevalerie n'a point son origine dans les Croisades; les romanciers, qui la reportent au temps de Charlemagne, n'ont point menti à l'histoire comme on l'a cru. La chevalerie a commencé à la fois chez les Maures et chez les chrétiens, sur la fin du huitième siècle. L'auteur du poëme d'Antar et le moine de Saint-Gall (qui l'un et l'autre écrivoient les exploits des paladins maures et chrétiens), Charlemagne et Aron al Rachild, étoient contemporains. Preuves de cette antiquité de la chevalerie par les mœurs, les combats, les armes, les arts, les monuments et l'architecture.

Il n'y a point eu de chevalerie collective, mais une chevalerie individuelle. La chevalerie historique a fait naître une chevalerie romanesque. Cette chevalerie romanesque, qui marche avec la chevalerie historique, donne aux temps moyens un caractère d'imagination et de fiction qu'il est essentiel de distinguer.

La monarchie des états, dont l'origine remonte au règne de saint Louis, quoiqu'on n'en fixe la date qu'à celui de Philippe-le-Bel, n'est jamais bien entrée dans les mœurs de la France; elle a toujours été foible, parce que les deux premiers ordres, le clergé et la noblesse, avoient des constitutions particulières, et faisoient peu de cas d'une constitution commune. Le tiers-état, appelé uniquement pour voter des impôts, n'étoit attentif qu'à se coller à la couronne, afin de se défendre contre les deux autres ordres. La monarchie parlementaire affoiblissoit encore les états, en usurpant leurs fonctions et leurs pouvoirs. Enfin le royaume ne formoit pas alors un corps homogène; il avoit des états de provinces, et l'autorité des états de la langue d'Oyl étoit méconnue à trente lieues de Paris.

Tableau général du moyen-âge au moment où la branche des Valois monte sur le trône. Vie prodigieuse de cet âge : éducation, mœurs privées, arts, etc.; manière indépendante et vigoureuse d'imiter et de s'approprier les classiques. Population et aspect de la France dans le moyen-âge. Le sol étoit couvert de plus de dix-huit cent mille monuments.

Admirable architecture gothique; son histoire. Elle a peut-être sa source première dans la Perse. Elle est née du néo-grec asiatique apporté à la fois par deux religions et par trois chemins en Europe : en Espagne, par les Maures; en Italie, par les Grecs; en France, en Angleterre et en Allemagne, par les Croisés.

Ici je quitte l'*analyse raisonnée* pour l'*histoire* même. — Règnes des Valois. Changements sociaux arrivés sous ces règnes. Les peuples se nationalisent. L'Angleterre se sépare de la France, dont elle devient la rivale et l'ennemie; elle forme sa constitution et établit ses libertés.

Fragments des règnes de Philippe VI et de Jean son fils. Guerre de Bretagne. La France est envahie et désolée. Bataille de Crécy et de Poitiers. La haute et première noblesse perd les trois grandes batailles de Crécy, de Poitiers et d'Azincourt, et périt presque tout entière. Une seconde noblesse paroît. Cette seconde aristocratie délivre la France des Anglois, et se montre pour la dernière fois à Ivry. L'armée plébéienne ou nationale, commencée sous Charles VII, s'augmente. La poudre, en changeant la nature des armes, sert à détruire l'importance militaire de la noblesse, qui finit par donner des officiers à l'armée dont jadis elle composoit les soldats. Si le système des gardes nationales se généralise, il détruira l'armée permanente; on retournera aux levées en masse du moyen-âge; le ban et l'arrière-ban plébéiens remplaceront le ban et l'arrière-ban nobles.

A l'époque des guerres d'Édouard III, la couleur nationale françoise étoit le rouge, et la couleur nationale angloise le blanc. Édouard prit le rouge comme roi de France, et nous quittâmes cette couleur devenue ennemie. Le traité de Brétigny ne mutila pas la France, comme on l'a cru. Philippe ne céda presque rien des provinces de la couronne; il n'y eut que des seigneurs particuliers qui changèrent de suzerain. Cela ne se pourroit comparer en aucune sorte au démembrement de la France homogène d'aujourd'hui.

Pourquoi ne trouve-t-on dans notre histoire qu'une centaine de noms historiques? Parce que les chroniqueurs, sous la monarchie féodale, n'ont fait que l'histoire du duché de Paris, et que les écrivains, sous la monarchie absolue, n'ont donné que l'histoire de la cour.

Après le règne de Philippe de Valois, je quitte l'*histoire* et je rentre dans l'*analyse raisonnée*.

Tableau des malheurs de la France pendant la captivité du roi Jean. Charles V et Du Guesclin viennent ensemble et l'un pour l'autre; intimité de leurs destinées. Paris se transforme, en 1357, en une espèce de démocratie ancienne, au milieu de la féodalité. Fameux états de cette époque. Charles-le-Mauvais, roi de Navarre; ses desseins contre le roi Jean. Mettre un souverain en jugement n'est point une idée qui appartienne au temps où nous vivons : preuves historiques que l'aristocratie et la théocratie ont jugé et condamné des rois long-temps avant que la démocratie ait suivi cet exemple. Article remarquable, et généralement ignoré, du testament de Charlemagne, lequel article suppose que les fils et petits-fils de ce grand prince et de ce grand homme, tout rois qu'ils étoient, peuvent être judiciairement tondus, mutilés et condamnés à mort.

Le soulèvement des paysans, les fureurs de la Jacquerie,

l'existence des grandes-compagnies, furent des malheurs qui pourtant engendrèrent l'armée nationale. Les mouvements des hommes rustiques dans le moyen-âge n'indiquoient que l'indépendance de l'individu, cherchant à se faire jour au défaut de la liberté et de l'espèce.

Charles-le-Sage, médecin patient, la main appuyée sur le cœur de la France et sentant la vie revenir, parloit en maître : il sommoit le prince Noir de comparoître en son tribunal, envoyoit un huissier appréhender au corps le vainqueur de Poitiers et signifier un exploit à la gloire.

Calamités du règne de Charles VI, règne qui s'écoula entre l'apparition d'un fantôme et celle d'une bergère. Quelle fut la Pucelle. Trois grands poëtes l'ont chantée, et comment : Shakspeare, Voltaire et Schiller.

Charles VII. La monarchie féodale se décompose sous le règne de ce roi; il n'en reste plus que les habitudes. Changements capitaux : armée permanente et impôt non voté, les deux pivots de la monarchie absolue. Formation du conseil d'État; séparation de ce conseil du parlement et des états-généraux. Du point où la société étoit parvenue sous Charles VII, il étoit loisible d'arriver à la monarchie libre ou la monarchie absolue : on voit clairement le point d'intersection et d'embranchement des deux routes; mais la liberté s'arrêta et laissa marcher le pouvoir. La cause en est qu'après la confusion des guerres civiles et étrangères, qu'après les désordres de la féodalité, le penchant des choses étoit vers l'unité du principe gouvernemental. La monarchie en ascension devoit monter au plus haut point de sa puissance; il falloit qu'en écrasant la tyrannie de l'aristocratie, elle eût commencé à faire sortir la sienne, avant que la liberté pût régner à son tour. Ainsi se sont succédé en France, dans un ordre régulier, l'aristocratie, la monarchie et la république : la noblesse, la royauté et le peuple, ayant abusé de la puissance, ont enfin consenti à vivre en paix dans un gouvernement composé de leurs trois éléments.

Louis XI vint faire l'essai de la monarchie absolue sur le

cadavre palpitant de la féodalité. Ce personnage placé sur les confins du moyen-âge et des temps modernes, né à une époque sociale où rien n'étoit achevé et où tout étoit commencé, eut une forme monstrueuse, indéterminée, particulière à lui, et qui tenoit des deux tyrannies entre lesquelles il se montroit. Ses mœurs, ses idées, sa politique : justification de la dernière.

Quand Louis XI disparoît, les ruines de l'Europe féodale achèvent de s'écrouler. Constantinople est pris ; les lettres renaissent ; l'imprimerie est inventée, l'Amérique au moment d'être découverte ; la grandeur de la maison d'Autriche se fait pressentir par le mariage de l'héritière de Bourgogne dans la famille impériale ; Henri VIII, Léon X, Charles-Quint, Luther avec la réformation, ne sont pas loin : vous êtes au bord d'un nouvel univers.

Le point le plus élevé de la monarchie des trois États se trouve sous le règne de Charles VIII et de Louis XII. Charles VIII épouse Anne, héritière du duché de Bretagne. Guerres d'Italie. Dès que les rois de France eurent brisé le dernier anneau de la chaîne aristocratique, ils purent marcher hors de leur pays à la tête de la nation.

Louis XII épouse la veuve de Charles VIII. La Bretagne fut le dernier grand fief qui revint à la couronne. La monarchie féodale, commencée par le démembrement successif des provinces du royaume, finit par la réunion successive de ces provinces au royaume, comme les fleuves sortis de la mer retournent à la mer.

Événements du règne de François Ier. On ne retrouve plus l'original du billet, *tout est perdu fors l'honneur;* mais la France, qui l'auroit écrit, le tient pour authentique. Transformation sociale de l'Europe.

La découverte de l'Amérique, arrivée sous Charles VIII, en 1492, produisit une révolution dans le commerce, la propriété et les finances de l'ancien monde. L'introduction de l'or du Mexique et du Pérou baissa le prix des métaux, éleva celui des denrées et de la main-d'œuvre, fit changer de main la propriété foncière, et créa une propriété inconnue jusqu'alors, celle des capitalistes, dont les Lombards et les Juifs avoient donné la première idée. Avec les capitalistes naquit la population industrielle et la constitution artificielle des fonds publics. Une fois entrée dans cette route, la société se renouvela sous le rapport des finances, comme elle s'étoit renouvelée sous les rapports moraux et politiques.

Aux aventures des Croisades succédèrent des aventures d'outre-mer d'une tout autre importance : le globe s'agrandit, le système des colonies modernes commença, la marine militaire et marchande s'accrut de toute l'étendue d'un océan sans rivages. La petite mer intérieure de l'ancien monde ne resta plus qu'un bassin de peu d'importance, lorsque les richesses des Indes arrivèrent en Europe par le cap des Tempêtes. A quatre années de distance, Charles-Quint triomphoit de Montesume à Mexico, et de François Ier à Pavie.

Il y a des époques où la société se renouvelle, où des catastrophes imprévues, des hasards heureux ou malheureux, des découvertes inattendues, déterminent un changement préparé de longue main dans le gouvernement, les lois et les mœurs.

Les guerres de François Ier, de Charles-Quint et de Henri VIII mêlèrent les peuples, et les idées se multiplièrent.

Quand Bayard acquéroit le haut renom de prouesse, c'étoit au milieu de l'Italie moderne, de l'Italie dans toute la fraîcheur de la civilisation renouvelée ; c'étoit au milieu des palais bâtis par Bramante et Michel-Ange, de ces palais dont les murs étoient couverts des tableaux récemment sortis des mains des plus grands maîtres ; c'étoit à l'époque où l'on déterroit les statues et les monuments de l'antiquité. Des armées régulières, connues en Europe depuis la fin du règne de Charles VII, firent disparoître le reste des milices féodales. Les braves de tous les pays se rencontrèrent dans ces troupes disciplinées. Ces infidèles, que les chevaliers alloient avec saint Louis chercher au fond de la

Palestine, maitres de Constantinople et devenus nos alliés, intervenoient dans notre politique.

Tout changea dans la France; les vêtements même s'altérèrent; il se fit des anciennes et des nouvelles mœurs un mélange unique. La langue naissante fut écrite avec esprit, finesse et naïveté par la sœur de François Ier, par François Ier lui-même, qui faisoit des vers aussi bien que Marot, par Rabelais, Amyot, les deux Marot, et les auteurs de Mémoires. L'étude des classiques, celle des lois romaines, l'érudition générale, furent poussées avec ardeur. Les arts acquirent un degré de perfection qu'ils n'ont jamais surpassé depuis. La peinture, éclatante en Italie, fut transplantée dans nos forêts et dans nos châteaux gothiques : ceux-ci virent leurs tourelles et leurs créneaux se couronner des ordres de la Grèce. Anne de Montmorency, qui disoit ses patenôtres, ornoit Écouen de chefs-d'œuvre; le Primatice embellissoit Fontainebleau; François Ier, qui se faisoit armer chevalier comme au temps de Richard Cœur-de-Lion, assistoit à la mort de Léonard de Vinci, et recevoit le dernier soupir de ce grand peintre. Auprès de cela, le connétable de Bourbon, dont les soldats, comme ceux d'Alaric, se préparoient à saccager Rome, ce connétable qui devoit mourir d'un coup de canon tiré peut-être par le graveur Benvenuto Cellini, représentoit dans ses terres de France la puissance et la vie d'un ancien grand vassal de la couronne.

La réformation est l'événement majeur de cette époque; elle réveilla les idées de l'antique égalité, porta l'homme à s'enquérir, à chercher, à apprendre. Ce fut, à proprement parler, la vérité philosophique qui, revêtue d'une forme chrétienne, attaqua la vérité religieuse. La réformation servit puissamment à transformer une société toute militaire en une société civile et industrielle : ce bien est immense, mais ce bien a été mêlé de beaucoup de mal, et l'impartialité historique ne permet pas de le taire.

Le christianisme commença chez les hommes par les classes plébéiennes, pauvres et ignorantes. Jésus-Christ appela les petits, et ils allèrent à leur maître. La foi monta peu à peu dans les hauts rangs, et s'assit enfin sur le trône impérial. Le christianisme étoit alors catholique ou universel ; la religion dite catholique partit d'en bas pour arriver aux sommités sociales : nous avons vu que la papauté n'étoit que le tribunat des peuples dans l'âge politique du christianisme.

Le protestantisme suivit une route opposée : il s'introduisit par la tête de l'État, par les princes et les nobles, par les prêtres et les magistrats, par les savants et les gens de lettres, et il descendit lentement dans les conditions inférieures ; les deux empreintes de ces deux origines sont restées distinctes dans les deux communions.

La communion réformée n'a jamais été aussi populaire que la communion catholique : de race princière et patricienne, elle ne sympathise pas avec la foule. Équitable et moral, le protestantisme est exact dans ses devoirs, mais sa bonté tient plus de la raison que de la tendresse ; il vêtit celui qui est nu, mais il ne le réchauffe pas dans son sein ; il ouvre des asiles à la misère, mais il ne vit pas et ne pleure pas avec elle dans ses réduits les plus abjects ; il soulage l'infortune, mais il n'y compatit pas.

Comparaison du prêtre catholique et du ministre protestant. La réformation ressuscita le fanatisme qui s'éteignoit. En retranchant l'imagination des facultés de l'homme, elle coupa les ailes au génie et le mit à pied. Goëthe et Schiller n'ont paru que quand le protestantisme, abjurant son esprit sec et chagrin, s'est rapproché des arts et des sujets de la religion catholique. Celle-ci a couvert le monde de ses monuments ; on lui doit cette architecture gothique qui rivalise par les détails et qui efface par la grandeur les monuments de la Grèce. Il y a trois siècles que le protestantisme est né ; il est puissant en Angleterre, en Allemagne, en Amérique ; il est pratiqué par des millions d'hommes : qu'a-t-il élevé ? Il vous montrera les ruines qu'il a faites, parmi lesquelles il a planté quelques jardins, ou établi quelques manufactures.

Rebelle à l'autorité des traditions, à l'expérience des âges, à l'antique sagesse des vieillards, le protestantisme se détacha du passé pour planter une société sans racines. Avouant pour père un moine allemand du seizième siècle, le réformé renonça à la magnifique généalogie qui fait remonter le catholique, par une suite de saints et de grands hommes, jusqu'à Jésus-Christ, de là jusqu'aux patriarches et au berceau de l'univers. Le siècle protestant dénia à sa première heure toute parenté avec le siècle de ce Léon protecteur du monde civilisé contre Attila, et avec le siècle de cet autre Léon qui, mettant fin au monde barbare, embellit la société lorsqu'il n'étoit plus nécessaire de la défendre.

Si la réformation rétrécissoit le génie dans l'éloquence, la poésie et les arts, elle comprimoit les grands cœurs à la guerre : l'héroïsme est l'imagination dans l'ordre militaire. Le catholicisme avoit produit les chevaliers ; le protestantisme fit des capitaines braves et vertueux, mais sans élan : il n'auroit pas fait Du Guesclin, La Hire et Bayard.

On a dit que le protestantisme avoit été favorable à la liberté politique et avoit émancipé les nations : les faits parlent-ils comme les personnes?

Jetez les yeux sur le nord de l'Europe, dans les pays où la réformation est née, où elle s'est maintenue, vous verrez partout l'unique volonté d'un maître : la Suède, la Prusse, la Saxe, sont restées sous la monarchie absolue ; le Danemarck est devenu un despotisme légal. Le protestantisme échoua dans les pays républicains ; il ne put envahir Gênes, et à peine obtint-il à Venise et à Ferrare une petite église secrète qui tomba : les arts et le beau soleil du midi lui étoient mortels. En Suisse, il ne réussit que dans les cantons aristocratiques analogues à sa nature, et encore avec une grande effusion de sang. Les cantons populaires ou démocratiques, Schwitz, Ury et Unterwald, berceau de la liberté helvétique, le repoussèrent. En Angleterre, il n'a point été le véhicule de la constitution formée avant le seizième siècle, dans le giron de la foi catholique. Quand la Grande-Bretagne se sépara de la cour de Rome, le parlement avoit déjà jugé et déposé des rois, les trois pouvoirs étoient distincts; l'impôt et l'armée ne se levoient que du consentement des lords et des communes; la monarchie représentative étoit trouvée et marchoit : le temps, la civilisation, les lumières croissantes, y auroient ajouté les ressorts qui lui manquoient encore, tout aussi bien sous l'influence du culte catholique que sous l'empire du culte protestant. Le peuple anglois fut si loin d'obtenir une extension de ses libertés par le renversement de la religion de ses pères, que jamais le sénat de Tibère ne fut plus vile que le parlement de Henri VIII : ce parlement alla jusqu'à décréter que la seule volonté du tyran fondateur de l'Église anglicane avoit force de loi. L'Angleterre fut-elle plus libre sous le sceptre d'Élisabeth que sous celui de Marie? La vérité est que le protestantisme n'a rien changé aux institutions : là où il a rencontré une monarchie représentative ou des républiques aristocratiques, comme en Angleterre et en Suisse, il les a adoptées; là où il a rencontré des gouvernements militaires, comme dans le nord de l'Europe, il s'en est accommodé et les a même rendus plus absolus.

Si les colonies angloises ont formé la république plébéienne des États-Unis, elles n'ont point dû leur émancipation au protestantisme; ce ne sont point des guerres religieuses qui les ont délivrées : elles se sont révoltées contre l'oppression de la mère-patrie protestante comme elles. Le Maryland, État catholique, fit cause commune avec les autres États, et aujourd'hui la plupart des États de l'Ouest sont catholiques : les progrès de la communion romaine dans ce pays de liberté passent toute croyance, tandis que les autres communions y meurent dans une indifférence profonde. Enfin, auprès de cette grande république de colonies angloises protestantes, viennent de s'élever les grandes républiques des colonies espagnoles catholiques : certes celles-ci, pour arriver à l'indépendance, ont eu bien d'autres obstacles à surmonter que les colonies anglo-américaines nourries au gouvernement représentatif, avant d'avoir rompu le foible lien qui les attachoit au sein maternel.

Une seule république et quelques villes libres se sont formées en Europe à l'aide du protestantisme : la république de la Hollande et les villes anséatiques; mais il faut remarquer que la Hollande appartenoit à ces communes industrielles des Pays-Bas, qui, pendant plus de quatre siècles, luttèrent pour secouer le joug de leurs princes, et s'administrèrent en forme de républiques municipales, toutes zélées catholiques qu'elles étoient. Philippe II, et les princes de la maison d'Autriche, ne purent étouffer dans la Belgique cet esprit d'indépendance; et ce sont des prêtres catholiques qui viennent aujourd'hui même de la rendre à l'état républicain.

Preuves et développements de tous ces faits jusqu'ici méconnus ou défigurés. Après ces preuves, je fais observer que dans mes investigations je ne parle des protestants qu'au passé : changés à leur avantage, ils ne sont plus ce qu'ils étoient au temps de Luther, d'Henri VIII et de Calvin : ils ont gagné ce que les catholiques ont perdu.

Le règne des seconds Valois, depuis François Ier jusqu'à Henri III, la Saint-Barthélemy, la Ligue, les guerres civiles, sont le temps de terreur aristocratique et religieuse, de laquelle est née la monarchie absolue des Bourbons, comme le despotisme militaire de Buonaparte est sorti du règne de la terreur populaire et politique. La liberté succomba après la Ligue, parce que le passé, qui mit les Guises à sa tête, arrêta l'avenir.

Faits et personnages de cette époque. La Saint-Barthélemy. Charles IX. Mort de ce prince. Son repentir. Charles IX avoit dit à Ronsard, dans des vers dont Ronsard auroit dû imiter le naturel et l'élégance :

> Tous deux également nous portons des couronnes;
> Mais, roi, je la reçois; poëte, tu la donnes.

Heureux si ce prince n'avoit jamais reçu de couronne

doublement souillée de son propre sang et de celui des François! ornement de tête incommode pour s'endormir sur l'oreiller de la mort.

Le corps de Charles IX fut porté sans pompe à Saint-Denis, accompagné par quelques archers de la garde, par quatre gentilshommes de la chambre et par Brantôme, raconteur cynique, qui mouloit les vices des grands comme on prend l'empreinte du visage des morts.

Henri III. La Ligue. Sous la Ligue le peuple ne marchoit point devant ses affaires; il étoit à la queue des grands. Il n'avoit point formé un gouvernement à part, il avoit pris ce qui étoit; seulement il se faisoit servir par le parlement, et avoit transformé ses curés en tribuns. Quand Mayenne le jugeoit à propos, il ordonnoit de pendre qui de droit parmi le peuple et les Seize.

Les Pays-Bas se veulent donner à Henri III, qui les refuse: la France, par une destinée constante, manque encore l'occasion de porter ses frontières aux rives du Rhin.

Journée des Barricades. L'histoire vivante a rapetissé ces faits de l'histoire morte, si fameux autrefois. Qu'est-ce en effet que la journée des Barricades, que la Saint-Barthélemy même, auprès de ces grandes insurrections du 7 octobre 1789, du 10 août 1792, des massacres du 2, du 3 et du 4 septembre de la même année, de l'assassinat de Louis XVI, de sa sœur et de sa femme, et enfin de tout le règne de la terreur? Et, comme je m'occupois de ces Barricades qui chassèrent un roi de Paris, d'autres Barricades faisoient disparoître en quelques heures trois générations de rois. L'histoire n'attend plus l'historien: il trace une ligne, elle emporte un monde.

La journée des Barricades ne produisit rien, parce qu'elle ne fut point le mouvement d'un peuple cherchant à conquérir sa liberté; l'indépendance politique n'étoit point encore un besoin commun. Le duc de Guise n'essayoit point une subversion pour le bien de tous; il convoitoit une couronne; il méprisoit les Parisiens tout en les caressant, et n'osoit trop s'y fier. Il agissoit si peu dans un cercle d'idées nouvelles, que sa famille avoit répandu des pamphlets qui la faisoient descendre de Lother, duc de Lorraine : il en résultoit que les Capets étoient des usurpateurs, et les Lorrains les légitimes héritiers du trône, comme derniers rejetons de la lignée carlovingienne. Cette fable venoit un peu tard. Les Guises représentoient le passé ; ils luttoient dans un intérêt personnel contre les huguenots, révolutionnaires de l'époque, qui représentoient l'avenir ; or, on ne fait point de révolutions avec le passé, on ne fait que des contre-révolutions.

Ainsi tout s'opéroit sans une de ces grandes convictions de doctrine politique, sans cette foi à l'indépendance, qui renverse tout. Il y avoit matière à trouble ; il n'y avoit pas matière à transformation, parce que rien n'étoit assez édifié, rien assez détruit. L'instinct de liberté ne s'étoit pas encore changé en raison ; les éléments d'un ordre social fermentoient encore dans les ténèbres du chaos ; la création commençoit, mais la lumière n'étoit pas faite.

Même insuffisance dans les hommes ; ils n'étoient assez complets ni en défauts, ni en qualités, ni en vices, ni en vertus, pour produire un changement radical dans l'État. A la journée des Barricades, Henri III et le duc de Guise restèrent au-dessous de leur position ; l'un faillit de cœur, l'autre de crime.

Plus d'orgueil que d'audace, plus de présomption que de génie, plus de mépris pour le roi que d'ardeur pour la royauté, voilà ce qui apparoît dans la conduite du duc de Guise. Il intriguoit à cheval comme Catherine dans son lit : libertin sans amour, ainsi que la plupart des hommes de son temps, il ne rapportoit du commerce des femmes qu'un corps affoibli et des passions rapetissées. Il avoit toute une religion et toute une nation derrière lui, et des coups de poignard firent le dénoûment d'une tragédie qui sembloit devoir finir par des batailles, la chute d'un trône et le changement d'une race.

La journée des Barricades, si infructueuse, lui resta cependant à grand honneur dans son parti. «Mais quels mi-

PRÉFACE.

« racle avons-nous veu depuis dix-huit mois qu'il a faits à
« l'aide de Dieu. Qui est-ce qui peut parler de la journée
« des Barricades sans grande admiration, voyant un si grand
« peuple, qui jamais n'a sorty des portes de sa ville pour
« porter armes, ayant veu à l'ouverture de sa boutique les
« escadrons royaux, tous armez, dressez par toutes les
« grandes et fortes places de la ville, se barricader en si
« grande diligence, qu'il rembarra tous ces escadrons jus-
« que dans le Louvre sans effusion de sang? » (*Oraison funèbre des duc et cardinal de Guise.*)

La ressemblance des éloges et des mots avec ce que nous lisons tous les jours donne seule quelque prix à ce passage oublié dans un pamphlet de la Ligue.

On a tant de fois peint le caractère de Catherine de Médicis, qu'il ne présente plus qu'un lieu commun usé. Une seule remarque reste à faire : Catherine étoit Italienne, fille d'une famille marchande élevée à la principauté dans une république; elle étoit accoutumée aux orages populaires, aux factions, aux intrigues, aux empoisonnements, aux coups de poignard; elle n'avoit et ne pouvoit avoir aucun des préjugés de l'aristocratie et de la monarchie françoise, cette morgue des grands, ce mépris pour les petits, ces prétentions de droit divin, cette soif du pouvoir absolu, en tant qu'il étoit le monopole d'une race. Elle ne connoissoit pas nos lois et s'en soucioit peu; on la voit s'occuper de faire passer la couronne à sa fille. Incrédule et superstitieuse ainsi que les Italiens de son temps, en sa qualité d'incrédule elle n'avoit aucune aversion contre les protestants, et elle ne les fit massacrer que par politique. Enfin, si on la suit dans toutes ses démarches, on s'aperçoit qu'elle ne vit jamais dans le vaste royaume dont elle étoit souveraine, qu'une Florence agrandie, que les émeutes de sa petite république, que les soulèvements d'un quartier de sa ville natale contre un autre quartier, que la querelle des Pazzi et des Médicis dans la lutte des Guises et des Châtillons.

Détails circonstanciés de l'assassinat du Balafré à Blois.

La réunion des protestants aux catholiques, après cet assassinat, fit avorter les libertés. Jacques Clément. Mort de Henri III. Tableau général des hommes et des mœurs sous les derniers Valois, et histoire de ces mœurs par les pamphlets de cette époque. Débauche, cruauté, assassins à gage, femmes, mignons, protestants, magistrats. La presse (ou les idées) joue pour la première fois un rôle important dans les affaires humaines. Ce qu'il y a à dire en faveur des Valois. Leur siècle est le véritable siècle des arts, et non celui de Louis XIV. Henri IV lui-même eut quelque chose de moins royal et de moins noble que les princes dont il reçut la couronne. Tous ensemble sont écrasés par les Guises, véritables rois de ces temps.

Avec les Bourbons commence la monarchie absolue. Henri IV étoit ingrat et gascon, promettant beaucoup et tenant peu, mais sa bravoure, son esprit, ses mots heureux et quelquefois magnanimes, son talent oratoire, ses lettres pleines d'originalité, de vivacité et de feu, ses aventures, ses amours même, le feront éternellement vivre. Sa fin tragique n'a pas peu contribué à sa renommée : disparoître à propos de la vie est une des conditions de la gloire.

On s'est fait une fausse idée de la manière dont les Bourbons parvinrent au trône; le vainqueur d'Ivry ne monta point sur le trône, botté et éperonné, en sortant de la bataille; il capitula avec ses ennemis, et ses amis n'eurent souvent pour toute récompense que l'honneur d'avoir partagé sa mauvaise fortune. Détails à ce sujet.

Quels étoient les Seize, comité du salut public de la Ligue. Processions pendant le siége de Paris. Description de la famine. Henri IV abjure; il ne pouvoit faire autrement pour régner. Croyoit-il? Henri IV alloit porter la guerre dans les Pays-Bas, lorsqu'il fut arrêté par un de ces envoyés secrets de la mort, qui mettent la main sur les rois. Ces hommes surgissent soudainement et s'abiment aussitôt dans les supplices : rien ne les précède, rien ne les suit; isolés de tout, ils ne sont suspendus dans ce monde que par leur poignard; ils ont l'existence même et la propriété d'un glaive; on ne les entrevoit un moment qu'à la lueur du coup qu'ils frappent. Ravaillac étoit bien près de Jacques Clément : c'est un fait unique dans l'histoire, que le dernier roi d'une famille et le premier roi d'une autre aient été tués de la même façon, chacun d'eux par un seul homme au milieu de leurs gardes et de leur cour, dans l'espace de moins de vingt-un ans. Le même fanatisme anima les deux assassins; mais l'un immola un prince catholique; l'autre un prince qu'il croyoit protestant. Clément fut l'instrument d'une ambition personnelle, Ravaillac, comme Louvel, l'aveugle mandataire d'une opinion.

Les guerres civiles religieuses du seizième siècle ont duré trente-neuf ans : elles ont engendré les massacres de la Saint-Barthélemy, versé le sang de plus de deux millions de François, et dévoré près de trois milliards de notre monnoie actuelle; elles ont produit la saisie et la vente des biens de l'Église et des particuliers, frappé deux rois d'une mort violente, Henri III et Henri IV, et commencé le procès criminel du premier de ces rois. Qu'a fait de mieux la révolution? La vérité religieuse, quand elle est faussée, ne se livre pas à moins d'excès que la vérité politique, lorsqu'elle a dépassé le but.

La monarchie des états expire sous Louis XIII, la monarchie parlementaire meurt avec la Fronde. Le premier vote des communes de France, lorsqu'elles furent appelées aux états par Philippe-le-Bel pour s'opposer aux empiétements de Boniface VII, fut ainsi conçu : «Qu'il plaise au «seigneur roi de garder la souveraine franchise de son «royaume, qui est telle que dans le temporel le roi ne re- «connoît souverain en terre, fors que Dieu.» Le dernier vote des communes aux états de 1614 fut celui-ci :

«Le roi est supplié d'ordonner que les seigneurs soient «tenus d'affranchir dans leurs fiefs tous les serfs.»

Ainsi le premier vote du tiers-état, en sortant de la longue servitude de la monarchie féodale, est une réclamation pour la liberté du roi; son dernier vote, au moment où il rentre dans l'esclavage de la monarchie absolue, est une réclamation en faveur de la liberté du peuple : c'est bien naître et bien mourir. J'ai dit pourquoi la monarchie des états ne se put établir en France. Richelieu devient ministre, sa souplesse fit sa fortune, son orgueil sa gloire.

Toutes les libertés meurent à la fois, la liberté politique dans les états, la liberté religieuse par la prise de La Rochelle, car la force huguenote demeura anéantie, et l'édit de Nantes ne fut que la conséquence de la disparition du pouvoir matériel des protestants. La liberté littéraire périt à son tour par la création de l'Académie françoise; haute cour du classique qui fit comparoître devant elle, comme premier accusé, le génie de Corneille. Racine vint ensuite imposer aux lettres le despotisme de ses chefs-d'œuvre, comme Louis XIV le joug de sa grandeur à la politique. Sous l'oppression de l'admiration, Chapelain, Coras, Leclerc, Saint-Amand, maintinrent en vain dans leurs ouvrages persécutés l'indépendance de la langue et de la pensée : ils expirèrent pour la liberté de mal dire sous le vers de Boileau, en appelant de la servitude de leur siècle à la postérité délivrée. Ils eurent raison de réclamer contre la règle étroite et la proscription des sujets nationaux; ils eurent tort d'être de méchants poëtes.

Il n'y a qu'une seule chose et qu'un seul homme dans le règne de Louis XIII, Richelieu. Il apparoit comme la monarchie absolue personnifiée, venant mettre à mort la vieille monarchie aristocratique. Ce génie du despotisme s'évanouit et laisse en sa place Louis XIV chargé de ses pleins-pouvoirs.

La monarchie parlementaire, survivant à la monarchie des états, atteignit, sous la minorité de Louis XIV, le faîte de sa puissance : elle eut ses guerres; on se battit en son honneur; ses arrêts servoient de bourre à ses canons : dans son règne d'un moment elle eut pour magistrat Mathieu Molé, pour prélat le cardinal de Retz, pour héroïne la duchesse de Longueville, pour héros populaire le fils d'un bâtard de Henri IV, pour généraux Condé et Turenne. Mais cette monarchie neutre, qui n'étoit ni la monarchie absolue, ni la monarchie tempérée des états, qui paroissoit entre l'une et l'autre, qui ne vouloit ni la servitude ni la liberté, qui n'aspiroit qu'au renversement d'un ministre fin et habile, cette monarchie, à la suite de quelques princes brouillons et factieux, passa vite. Louis XIV, devenu majeur, entra au parlement avec un fouet, sceptre et symbole de la monarchie absolue, et les François furent mis à l'attache pour cent cinquante ans.

Auprès de la comédie de Mazarin se jouait la tragédie de Charles Ier. Les guerres parlementaires de la Grande-Bretagne furent les dernières convulsions de l'arbitraire anglois expirant, les querelles de la Fronde, les derniers efforts de l'indépendance françoise mourante. L'Angleterre passa à la liberté avec un front sévère, la France au despotisme en riant.

Le siècle de Louis XIV fut le superbe catafalque de nos libertés éclairé par mille flambeaux de la gloire qu'élevoit à l'entour un cortége de grands hommes.

Louis XIV, comme Napoléon, chacun avec la différence de leur temps et de leur génie, substituèrent l'ordre à la liberté.

La monarchie absolue de Louis XIV étoit une nécessité, un fait amené par les faits précédents; elle étoit inévitable. Le peuple disparut de nouveau comme au temps de la féodalité; mais il étoit créé, il existoit, il dormoit et se réveilla à son heure : pendant son sommeil il eut de beaux songes sous Louis-le-Grand. Il ne fut exclu ni de la haute administration ni du commandement des armées.

Quand la lutte de l'aristocratie avec la couronne finit, la lutte de la démocratie avec cette même couronne commença. La royauté, qui avoit favorisé le peuple afin de se débarrasser des grands, s'aperçut qu'elle avoit élevé un autre rival moins tracassier, mais plus formidable. Le combat s'établit alors sur le terrain de l'égalité, principe vital de la démocratie. Il y eut monarchie absolue sous

Louis XIV, parce que l'ancienne liberté aristocratique étoit morte, et que l'égalité démocratique vivoit à peine : dans l'absence de la liberté et de l'égalité, l'une moissonnée, l'autre encore en germe, il y eut despotisme, et il ne pouvoit y avoir que cela.

La féodalité ou la monarchie militaire noble perdit ses principales batailles, mais les étrangers ne purent garder les provinces qu'ils avoient occupées dans notre patrie; ils en furent successivement chassés : l'empire, ou la monarchie militaire plébéienne, fit des conquêtes immenses, mais elle fut forcée de les abandonner; et nos soldats, en se retirant, entraînèrent deux fois avec eux les étrangers à Paris : la monarchie royale absolue n'alla pas loin chercher ses combats, mais le fruit de ses victoires nous est resté; notre indépendance vit encore à l'abri dans le cercle de remparts qu'elle a tracé autour de nous. A quoi cela tint-il? A l'esprit positif du grand-roi, et à la longueur du règne de ce prince. Louis chercha à donner à notre territoire ses bornes naturelles. On a trouvé dans les papiers de son administration des projets pour reculer la frontière de la France jusqu'au Rhin et pour s'emparer de l'Égypte; on a même un mémoire de Leibnitz à ce sujet. Si Louis eût complétement réussi, il ne nous resteroit aujourd'hui aucune cause de guerre étrangère.

Mauvais côté de Louis XIV. Quand il eut cessé de vivre, on lui en voulut d'avoir usurpé à son profit la dignité de la nation.

Ce prince fit encore un mal irréparable à sa famille : l'éducation orientale qu'il établit pour ses enfants, cette séparation complète des enfants du trône, des enfants de la patrie, rendit étranger à l'esprit du siècle, et aux peuples sur lesquels il devoit régner, l'héritier de la couronne. Henri IV couroit avec les petits paysans, pieds nus et tête nue, sur les montagnes du Béarn; le gouverneur qui montroit au jeune Louis XV la foule assemblée sous les fenêtres de son palais, lui disoit : « Sire, tout ce peuple est à vous. » Cela explique les temps, les hommes et les destinées.

PRÉFACE.

La vieille monarchie féodale avoit traversé six siècles et demi avec ses libertés aristocratiques pour venir tomber aux pieds du trentième fils de Hugues Capet. Combien l'État formé par Louis XIV a-t-il duré? cent quarante ans. Après le tombeau de ce monarque, on n'aperçoit plus que deux monuments de la monarchie absolue : l'oreiller des débauches de Louis XV et le billot de Louis XVI.

Louis XV respira dans son berceau l'air infecté de la Régence; il se trouva chargé, avec un caractère indécis et la plus insurmontable des passions, de l'énorme poids d'une monarchie absolue : son esprit ne lui servit qu'à voir ses vices et ses fautes, comme un flambeau dans un abîme.

Faits et mœurs de ce temps. Le duc de Choiseul, madame de Pompadour, madame du Barry. Les grandes dames de la cour se scandalisèrent de la faveur de cette dernière : Louis XV leur sembla manquer à ce qu'il devoit à leur naissance, en leur faisant l'injure de ne pas choisir dans leurs rangs ses courtisanes. Cette infortunée du Barry vécut assez pour porter à l'échafaud la foiblesse de sa vie, pour lutter avec le bourreau en face des *Tricoteuses;* parques ivres et basses que pouvoit allécher le sang de Marie-Antoinette, mais qui auroient dû respecter celui de mademoiselle Lange.

Pour la première fois on lit le nom de Washington dans le récit d'un obscur combat donné dans les forêts vers le fort Duquesne, entre quelques Sauvages, quelques François et quelques Anglois (1754). Quel est le commis à Versailles, et le pourvoyeur du *Parc-aux-Cerfs;* quel est surtout l'homme de cour ou d'académie, qui auroit voulu changer à cette époque son nom contre celui de ce planteur américain? A cette même époque, l'enfant qui devoit un jour tendre sa main secourable à Washington venoit de naître. Que d'espérances attachées à ce berceau! C'étoit celui de Louis XVI.

Le règne de Louis XV est l'époque la plus déplorable de notre histoire : quand on en cherche les personnages, on est réduit à fouiller les antichambres du duc de Choiseul, les garde-robes des Pompadour et des du Barry, noms qu'on ne sait comment élever à la dignité de l'histoire. La société entière se décomposa : les hommes d'État devinrent des hommes de lettres, les gens de lettres des hommes d'État, les grands seigneurs des banquiers, les fermiers généraux des grands seigneurs. Les modes étoient aussi ridicules que les arts étoient de mauvais goût; on peignoit des bergères en paniers, dans les salons où les colonels brodoient. Tout étoit dérangé dans les esprits et dans les mœurs, signe certain d'une révolution prochaine. La société avoit quelque chose de puéril, comme la société romaine au moment de l'invasion des Barbares : au lieu de faire des vers dans les cloîtres, on en faisoit dans les *boudoirs;* avec un quatrain on devenoit illustre.

Mais ce seroit assigner de trop petites causes à la révolution, que de les chercher dans cette vie d'hommes à bonnes fortunes, dans cette vie de théâtres, d'intrigues galantes et littéraires, unie aux coups d'État sur le parlement et aux colères d'un despotisme en décrépitude. Cet abâtardissement de la nation contribua sans doute à diminuer les obstacles que devoit rencontrer la révolution; mais il n'étoit point la cause efficiente de cette révolution; il n'en étoit que la cause auxiliaire.

La civilisation avoit marché depuis six siècles; une foule de préjugés étoient détruits, mille institutions oppressives battues en ruine. La France avoit successivement recueilli quelque chose des libertés aristocratiques féodales, du mouvement communal, de l'impulsion des Croisades, de l'établissement des États, de la lutte des juridictions ecclésiastiques et seigneuriales, du long schisme, des découvertes du seizième siècle, de la réformation, de l'indépendance de la pensée pendant les troubles de la Ligue et les brouilleries de la Fronde, des écrits de quelques génies hardis, de l'émancipation des Pays-Bas et de la révolution d'Angleterre. La presse, bien qu'enchaînée, conserva le dépôt de ces souvenirs sous la monarchie absolue de Louis XIV : la liberté dormit, mais elle ne dérogea pas, et cette antique liberté, comme l'antique noblesse, a repris ses droits en reprenant son épée. Les générations du corps et celles de l'esprit conservent le caractère de leurs origines diverses : tout ce que produit le corps meurt comme lui ; tout ce que produit l'esprit est impérissable comme l'esprit même. Toutes les idées ne sont pas encore engendrées ; mais quand elles naissent, c'est pour vivre sans fin, et elles deviennent le trésor commun de la race humaine.

On touchoit à l'époque où on alloit voir paroître cette liberté moderne, fille de la raison, qui devoit remplacer l'ancienne liberté, fille des mœurs. Il arriva que la corruption même de la régence et du siècle de Louis XV ne détruisit pas les principes de la liberté que nous avons recueillie, parce que cette liberté n'a point sa source dans l'innocence du cœur, mais dans les lumières de l'esprit.

Au dix-huitième siècle, les affaires firent silence pour laisser libre le champ de bataille aux idées. Soixante ans d'un ignoble repos donnèrent à la pensée le loisir de se développer, de monter et de descendre dans les diverses classes de la société, depuis l'homme du palais jusqu'à l'habitant de la chaumière. Les mœurs affoiblies se trouvèrent ainsi calculées (comme je viens de le remarquer), pour ne plus offrir de résistance à l'esprit, ce qu'elles font souvent quand elles sont jeunes et vigoureuses.

Louis XVI commença l'application des théories inventées sous le règne de son aïeul par les économistes et les encyclopédistes. Ce prince honnête homme rétablit les parlements, supprima les corvées, améliora le sort des protestants. Enfin le secours qu'il prêta à la révolution d'Amérique (secours injuste selon le droit privé des nations, mais utile à l'espèce humaine en général) acheva de développer en France les germes de la liberté. La monarchie parlementaire, réveillée à la fin de la monarchie absolue, rappelle la monarchie des États, qui sort à son tour de la tombe pour transmettre ses droits héréditaires.

à la monarchie constitutionnelle : le roi-martyr quitte le monde. C'est entre les fonts baptismaux de Clovis et l'échafaud de Louis XVI qu'il faut placer le grand empire chrétien des François. La même religion étoit debout aux deux barrières qui marquent les deux extrémités de cette longue arène. «Fier Sicambre, incline le col, adore ce que «tu as brûlé, brûle ce que tu as adoré,» dit le prêtre qui administroit à Clovis le baptême d'eau. «Fils de saint Louis, montez au ciel,» dit le prêtre qui assistoit Louis XVI au baptême de sang.

Alors le vieux monde fut submergé. Quand les flots de l'anarchie se retirèrent, Napoléon a apparut à l'entrée d'un nouvel univers, comme ces géants que l'histoire profane et sacrée nous a peints au berceau de la société, et qui se montrèrent à la terre après le déluge.

Ainsi j'amène du pied de la croix au pied de l'échafaud de Louis XVI les trois vérités qui sont au fond de l'ordre social : la vérité religieuse, la vérité philosophique ou l'indépendance de l'esprit de l'homme, et la vérité politique ou la liberté. Je cherche à démontrer que l'espèce humaine suit une ligne progressive dans la civilisation, alors même qu'elle semble rétrograder. L'homme tend à une perfection indéfinie; il est encore loin d'être remonté aux sublimes hauteurs dont les traditions religieuses et primitives de tous les peuples nous apprennent qu'il est descendu; mais il ne cesse de gravir la pente escarpée de ce Sinaï inconnu, au sommet duquel il reverra Dieu. La société en avançant accomplit certaines transformations générales, et nous sommes arrivés à l'un de ces grands changements de l'espèce humaine.

Les fils d'Adam ne sont qu'une même famille qui marche vers le même but. Les faits advenus chez les nations placées si loin de nous sur le globe et dans les siècles; ces faits qui jadis ne réveilloient en nous qu'un instinct de curiosité, nous intéressent aujourd'hui comme des choses qui nous sont propres, qui se sont passées chez nos vieux parents. C'étoit pour nous conserver telle liberté, telle vérité, telle idée, telle découverte, qu'un peuple se fait exterminer ; c'étoit pour ajouter un talent d'or ou une obole à la masse commune du trésor humain, qu'un individu a souffert tous les maux. Nous laisserons à notre tour les connoissances que nous pouvons avoir recueillies, à ceux qui nous suivront ici-bas. Sur des sociétés qui meurent sans cesse, une société vit sans cesse ; les hommes tombent, l'homme reste debout, enrichi de tout ce que ses devanciers lui ont transmis, couronné de toutes les lumières, orné de tous les présents des âges ; géant qui croît toujours, toujours, toujours, et dont le front, montant dans les cieux, ne s'arrêtera qu'à la hauteur du trône de l'Éternel.

Et voilà comme, sans abandonner la vérité chrétienne, je me trouve d'accord avec la philosophie de mon siècle et l'école moderne historique. On pourra différer avec moi d'opinion ; mais il faudra reconnoître que, loin d'emboîter mon esprit dans les ornières du passé, je trace des sentiers libres : heureux si l'histoire comme la politique me doit le redressement de quelques erreurs.

Au surplus, même dans mon système religieux, je ne me sépare point de mon temps, ainsi que des esprits inattentifs le pourroient croire. Le christianisme est passé, dit-on. Passé ? Oui, dans la rue, où nous abattons une croix, chez nos deux ou trois voisins, dans la coterie où nous déclarons du haut de notre supériorité qu'on ne nous comprend pas, qu'on ne peut pas nous comprendre, que, pour peu qu'une génération ne soit pas au maillot, elle est incapable de suivre le vol de notre génie et d'entrer dans le mouvement de l'univers. Grâce à ce génie, nous devinons ce que nous ne savons pas ; nous plongeons un regard d'aigle au fond des siècles ; sans avoir besoin de flambeau, nous pénétrons dans la nuit du passé ; l'avenir est tout illuminé pour nous des feux qui font clignoter les foibles yeux de nos pères. Soit : mais, nonobstant ce, et sauf le respect dû à notre supériorité, le christianisme n'est pas passé : il vient d'affranchir la Grèce, et de mettre en liberté les Pays-Bas ; il se bat dans la Pologne. Le clergé catholique a brisé sous nos yeux les chaînes de l'Irlande ; c'est ce même clergé qui a émancipé les colonies espagnoles et qui les a changées en républiques. Le catholicisme, je l'ai dit, fait des progrès immenses aux États-Unis. Toute l'Europe, ou barbare ou civilisée, s'enveloppe, dans différentes communions, de la forme évangélique. S'il étoit possible que l'univers policé fût encore envahi, par qui le seroit-il? Par des soldats, jeûnant, priant, mourant au nom du Christ. La philosophie de l'Allemagne, si savante, si éclairée, et à laquelle je me rallie, est chrétienne ; la philosophie de l'Angleterre est chrétienne. Ne tenir aucun compte, au moins comme un fait, de cette pensée chrétienne qui vit encore parmi tant de millions d'hommes dans les quatre parties du monde, de cette pensée que l'on retrouve au Kamtschatka et dans les sables de la Thébaïde, sur le sommet des Alpes, du Caucase et des Cordilières ; nous persuader que cette pensée n'existe plus parce qu'elle a déserté notre petit cerveau, c'est une grande pauvreté.

Il y a deux hommes que le siècle ne reniera pas : sortis de ses entrailles, leurs talents et leurs principes sont loués, encensés, admirés de ce siècle. Ces deux hommes marchent à la tête de toutes les opinions politiques et de toutes les doctrines littéraires nouvelles. Écoutons lord Byron et M. Benjamin Constant sur les idées religieuses.

« Je ne suis pas ennemi de la religion, au contraire ; et, « pour preuve, j'élève ma fille naturelle à un catholicisme « strict dans un couvent de la Romagne ; car je pense que « l'on ne peut jamais avoir assez de religion quand on en a ; « je penche de jour en jour davantage vers les doctrines « catholiques. » (*Mémoires de lord Byron*, tome v, page 172.)

Pendant son exil en Allemagne, sous le gouvernement impérial, M. Benjamin Constant s'occupa de son ouvrage sur la religion. Il rend compte à l'un de ses amis [1] de son

---

[1] M. Hochet, aujourd'hui secrétaire général du conseil d'État.

travail dans une lettre autographe que j'ai sous les yeux.
Voici un passage, assurément bien remarquable, de cette
lettre :

Hardenberg, ce 11 octobre 1811.

« J'ai continué à travailler du mieux que j'ai pu au mi-
« lieu de tant d'idées tristes. Pour la première fois je ver-
« rai, j'espère, dans peu de jours la totalité de mon *His-
« toire du polythéisme* rédigée. J'en ai refait tout le plan et
« plus des trois quarts des chapitres. Il l'a fallu, pour
« arriver à l'ordre que j'avois dans la tête et que je crois
« avoir atteint; il l'a fallu encore parce que, comme vous
« savez, je ne suis plus ce philosophe intrépide, sûr qu'il
« n'y a rien après ce monde, et tellement content de ce
« monde, qu'il se réjouit qu'il n'y en ait pas d'autre. Mon
« ouvrage est une singulière preuve de ce que dit *Bacon*,
« qu'un peu de science mène à l'athéisme, et plus de science
« à la religion. C'est positivement en approfondissant les
« faits, en en recueillant de toutes parts, et en me heur-
« tant contre les difficultés sans nombre qu'ils opposent à
« l'incrédulité, que je me suis vu forcé de reculer dans
« les idées religieuses. Je l'ai fait certainement de bien
« bonne foi, car chaque pas rétrograde m'a coûté. Encore
« à présent toutes mes habitudes et tous mes souvenirs
« sont philosophiques, et je défends poste après poste
« tout ce que la religion reconquiert sur moi. Il y a même
« un sacrifice d'amour-propre, car il est difficile, je le
« pense, de trouver une logique plus serrée que celle dont
« je m'étois servi pour attaquer toutes les opinions de ce
« genre. Mon livre n'avoit absolument que le défaut d'aller
« dans le sens opposé à ce qui, à présent, me paroît vrai
« et bon, et j'aurois eu un succès de parti indubitable.
« J'aurois pu même avoir encore un autre succès, car, avec
« de très légères inclinaisons, j'en aurois fait ce qu'on ai-
« meroit le mieux à présent : un système d'athéisme pour
« les gens comme il faut, un manifeste contre les prêtres,
« et le tout combiné avec l'aveu qu'il faut pour le peuple

« de certaines fables, aveu qui satisfait à la fois le pouvoir
« et la vanité. »

Je consens à passer pour un esprit rétrograde avec Herder, avec l'école philosophique transcendante de l'Allemagne, enfin avec M. Benjamin Constant et lord Byron.

La société est aujourd'hui tourmentée d'un besoin de croyance qui se manifeste de toutes parts. Vainement on veut contenter l'avidité des esprits en s'efforçant de les rendre fanatiques d'une vérité matérielle qui les trompe encore, puisqu'elle se change en abstraction dans le raisonnement. Ce faux enthousiasme ne mène pas loin la jeunesse; elle ne peut ni se débarrasser de la tristesse qui la surmonte, ni combler le vide qu'a laissé en elle l'absence de toute foi. On n'admire pas long-temps un peu de boue sensitive, dût ce peu de boue être composé d'esprit et de matière, et former cette prétendue unité humaine dont le système, renouvelé des Grecs, est encore une rêverie d'une secte buddhiste. Quelle misère, si cette vie d'un jour n'étoit que la conscience du néant!

Telle est la suite des idées et des faits que l'on trouvera dans ces *Études historiques*. J'ôte à mon travail, je le sais, par cette analyse, le premier attrait de la curiosité. Si j'avois l'espérance d'être lu, je me serois gardé de me priver de mon meilleur moyen de succès; mais je n'ai point cette espérance. Un extrait, quoiqu'il soit déjà bien long, me laisse du moins la chance de faire entrevoir des vérités que j'ai crues utiles, et qui resteroient ensevelies dans les quinze cents pages de mes trois volumes. Comme auteur j'ai tort; j'ai raison comme homme. Lorsqu'on a beaucoup vécu, beaucoup souffert, on a beaucoup appris: à force de veiller la nuit, de travailler le jour, de retourner péniblement leur sillon ou leur voile, les vieux laboureurs, comme les vieux matelots, sont devenus habiles à connaître le ciel et à prédire les orages.

Il ne me reste plus qu'à remercier les personnes qui m'ont éclairé de leurs travaux ou de leurs conseils.

Je dois à la politesse et à l'obligeance de M. le baron de Bunsen, ministre de S. M. le roi de Prusse, à Rome, un excellent extrait des *Nibelungs*, que l'on trouvera à la fin du second volume de ces *Études*. Le savant M. de Bunsen étoit l'ami du grand historien Niebuhr; plus heureux que moi, il foule encore ces ruines où j'espérois rendre à la terre, image pour image, mon argile en échange de quelque statue exhumée.

M. le comte de Tourguéneff, ancien ministre de l'instruction publique en Russie, homme de toutes sortes de savoir, a bien voulu me communiquer des renseignements sur les historiens de la Pologne, de la Russie et de l'Allemagne.

Pour dissiper des doutes relatifs à quelques points de la philosophie des Pères de l'Église, je me suis adressé à M. Cousin, et j'ai trouvé que la vraie science est toujours accessible.

Des conversations instructives avec M. Dubois, mon compatriote, m'ont éclairé sur les systèmes religieux de l'Orient. En parlant des hommes qui ont honoré ma terre natale, j'ai fait remarquer que la Bretagne comptoit aujourd'hui M. l'abbé de La Mennais : si M. Dubois publie l'ouvrage dont il s'occupe sur les origines du christianisme, j'aurai de nouvelles félicitations à offrir à ma patrie.

M. Pouqueville m'a mis sur la voie d'une foule de recherches nécessaires à mon travail : j'ai suivi, sans crainte de me tromper, celui qui fut mon premier guide aux champs de Sparte. Tous deux nous avons visité les ruines de la Grèce lorsqu'elles n'étoient encore éclairées que de leur gloire passée; tous deux nous avons plaidé la cause de nos anciens hôtes, non peut-être sans quelque succès : du moins, quand je retrouve dans le *Childe-Harold* de lord Byron des passages de mon *Itinéraire*, j'ai l'espoir qu'à l'aide de cet immortel interprète mes paroles en faveur d'un peuple infortuné n'auront pas été tout-à-fait perdues.

On lira avec fruit une dissertation dont M. Lenormant a bien voulu me permettre d'enrichir mon ouvrage. M. Lenormant a parcouru l'Égypte avec M. Champollion; il a lu les inscriptions sur ces monuments muets séculaires qui viennent de reprendre la parole dans leur désert. On ne dira plus des pyramides :

> Vingt siècles descendus dans l'éternelle nuit
> Y sont sans mouvement, sans lumière et sans bruit.

Les anciens ont constamment attribué à l'Orient l'origine des religions grecques : c'est sur cette base, contestée pourtant de nos jours, que M. Creuzet a appuyé son grand ouvrage des *Religions de l'antiquité*. Depuis la publication de ce livre, l'étude religieuse de l'antiquité a fait des progrès. Les secrets de la Perse et de l'Inde se dévoilent chaque jour. L'*Essai sur la religion arcadienne*, dont M. Lenormant s'occupe, comprendra le passage des traditions orientales en Grèce, dans leur forme la plus pure et la moins altérée. Le savant archéologue Panofka unit son travail à celui de M. Lenormant.

M. Ampère, fils de l'illustre académicien à qui la science doit des découvertes que le monde savant admire, m'a fait part avec une complaisance infinie de quelques-unes de ses traductions et de ses études scandinaves. Ces études sont extraites d'un grand ouvrage auquel M. Ampère a consacré ses loisirs, ouvrage qui sera l'histoire de la poésie chez les divers peuples, de la poésie prise dans l'essence même du mot, et comme étant la portion la plus réelle, et certainement la plus vivante, de l'intelligence humaine. M. Lenormant et M. Ampère appartiennent l'un et l'autre à cette jeunesse sérieuse qui surveille aujourd'hui la fille de nos malheurs et l'esclave de notre gloire, la liberté : qu'elle la garde bien !

J'ai eu communication, sur les écoles de l'Allemagne, des notes instructives de M. Barchoux, et je me suis hâté d'en profiter.

J'ai rencontré dans MM. les directeurs de nos bibliothèques et de nos archives nationales cette urbanité, cette complaisance qui ne se lasse jamais et qui les rend si recommandables à leurs compatriotes et aux étrangers.

Enfin, M. Daniello a recherché les manuscrits, les livres, les passages que je lui indiquois dans le cours de mon travail : je lui dois ce témoignage public; et, en me séparant de lui comme du reste du monde, j'ose le signaler à quiconque auroit besoin de l'aide d'un littérateur instruit et laborieux.

Qu'ai-je encore à dire? Rien, sinon cet adieu que la bonhomie de nos auteurs gaulois disoit autrefois au lecteur dans leurs préfaces. J'imiterai leur exemple ; mes longues liaisons avec le public justifieront cette intimité. Ainsi, m'adressant à la France nouvelle : « Adieu, ami
« lecteur. Il vous reste à vous votre jeunesse, un long
« avenir, et tout ce qui entoure une existence qui com-
« mence; il me reste à moi des heures flétries et ridées,
« un passé au lieu d'un avenir, et la solitude qui se forme
« autour d'une existence qui finit. *Tu lector, vale, et juvan-*
« *tem aut certe volentem, ama.* »

ÉTUDE PREMIÈRE

ou

PREMIER DISCOURS

SUR LA CHUTE

DE L'EMPIRE ROMAIN,

LA NAISSANCE ET LES PROGRÈS

DU CHRISTIANISME,

ET L'INVASION DES BARBARES.

EXPOSITION.

Trois vérités forment la base de l'édifice social : la vérité religieuse, la vérité philosophique, la vérité politique.

La vérité religieuse est la connoissance d'un Dieu unique, manifestée par un culte.

La vérité philosophique est la triple science des choses intellectuelles, morales et naturelles.

La vérité politique est l'ordre et la liberté : l'ordre est la souveraineté exercée par le pouvoir; la liberté est le droit des peuples.

Moins la cité est développée, plus ces vérités

sont confuses; elles se combattent dans la cité imparfaite, mais elles ne se détruisent jamais : c'est de leur combinaison avec les esprits, les passions, les erreurs, les événements, que naissent les faits de l'histoire. A travers le bruit ou le silence des nations, dans la profondeur des âges, dans les égarements de la civilisation ou dans les ténèbres de la barbarie, on entend toujours quelque voix solitaire qui proclame les trois vérités fondamentales dont l'usage constant et la connoissance complète produiront le perfectionnement de la société.

Cette société, tout en ayant l'air de rétrograder quelquefois, ne cesse de marcher en avant. La civilisation ne décrit point un cercle parfait et ne se meut pas en ligne droite; elle est sur la terre comme un vaisseau sur la mer; ce vaisseau, battu de la tempête, louvoie, revient sur sa trace, tombe au-dessous du point d'où il est parti; mais enfin, à force de temps, il rencontre des vents favorables, gagne chaque jour quelque chose dans son véritable chemin, et surgit au port vers lequel il avoit déployé ses voiles.

En examinant les trois vérités sociales dans l'ordre inverse, et commençant par la vérité politique, écartons les vieilles notions du passé.

La liberté n'existe point exclusivement dans la république, où les publicistes des deux derniers siècles l'avoient reléguée d'après les publicistes anciens. Les trois divisions du gouvernement, monarchie, aristocratie, démocratie, sont des puérilités de l'école, en ce qui implique la jouissance de la liberté : la liberté se peut trouver dans une de ces formes, comme elle en peut être exclue. Il n'y a qu'une constitution réelle pour tout État : liberté, n'importe le mode.

La liberté est de droit naturel et non de droit politique, ainsi qu'on l'a dit fort mal à propos : chaque homme l'a reçue en naissant sous le nom d'indépendance individuelle. Conséquemment, et par dérivation de ces principes, cette liberté existe en portions égales dans les trois formes de gouvernement. Aucun prince, aucune assemblée ne sauroit vous donner ce qui ne lui appartient pas, ni vous ravir ce qui est à vous.

D'où il suit encore que la souveraineté n'est ni de droit divin ni de droit populaire : la souveraineté est l'ordre établi par la force, c'est-à-dire par le pouvoir admis dans l'État. Le roi est le souverain dans la monarchie, le corps aristocratique dans l'aristocratie, le peuple dans la démocratie. Ces pouvoirs sont inhabiles à communiquer la souveraineté à quelque chose qui n'est pas eux : il n'y a ni roi, ni aristocrate, ni peuple à détrôner.

Ces bases posées, l'historien n'a plus à se passionner pour la forme monarchique ou pour la forme républicaine : dégagé de tout système politique, il n'a ni haine ni amour ou pour les peuples ou pour les rois; il les juge selon les siècles où ils ont vécu, n'appliquant de force à leurs mœurs aucune théorie, ne leur prêtant pas des idées qu'ils n'avoient et ne pouvoient avoir lorsqu'ils étoient tous et ensemble dans un égal état d'enfance, de simplicité et d'ignorance.

La liberté est un principe qui ne se perd jamais; s'il se perdoit, la société politique seroit dissoute : mais la liberté, bien commun, est souvent usurpée. A Rome elle fut d'abord possédée par les rois; les patriciens en héritèrent; des patriciens elle descendit aux plébéiens, quand elle quitta ceux-ci, elle s'enrôla dans l'armée; lorsque les légions corrompues et battues l'abandonnèrent, elle se réfugia dans les tribunaux et jusque dans le palais du prince, parmi les eunuques; de là elle passa au clergé chrétien.

Les révolutions n'ont qu'un motif et qu'un but : la jouissance de la liberté, ou pour un individu, ou pour quelques individus, ou pour tous.

Quand la liberté est conquise au profit d'un homme, elle devient le despotisme, lequel est la servitude de tous et la liberté d'un seul; quand elle est conquise pour plusieurs, elle devient l'aristocratie; quand elle est conquise pour tous, elle devient la démocratie, qui est l'oppression de tous par tous; car alors il y a confusion du pouvoir et de la liberté, du gouvernant et du gouverné.

Chez les anciens, la liberté étoit une religion; elle avoit ses autels et ses sacrifices. Brutus lui immola ses fils; Codrus lui sacrifia sa vie et son sceptre : elle étoit austère, rude, intolérante, capable des plus grandes vertus, comme toutes les fortes croyances, comme la foi.

Chez les modernes, la liberté est la raison; elle

est sans enthousiasme : on la veut parce qu'elle convient à tous, aux rois, dont elle assure la couronne en réglant le pouvoir, aux peuples, qui n'ont plus besoin de se précipiter dans les révolutions pour trouver ce qu'ils possèdent.

Venons à la vérité philosophique.

La vérité philosophique, que la liberté politique protége, lui apporte une nouvelle force; elle fait monter les idées théoriques à la sommité des rangs sociaux et descendre les idées pratiques dans la classe laborieuse.

La vérité philosophique n'est autre chose que l'indépendance de l'esprit de l'homme : elle tend à découvrir, à perfectionner dans les trois sciences de sa compétence, la science intellectuelle, la science morale, la science naturelle; celle-ci consiste dans la recherche de la constitution de la nature, depuis l'étude des lois qui régissent les mondes jusqu'à celles qui font végéter le brin d'herbe ou mouvoir l'insecte.

Mais la vérité philosophique, se portant vers l'avenir, s'est trouvée en contradiction avec la vérité religieuse, qui s'attache au passé parce qu'elle participe de l'immobilité de son principe éternel. Je parle ici de la vérité religieuse mal comprise, car je montrerai tout à l'heure que la vérité religieuse du christianisme rendu à sa sincérité n'est point ennemie de la vérité philosophique.

De l'ancienne lutte de la vérité philosophique avec la vérité politique et la vérité religieuse naît une immense série de faits. Chez les Grecs et les

Romains, la vérité philosophique mina le culte national, et échoua contre l'ordre moral et l'ordre politique : dans les républiques elle combattit en vain cette liberté servie par des esclaves, liberté privilégiée, égoïste, exclusive, qui ne voyoit que des ennemis hors de sa patrie; dans les empires, la vérité philosophique se laissa corrompre au pouvoir, et elle ignora les premières notions de la morale universelle.

Cette vérité a produit dans le monde moderne des événements et des catastrophes de toutes les espèces : l'indépendance de l'esprit de l'homme, tantôt manifestée par le soulèvement des peuples, tantôt par des hérésies, irrita la vérité religieuse qu'obscurcissoit l'ignorance. De là les guerres civiles, les proscriptions, l'accroissement du pouvoir temporel des prêtres et du despotisme des rois. La vérité religieuse s'endormoit-elle, la vérité philosophique profitoit de ce sommeil : elle racontoit l'histoire, se glissoit dans les lois civiles, intervenoit dans les lois politiques; elle attaquoit indirectement la vérité religieuse, en reprochant au clergé son avidité, son ambition et ses mœurs; elle combattoit directement l'ordre établi, en faisant, même à l'ombre des cloîtres, ces découvertes qui devoient produire une révolution générale. L'imprimerie devint l'agent principal des idées, jusqu'alors dépourvues d'organes intelligibles à la foule. Alors la vérité philosophique se trouvant pour la première fois puissance populaire, se jeta sur la vérité religieuse, qu'elle fut au moment d'étouffer.

Aujourd'hui la vérité philosophique n'est plus en guerre avec la vérité religieuse et la vérité politique : la liberté moderne sans esclaves, sans intolérance, est une liberté qui coïncide à la vérité philosophique ; de sorte que l'indépendance de l'esprit de l'homme, hostile dans les vieux temps à la société religieuse et politique, l'aide et la soutient aujourd'hui. Les lumières propagées composent maintenant, des annales particulières des peuples, les annales générales des hommes ; l'écrivain doit désormais faire marcher de front l'histoire de l'espèce et l'histoire de l'individu.

Passons à la vérité religieuse, à savoir, la connoissance d'un Dieu unique, manifestée par un culte.

Cette vérité a fait jusqu'ici le principal mouvement de l'espèce humaine ; elle se trouve au commencement de toutes les sociétés ; elle en fut la première loi ; elle renferma dans son sein la vérité philosophique et la vérité politique : les hommes l'altérèrent promptement.

La vérité philosophique maintint, par la voie des initiations, des lumières religieuses qu'elle brouilloit par ses doctrines spéculatives. Les platoniciens et les stoïciens créèrent quelques hommes de contemplation, d'intelligence, de morale et de vertu, mais les écoles furent livrées à la dérision ; on se moqua des péripatéticiens, qui s'adonnoient aux sciences naturelles ; on ne se proposa point d'aller habiter la ville demandée à Gallien, pour être gouvernée d'après les lois de Platon. Les philosophes, ou supportant le culte de leur siècle, ou voulant conduire les peuples par des idées abstraites, tomboient dans leurs erreurs communes, ou n'avoient aucune prise sur la foule. Ils ignoroient ce qui rend compte de tout, le christianisme. Ceci nous amène à parler de la vérité religieuse selon les peuples modernes civilisés, de cette vérité qui a engendré la plupart des événements, depuis la naissance du Christ, jusqu'au jour où nous sommes parvenus.

Le christianisme, dont l'ère ne commence qu'au milieu des temps, est né dans le berceau du monde. L'homme nouvellement créé pèche par orgueil, et il est puni; il a abusé des lumières de la science, et il est condamné aux ténèbres du tombeau. Dieu avoit fait la vie; l'homme a fait la mort, et la mort devient la seule nécessité de l'homme.

Mais toute faute peut être expiée : un holocauste divin s'offrira en sacrifice; l'homme racheté retournera à ses fins immortelles.

Tel est le fondement du christianisme. A la clarté de ce système, les mystères de l'homme se dévoilent; le mal moral et le mal physique s'expliquent; on n'est plus obligé de nier l'existence de Dieu et celle de l'âme, afin d'éclaircir les difficultés par les lois de la matière, qui n'éclaircissent rien, et qui sont plus incompréhensibles que celles de l'intelligence.

La solidarité de l'espèce pour la faute de l'individu tient à de hautes raisons qui en détruisent l'apparente injustice. C'est une des grandeurs de l'homme d'être enchaîné au bien en punition d'une première rébellion : les fils d'Adam, travaillant ensemble à devenir meilleurs pour échapper à la faute du commun père, ne produiroient-ils pas la réhabilitation de la race ? Sans la solidarité de la famille, d'où naîtroient notre sympathie et notre antipathie pour les résolutions généreuses ou contre les mauvaises actions ? Que nous importeroient le vice ou la vertu placés à trois mille ans ou trois mille lieues de nous ? Et toutefois, y sommes-nous indifférents ? ne sentons-nous pas qu'ils nous intéressent, nous touchent, nous affectent en quelque chose de personnel et d'intime ?

La postérité d'Adam se divisa en deux branches; la branche cadette, celle d'Abel, conserva l'histoire de la chute et de la rédemption promise; le reste, avec le premier meurtrier, en perdit le souvenir, et garda néanmoins des usages qui consacroient une vérité oubliée. Le sacrifice humain se rencontre chez tous les peuples, comme s'ils avoient tous senti qu'ils se devoient rédimer; mais ils étoient eux-mêmes insuffisants à leur rançon. Il s'établit une libation de sang perpétuelle; la guerre le répandit ainsi que la loi; l'homme s'arrogea sur la vie de l'homme un droit qu'il n'avoit pas, droit qui prit sa source dans l'idée confuse de l'expiation et du rachat religieux. La rédemption s'étant accomplie dans l'immolation du Christ, la peine de mort auroit dû être abolie; elle ne s'est perpétuée que par une sorte de crime légal. Le Christ avoit dit dans un sens absolu : *Vous ne tuerez pas.*

Bossuet a fait de la vérité religieuse le fondement de tout ; il a groupé les faits autour de cette vérité unique avec une incomparable majesté. Rien ne s'est passé dans l'univers que pour l'accomplissement de la parole de Dieu ; l'histoire des hommes n'est à l'évêque de Meaux que l'histoire d'un homme, le premier né des générations pétri de la main, animé par le souffle du Créateur, homme tombé, homme racheté avec sa race, et capable désormais de remonter à la hauteur du rang dont il est descendu. Bossuet dédaigne les documents de la terre ; c'est dans le ciel qu'il va chercher ses chartres. Que lui fait cet empire du monde, *présent de nul prix*, comme il le dit lui-même ? S'il est partial, c'est pour le monde éternel : en écrivant aux pied de la croix, il écrase les peuples sous le signe du salut, comme il asservit les événements à la domination de son génie.

Entre Adam et le Christ, entre le berceau du monde placé sur la montagne du paradis terrestre et la croix élevée sur le Golgotha, fourmillent des nations abîmées dans l'idolâtrie, frappées de la déchéance du père de famille. Elles sont peintes en quelques traits avec leurs vices et leurs vertus, leurs arts et leur barbarie, de manière à ce que ces nations mortes deviennent vivantes : le nouvel Ézéchiel souffle sur des ossements arides et ils ressuscitent. Mais au milieu de ces nations est un petit peuple qui perpétue la tradition sacrée, et fait entendre de temps en temps des paroles prophétiques. Le Messie vient ; la race vendue finit, la race rachetée commence; Pierre porte à Rome les pouvoirs du Christ; il y a rénovation de l'univers.

On peut adopter le système historique de ce grand homme, mais avec une notable rectification : Bossuet a renfermé les événements dans un cercle rigoureux comme son génie; tout se trouve emprisonné dans un christianisme inflexible. L'existence de ce cerceau redoutable, où le genre humain tourneroit dans une sorte d'éternité sans progrès et sans perfectionnement, n'est heureusement qu'une imposante erreur.

La société est un dessein de Dieu; c'est par le Christ, selon Bossuet, que Dieu accomplit ce dessein; mais le christianisme n'est point un cercle inextensible, c'est au contraire un cercle qui s'élargit à mesure que la civilisation s'étend; il ne comprime, il n'étouffe aucune science, aucune liberté.

Le dogme qui nous apprend que l'homme dégradé retrouvera ses fins glorieuses présente un sens spirituel et un sens temporel : par le premier, l'âme paroîtra devant Dieu lavée de la tache originelle; par le second, l'homme est réintégré dans les lumières qu'il avoit perdues en se livrant à ses passions, cause de sa chute. Rien ainsi ne se plie de force à mon système, ou plutôt au système de Bossuet rectifié; c'est ce système qui se plie aux événements et qui enveloppe la société en lui laissant la liberté d'action.

Le christianisme sépare l'histoire du genre humain en deux portions distinctes : depuis la naissance du monde jusqu'à Jésus-Christ, c'est la société avec des esclaves, avec l'inégalité des hommes entre eux, l'inégalité sociale de l'homme et de la femme; depuis Jésus-Christ jusqu'à nous, c'est la société avec l'égalité des hommes entre eux, l'égalité sociale de l'homme et de la femme, c'est la société sans esclaves ou du moins sans le principe de l'esclavage.

L'histoire de la société moderne commence donc véritablement de ce côté-ci de la croix. Pour la bien connoître, il faut voir en quoi cette société différa, dès l'origne de la société païenne, comment elle la décomposa, quels peuples nouveaux se mêlèrent aux chrétiens pour précipiter la puissance romaine, pour renverser l'ordre religieux et politique de l'ancien monde.

Si l'on envisage le christianisme dans toute la rigueur de l'orthodoxie, en faisant de la religion catholique l'achèvement de toute société, quel plus grand spectacle que le commencement et l'établissement de cette religion?

Voici tout d'abord ce que l'on aperçoit.

A mesure que le polythéisme tombe, et que la révélation se propage, les devoirs de la famille et les droits de l'homme sont mieux connus; mais décidément l'empire des Césars est condamné, et il ne reçoit les semences de la vraie religion qu'afin que tout ne périsse pas dans son naufrage. Les disciples du Christ, qui préparent à la société un moyen de salut intérieur, lui en ménagent un autre à l'extérieur: ils vont chercher au loin, pour les désarmer, les héritiers du monde romain.

Ce monde étoit trop corrompu, trop rempli de

vices, de cruautés, d'injustices, trop enchanté de ses faux dieux et de ses spectacles, pour qu'il pût être entièrement régénéré par le christianisme. Une religion nouvelle avoit besoin de peuples nouveaux ; il falloit, à l'innocence de l'Évangile, l'innocence des hommes sauvages, à une foi simple, des cœurs simples comme cette foi.

Dieu ayant arrêté ses conseils, les exécute. Rome, qui n'aperçoit à ses frontières que des solitudes, croit n'avoir rien à craindre ; et nonobstant, c'est dans ces camps vides que le Tout-Puissant rassemble l'armée des nations. Plus de quatre cents ans sont nécessaires pour réunir cette innombrable armée, bien que les Barbares, pressés comme les flots de la mer, se précipitent au pas de course. Un instinct miraculeux les conduit ; s'ils manquent de guides, les bêtes des forêts leur en servent : ils ont entendu quelque chose d'en haut qui les appelle du septentrion et du midi, du couchant et de l'aurore. Qui sont-ils ? Dieu seul sait leurs véritables noms. Aussi inconnus que les déserts dont ils sortent, ils ignorent d'où ils viennent, mais ils savent où ils vont : ils marchent au Capitole, convoqués qu'ils se disent à la destruction de l'empire romain, comme à un banquet.

La Scandinavie, surnommée la fabrique des nations, fut d'abord appelée à fournir ses peuples ; les Cimbres traversèrent les premiers la Baltique ; ils parurent dans les Gaules et dans l'Italie, comme l'avant-garde de l'armée d'extermination.

Un peuple qui a donné son nom à la Barbarie

elle-même, et qui pourtant fut prompt à se civiliser, les Goths sortirent de la Scandinavie après les Cimbres qu'ils en avoient peut-être chassés. Ces intrépides Barbares s'accrurent en marchant; ils réunirent par alliance ou par conquête les Bastarnes, les Venèdes, les Sariges, les Roxalans, les Slaves et les Alains : les Slaves s'étendoient derrière les Goths dans les plaines de la Pologne et de la Moscovie, les Alains occupoient les terres vagues entre le Volga et le Tanaïs.

En se rapprochant des frontières romaines, les Allamans (Allemands), qui sont peut-être une partie des Suèves de Tacite, ou une confédération de *toutes sortes d'hommes*, se plaçoient devant les Goths, et touchoient aux Germains proprement dits, qui bordoient les rives du Rhin. Parmi ceux-ci se trouvoient sur le Haut-Rhin des nations d'origine gauloise, et sur le Rhin inférieur des tribus germaines, lesquelles, associées pour maintenir leur indépendance, se donnoient le nom de Franks. Or donc cette grande division des soldats du Dieu vivant, formée des quatre lignes des Slaves, des Goths, des Allamans, des Germains avec tous leurs mélanges de noms et de races, appuyoit son aile gauche à la mer Noire, son aile droite à la mer Baltique, et avoit sur son front le Rhin et le Danube, foibles barrières de l'empire romain.

Le même bras qui soulevoit les nations du pôle chassoit des frontières de la Chine les hordes de Tartares appelées au rendez-vous [1]. Tandis que

[1] Selon le système de De Guignes, d'après les recherches mo-

Néron versoit le premier sang chrétien à Rome, les ancêtres d'Attila cheminoient silencieusement dans les bois; ils venoient prendre poste à l'orient de l'Empire, n'étant, d'un côté, séparés des Goths que par les Palus-Méotides, et joignant, de l'autre, les Perses qu'ils avoient à demi subjugués. Les Perses continuoient la chaîne avec les Arabes ou les Sarrasins en Asie : ceux-ci donnoient en Afrique la main aux tribus errantes du Bargah et du Sahara, et celles-là aux Maures de l'Atlas, achevant d'enfermer dans un cercle de peuples vengeurs, et ces dieux qui avoient envahi le ciel, et ces Romains qui avoient opprimé la terre.

Ainsi se présente le christianisme dans les quatre premiers siècles de notre ère, en le contemplant avec la persuasion de sa divine origine; mais si, secouant le joug de la foi, vous vous placez à un autre point de vue, vous changez la perspective sans lui rien ôter de sa grandeur.

Que ce soit un certain produit de la civilisation et de la maturité des temps, un certain travail des siècles, une certaine élaboration de la morale et de l'intelligence, un certain composé de diverses doctrines, de divers systèmes métaphysiques et astronomiques, le tout enveloppé dans un symbole afin de le rendre sensible au vulgaire; que ce soit l'idée religieuse innée, laquelle, après avoir erré d'autels en autels, de prêtres en prêtres, s'est enfin incar-

---

dernes, les Huns seroient d'origine finnoise. Voyez KLAPROTH, *Tableaux historiques de l'Asie*, et M. SAINT-MARTIN, dans ses savantes notes à l'*Histoire du Bas-Empire*, par LEBEAU.

née ; mythe le plus pur, éclectisme des grandes civilisations philosophiques de l'Inde, de la Perse, de la Judée, de l'Égypte, de l'Éthiopie, de la Grèce, et des Gaules, sorte de christianisme universel existant avant le christianisme judaïque, et au-delà duquel il n'y a rien que l'essence même de la philosophie ; que ce soit ce que l'on voudra pour s'élever au-dessus de la simple foi (apparemment par supériorité de science, de raison et de génie), il n'en est pas moins vrai que le christianisme ainsi dénaturé, interprété, allégorisé, est encore la plus grande révolution advenue chez les hommes.

Le livre de l'histoire moderne vous restera fermé, si vous ne considérez le christianisme ou comme une révélation, laquelle a opéré une transformation sociale, ou comme un progrès naturel de l'esprit humain vers la grande civilisation : système théocratique, système philosophique, ou l'un et l'autre à la fois, lui seul vous peut initier au secret de la société nouvelle.

Admettre, selon l'opinion du dernier siècle, que la religion évangélique est une superstition juive qui se vint mêler aux calamités de l'invasion des Barbares ; que cette superstition détruisit le culte poétique, les arts, les vertus de l'antiquité ; qu'elle précipita les hommes dans les ténèbres de l'ignorance ; qu'elle s'opposa au retour des lumières, et causa tous les maux des nations : c'est appliquer la plus courte échelle à des dimensions colossales, c'est fermer les yeux au fait dominateur de toute cette époque. Le siècle sérieux où nous sommes parvenus, a peine à concevoir cette légèreté de jugement, ces vues superficielles de l'âge qui nous a précédés. Une religion qui a couvert le monde de ses institutions et de ses monuments ; une religion qui fut le sein et le moule dans lequel s'est formée et façonnée notre société tout entière, n'auroit-elle eu d'autres fins, d'autres moyens d'action, que la prospérité d'un couvent, les richesses d'un clergé, les cartulaires d'une abbaye, les canons d'un concile, ou l'ambition d'un pape ?

Les résultats du christianisme sont tout aussi extraordinaires philosophiquement, que théologiquement parlant. Décidez-vous entre le choix des merveilles.

Et d'abord le christianisme philosophique est la religion intellectuelle substituée à la religion matérielle, le culte de l'idée remplaçant celui de la forme : de là un différent ordre dans le monde des pensées, une différente manière de déduire et d'exercer la vérité religieuse. Aussi, remarquez-le : partout où le christianisme a rencontré une religion matérielle, il en a triomphé promptement : tandis qu'il n'a pénétré qu'avec lenteur dans les pays où régnoient des religions d'une nature spirituelle comme lui : aux Indes il livre de longs combats métaphysiques, pareils à ceux qu'il rendit contre les hérésies ou contre les écoles de la Grèce.

Tout change avec le christianisme (à ne le considérer toujours que comme un fait humain) ; l'esclavage cesse d'être le droit commun ; la femme reprend son rang dans la vie civile et sociale ;

l'égalité, principe inconnu des Anciens, est proclamée. La prostitution légale, l'exposition des enfants, le meurtre autorisé dans les jeux publics et dans la famille, l'arbitraire dans le supplice des condamnés, sont successivement extirpés des codes et des mœurs. On sort de la civilisation puérile, corruptrice, fausse et privée de la société antique, pour entrer dans la route de la civilisation raisonnable, morale, vraie et générale de la société moderne : on est allé des dieux à Dieu.

Il n'y a qu'un seul exemple dans l'histoire, d'une transformation complète de la religion d'un peuple dominateur et civilisé : cet exemple unique se trouve dans l'établissement du christianisme, sur les débris des idolâtries dont l'empire romain étoit infecté. Sous ce seul rapport, quel esprit un peu grave ne s'enquerroit de ce phénomène ? Le christianisme ne vint point pour la société, ainsi que Jésus-Christ vient pour les âmes, comme un voleur ; il vint en plein jour, au milieu de toutes les lumières, au plus haut période de la grandeur latine. Ce n'est point une horde des bois qu'il va d'abord attaquer (là, il ira aussi quand il le faudra) ; c'est aux vainqueurs du monde, c'est à la vieille civilisation de la Judée, de l'Égypte, de la Grèce et de l'Italie, qu'il porte ses coups. En moins de trois siècles la conquête s'achève ; et le christianisme dépasse les limites de l'empire romain. La cause efficiente de son succès rapide et général est celle-ci : le christianisme se compose de la plus haute et de la plus abstraite philosophie par rapport à la nature divine, et de la plus parfaite morale relativement à la nature humaine; or ces deux choses ne s'étoient jamais trouvées réunies dans une même religion; de sorte que cette religion convint aux écoles spéculatives et contemplatives dont elle remplaçoit les initiations, à la foule policée dont elle corrigeoit les mœurs, à la population barbare dont elle charmoit la simplicité et tempéroit la fougue.

Si le dogme de l'unité d'un Dieu a pu remplacer les absurdités du polythéisme, c'est-à-dire si une vérité a pris la place d'un mensonge, qui ne voit que, la pierre angulaire de l'édifice social étant changée, les lois, matériaux élevés sur cette pierre, ont dû s'assimiler à la substance élémentaire de leur nouveau fondement?

Comment cela s'est-il opéré? quelle a été la lutte des deux religions? que se sont-elles prêté, que se sont-elles enlevé? comment le christianisme passé de son âge héroïque à son âge d'intelligence, du temps de ses intrépides martyrs au temps de ses grands génies, comment a-t-il vaincu les bourreaux et les philosophes? comment a-t-il pénétré à la fois tous les entendements, tous les usages, toutes les mœurs, tous les arts, toutes les sciences, toutes les lois criminelles, civiles et politiques?

Comment les deux sexes se partagèrent-ils les postes dans l'action générale? Quelle fut l'influence des femmes dans l'établissement du christianisme? N'est-ce pas aux controverses religieuses, à la nécessité où les fidèles se trouvèrent de se défendre, qu'est due la liberté de la parole écrite; l'empire du monde étant le prix offert à la pensée victorieuse ?

Quel fut l'effet sous Constantin de l'avénement de la monarchie de l'Église, bien à distinguer de la république chrétienne ? Que produisit le mouvement réactionnaire du paganisme sous Julien ? Qu'arriva-t-il lors de la transposition complète des deux cultes sous Théodose ? Quelle analogie les hérésies du christianisme eurent-elles avec les diverses sectes de la philosophie ? A part le mal qu'elles purent faire, les hérésies n'ont-elles pas servi à prévenir la complète barbarie, en tenant éveillée la faculté la plus subtile de l'esprit, au milieu des âges les plus grossiers ?

Le principe des institutions modernes ne se rattache-t-il pas au règne de Constantin, cinq siècles plus haut qu'on ne le suppose ordinairement ? L'empire d'Occident a-t-il été détruit par une invasion subite des Barbares, ou n'a-t-il succombé que sous des Barbares déjà chrétiens et romains ? Quel étoit l'état de la propriété au moment de la chute de l'empire d'Occident ? La grande propriété se compose par la conquête et la barbarie, et se décompose par la loi et la civilisation : quel a été le mouvement de cette propriété, et comment a-t-elle changé successivement l'état des personnes ? Toutes ces choses et beaucoup d'autres qui se développeront dans le cours de ces *Études*, n'ont point encore été examinées d'assez près.

Il y a dans l'histoire, prise au pied de la croix et conduite jusqu'à nos jours, de grandes erreurs à dissiper, de grandes vérités à établir, de grandes justices à faire. Sous l'empire du christianisme la lutte des intelligences et de la légitimité contre les ignorances et les usurpations, cesse par degrés; les vérités politiques se découvrent et se fixent; le gouvernement représentatif, que Tacite regarde comme une belle chimère, devient possible; les sciences, demeurées presque stationnaires, reçoivent une impulsion rapide de cet esprit d'innovation que favorise l'écroulement du vieux monde. Le christianisme lui-même, s'épurant, après avoir passé à travers les siècles de superstition et de force, devient chez les nations nouvelles le perfectionnement même de la société.

Il fut pourtant calomnié; on le peignit à Marc-Aurèle comme une faction, à ses successeurs comme une école de perversité; dans la suite l'hypocrisie défigura quelquefois l'œuvre de vérité; on voulut rendre fanatique, persécuteur, ennemi des lettres et des arts, ennemi de toute liberté, ce qui est la tolérance, la charité, la liberté, le flambeau du génie. Loin de faire rétrograder la science, le christianisme, débrouillant le chaos de notre être, a montré que la race humaine, qu'on supposoit arrivée à sa virilité chez les Anciens, n'étoit encore qu'au berceau. Le christianisme croît et marche avec le temps; lumière quand il se mêle aux facultés de l'esprit, sentiment quand il s'associe aux mouvements de l'âme; modérateur des peuples et des rois, il ne combat que les excès du pouvoir, de quelque part qu'ils viennent; c'est sur la morale évangélique, raison supérieure, que s'appuie la raison naturelle dans son ascension vers le sommet élevé qu'elle n'a point encore atteint. Grâce à cette morale, nous avons appris que la civilisation ne dépouille pas l'homme de l'indépendance, et qu'il y a une liberté née des lumières, comme il y a une liberté fille des mœurs.

Les Barbares avoient à peine paru aux frontières de l'Empire, que le christianisme se montra dans son sein. La coïncidence de ces deux événements, la combinaison de la force intellectuelle et de la force matérielle, pour la destruction du monde païen, est un fait où se rattache l'origine d'abord inaperçue de l'histoire moderne. Quelques invasions promptement repoussées, une religion inconnue se répandant parmi des esclaves, pouvoient-elles attirer les regards des maîtres de la terre? Les philosophes pouvoient-ils deviner qu'une révolution générale commençoit? Et cependant ils ébranloient aussi les anciennes idées; ils altéroient les croyances, ils les détruisoient dans les classes supérieures de la société à l'époque où le christianisme sapoit les fondements de ces croyances, de ces idées, dans les classes inférieures. La philosophie et le christianisme attaquant le vieil ordre de l'univers par les deux bouts, marchant l'un vers l'autre en dispersant leurs adversaires, se rencontrèrent face à face après leur victoire. Ces deux contendants avoient pris quelque chose l'un de l'autre dans leur assaut contre l'ennemi commun; ils s'étoient cédé des hommes et des doctrines;

mais quand, vers le milieu du quatrième siècle, il fallut, non partager, mais assumer l'empire de l'opinion, le christianisme, bien qu'arrivé au trône, se trouva en même temps revêtu de la force populaire; la philosophie n'étoit armée que du pouvoir des tyrans : Julien livra le dernier combat et fut vaincu. Brisant de toutes parts les barrières, les hordes des bois accoururent se faire baptiser aux amphithéâtres, naguère arrosés du sang des martyrs. Le christianisme étoit alors démocratique chez la foule romaine, chez les grands esprits émancipés, et parmi les tribus sauvages : le genre humain revenoit à la liberté par la morale et la barbarie.

Voilà ce qu'il faut retracer avant d'entrer dans l'histoire particulière de nos pères; je vais essayer de vous peindre ces trois mondes coexistants confusément : le monde païen ou le monde antique, le monde chrétien, le monde barbare; espèce de trinité sociale dont s'est formée la société unique qui couvre aujourd'hui la terre civilisée.

Résumons l'exposition du système qui m'a paru le plus approprié aux lumières du présent, et qui me semble le mieux concilier nos deux écoles historiques. Je pars du principe de l'ancienne école, pour arriver à la conséquence de l'école moderne : comme on ne peut pas plus détruire le passé que l'avenir, je me place entre eux, n'accordant la prééminence ni au fait sur l'idée, ni à l'idée sur le fait.

J'ai cherché les principes générateurs des faits; ces principes sont la vérité religieuse, la vérité philosophique avec ses trois branches, la vérité politique.

La vérité politique n'est que l'ordre et la liberté, quelles que soient les formes.

La vérité philosophique est l'indépendance de l'esprit de l'homme; elle a combattu autrefois la vérité politique et surtout la vérité religieuse; principe de destruction dans l'ancienne société, elle est principe de durée dans la société nouvelle, parce qu'elle se trouve d'accord avec la vérité politique et la vérité religieuse perfectionnées.

La vérité religieuse est la connoissance d'un Dieu unique manifestée par un culte. Le vrai culte est celui qui explique le mieux la nature de la Divinité et de l'homme; par cette seule raison le christianisme est la religion véritable.

Soit qu'on le regarde avec les yeux de la foi ou avec ceux de la philosophie, le christianisme a renouvelé la face du monde.

Le christianisme n'est point le cercle inflexible de Bossuet; c'est un cercle qui s'étend à mesure que la société se développe; il ne comprime rien; il n'étouffe rien; il ne s'oppose à aucune lumière, à aucune liberté.

Tel est le squelette qu'il s'agit de couvrir de chair. Pour vous introduire dans le labyrinthe de l'histoire moderne, je vous ai armé des fils qui doivent vous conduire : la prédication de l'Évangile, ou l'initiation générale des hommes à la vérité intellectuelle et à la vérité morale; la venue des Barbares.

Deux grandes invasions de ces peuples sont à

distinguer : la première commence sous Dèce et s'arrête sous Aurélien ; à cette époque les Barbares, presque tous païens, se jetèrent en ennemis sur l'Empire : la seconde invasion eut lieu pendant le règne de Valentinien et de Valens ; alors convertis en partie au christianisme, les Barbares entrèrent dans le monde civilisé comme suppliants, hôtes ou alliés des Césars. Appelés pendant trois siècles par la foiblesse de l'État et par les factions, soutenant les divers prétendants de l'Empire, ils se battirent les uns contre les autres au gré des maîtres qui les payoient et qu'ils écrasèrent : tantôt enrôlés dans les légions dont ils devenoient les chefs ou les soldats, tantôt esclaves, tantôt dispersés en colonies militaires, ils prenoient possession de la terre avec l'épée et la charrue. Ce n'étoit toutefois que rarement et à contre cœur qu'ils labouroient : pour engraisser les sillons, ils trouvoient plus court d'y verser le sang d'un Romain que d'y répandre leurs sueurs.

Or, il convient de savoir où en étoit l'Empire, lorsque arrivèrent les deux invasions générales de ces peuples, nos ancêtres ; peuples qui n'étoient pas même indiqués dans les géographies : ils habitoient au-delà des limites du monde connu de Strabon, de Pline, de Ptolémée, un pays ignoré ; force fut de les placer sur la carte, quand Alaric et Genseric eurent écrit leurs noms au Capitole.

PREMIER DISCOURS.

PREMIÈRE PARTIE.

DE JULES CÉSAR A DÈCE OU DÉCIUS.

Après avoir prêché l'Évangile, Jésus-Christ laisse sa croix sur la terre : c'est le monument de la civilisation moderne. Du pied de cette croix, plantée à Jérusalem, partent douze législateurs, pauvres, nus, un bâton à la main, pour enseigner les nations et renouveler la face des royaumes.

Les lois de Lycurgue n'avoient pu soutenir Sparte; la religion de Numa n'avoit pu faire durer la vertu de Rome au-delà de quelques centaines d'années, un pêcheur, envoyé par un faiseur de jougs et de charrues, vient établir au Capitole cet empire qui compte déja dix-huit siècles, et qui, selon ses prophéties, ne doit point finir.

Depuis long-temps Rome républicaine avoit répudié la liberté, pour devenir la concubine des tyrans : la grandeur de son premier divorce lui a du moins servi d'excuse. César est l'homme le plus complet de l'histoire, parce qu'il réunit le triple génie du politique, de l'écrivain et du guerrier. Malheureusement César fut corrompu comme son siècle : s'il fût né au temps des mœurs, il eût été le rival des Cincinnatus et des Fabricius, car il avoit tous les genres de force. Mais quand il parut à Rome, la vertu étoit passée ; il ne trouva plus que la gloire : il la prit, faute de mieux.

Auguste, héritier de César, n'étoit pas de cette première race d'hommes qui font les révolutions ; il étoit de cette race secondaire qui en profite, et qui pose avec adresse le couronnement de l'édifice dont une main plus forte a creusé les fondements : il avoit à la fois l'habileté et la médiocrité nécessaires au maniement des affaires qui se détruisent également par l'entière sottise ou par la complète supériorité.

La terreur qu'Auguste avoit d'abord inspirée lui servit ; les partis tremblants se turent : quand ils virent l'usurpateur faire légitimer son autorité par le sénat[1], maintenir la paix, ne persécuter personne, se donner pour successeur au consulat un ancien ami de Brutus, ils se réconcilièrent avec leurs

AUGUSTE.
An de R. 725;
An de J.-C. 29.

[1] Hæc cum Cæsar ita recitasset, mire senatorum animi affecti sunt. Fuerunt pauci qui ejus animum intelligerent ideoque adstipularentur ; reliqui aut suspicabantur quo hæc concilia dicta essent, aut fidem iis habebant. Horum alteri artificium in occultanda callide sua sententia Cæsaris admirabantur ; alteri hoc ejus propositum : alteri ægre ejus versutiam : alteri pœnitentiam captæ reipublicæ procurationis ferebant : jam enim extiterant qui popularem reipublicæ formam ut turbulentam odissent ac mutationem ejus approbarent, Cæsarisque imperio delectarentur..... proinde, cum frequenter etiam dicenti adhuc acclamassent, ubi peroravit, multis omnes eum verbis precati sunt, ut solus imperii summam gereret : multisque quibus id ei persuaderent adductis argumentis tandem eo compulerent ut principatum solus obtineret. (Dionis., *Hist. rom.*, lib. LIII, ed. Joannis Leunclavii, pag. 502, 503.)

chaînes. L'astucieux empereur affectoit les formes républicaines; il consultoit Agrippa, Mécènes, et peut-être Virgile [1], sur le rétablissement de la liberté, en même temps qu'il envahissoit tous les pouvoirs [2], se faisoit investir de la puissance législative [3], et instituoit les gardes prétoriennes [4]. Il chargea les muses de désarmer l'histoire, et le monde a pardonné l'ami d'Horace.

[1] Ad quam deliberationem quum Agrippam Mœcenatemque adhibuisset (nam cum his de omnibus arcanis suis communicare solebat) prior in hanc sententiam Agrippa locutus est. (DIONIS., *Hist. rom.*, lib. LII, pag. 463, edit. Joannis Leunclavii.)

In qua re diversæ sententiæ consultos habuit, Mœcenatem et Agrippam... quare Augusti animus hinc ferebatur et illinc... Rogavit igitur Maronem an conferat privato homini se in sua republica tyrannum facere. (Pag. ultim. *Vitæ Virgilii* tributæ Donato, edit. 1699, a P. Ruæo. Parisiis.)

[2] In hunc modum pugna navalis facta est 4 nonas septembris. Id a me non frustra commemoratum est, dies annotare alioquin non solito; sed quod ab ea die primum Cæsar solus rerum potitus est, imperiique ejus recensio præcise ab ea sumitur. (DIONIS. CASSII, *Hist. rom.*, lib. LI, pag. 442, edit. Joannis Leunclavii.)

Hoc autem anno (ab Urbe condita 735), vere iterum penes unum hominem summa totius reipublicæ esse cœpit. Quamquam armorum deponendorum, resque omnes senatus populique potestati tradendi consilium Cæsar agitaverit. (*Ibid.*, lib. LII, p. 463; lib. LIII, pag. 474, 511, n° 2, pag. 40.)

[3] Quod principi placuit, legis habet vigorem : utpote cum lege regia, quæ de imperio ejus lata est, populus ei et in eum omne suum imperium et potestatem conferat. (ULPIAN., lib. I, *Princ., etc., de Constit. princip.*)

[4] Certum numerum partim in urbis, partim in sui custodiam allegit, dimissa Calaguritanorum manu quam usque ad devictum Antonium, item Germanorum quam usque ad cladem varianam inter armigeros circa se habuerat. (SUET., *in Vita Aug.*)

Les limites de l'empire romain furent ainsi fixées par Auguste [1] :

Au nord, le Rhin et le Danube ;

A l'orient l'Euphrate ;

Au midi, la Haute-Égypte, les déserts de l'Afrique et le mont Atlas ;

A l'occident, les mers d'Espagne et des Gaules. Trajan subjugua la Dacie au nord du Danube [2], la

---

[1] Termini igitur finesque imperii romani sub Augusto erant, ab oriente Euphrates ; a meridie Nili cataractæ, et deserta Africæ et mons Atlas ; ab occidente Oceanus ; a septentrione Danubius et Rhenus. (JUST. LIPS., *de Magn. rom.*, lib. 1, cap. III. Antuerpiæ, 1637, 6 tom. in-fol. ; — tom. III, pag. 379.)

Retenti fines, seu dati imperio romano (sous Claude) : Mesopotamia per orientem, Rhenus Danubiusque ad septentrionem, et a meridie Mauri accepere provinciis. (AUR. VICT., *Hist. abbrev.*, part. II, chap. IV ; SUET., *Hist. rom.*, vol. II, pag. 127.)

Hadrianus gloriæ Trajani certum est invidisse, qui ei susceperit in imperio ; sponte propria reductis exercitibus, Armeniam, Mesopotamiam et Assyriam concessit ; et inter Romanos et Parthos medium Euphratem esse voluit. (SEXT. RUF., *Brev.* ; SUET., *Hist. rom.*, vol. II, pag. 166.)

[2] Romani imperii, quod post Augustum defensum magis fuerat, quam nobiliter ampliatum, fines longe lateque diffudit : urbes trans Rhenum in Germania reparavit : Daciam, Decibalo victo, subegit, provincia trans Danubium facta in his agris quos nunc Teciphali, et Netophali et Thenbirgi habent. Ea provincia decies centena millia passuum in circuitu tenuit. Armeniam quam occupaverunt Parthi, recepit, Parthamasire occiso, qui eam tenebat. Albanis regem dedit. Iberonem regem, et Sauromatorum, et Bosporanorum, et Arabum, et Osdroenorum et Colchorum, in fidem accepit. Corduenos, Marcomedos occupavit : et Anthemusium, magnam Persidis regionem ; Seleuciam et Ctesiphontem, Babylonem et Messenios vicit ac tenuit : usque ad fines et mare Rubrum accepit : atque ibi tres provincias fecit, Armeniam, Assyriam, Mesopotamiam, cum his gentibus, quæ Madenam attingunt Arabiam postea in provinciæ formam redegit : in mari

Mésopotamie et l'Arménie à l'est de l'Euphrate ; mais ces dernières conquêtes furent abandonnées par Adrien. Agricola acheva, sous le règne de Domitien, de soumettre la Grande-Bretagne [1] jusqu'aux deux golfes entre Dunbritton et Edimbourg.

Sous Auguste et sous Tibère, l'Empire entretenoit vingt-cinq légions [2] ; elles furent portées à trente

---

Rubro classem instituit, ut per eam Imbriæ fines vastaret. (Eutrop., lib. VIII, cap. II et III. Lugduni Batavorum, 1762, in-8º, pag. 360 et seqq.)

Trajanus, qui post Augustum romanæ reipublicæ movit lacertos, Armeniam recepit a Parthis. Sublato diademato, regi Armeniæ majoris regnum ademit. Albanis regem dedit. Iberos, Bosporanos, Colchos, in fidem romanæ ditionis accepit. Saracenorum loca et Arabum occupavit. Corduenos et Marcomedos obtinuit, Anthemusiam, optimam Persidis regionem, Seleuciamque et Ctesiphontem ac Babyloniam accepit et tenuit. Usque ad Indiæ fines post Alexandrum accepit. In mari rubro classem instituit. (Sext. Ruf., *Brev.*; Suet., *Hist. rom.*, vol. II, pag. 165.)

[1] Quarta æstas obtinendis, quæ percurrerat, insumpta. Ac, si virtus exercitum et romani nominis gloria pateretur, inventus in ipsa Britannia terminus. (Tac., *Agrip.*, cap. XXIII; Suet., *Hist. rom.*, vol. III, pag. 366.)

Britanniæ situm populosque multis scriptoribus numeratos, non in comparationem curæ ingeniive referam ; sed quia tunc primum perdomita est. (Tac., *Agrip.*, cap. X; Suet., *Hist. rom.*, vol. III, pag. 369.)

[2] Sed præcipuum robur Rhenum juxta, commune in Germanos Gallosque subsidium, octo legiones erant. Hispaniæ recens perdomitæ, tribus habebantur. Mauros Juba rex acceperat domum populi romani. Cætera Africæ per duas legiones : parique numero Ægyptus. Dehinc initio ab Syria usque ad flumen Euphratem, quantum ingenti terrarum fines ambitur, quatuor legionibus coercita : accolis Ibero Albanoque et aliis regibus, qui magnitudine nostra proteguntur adversum externa imperia. Et Thraciam Rhœmetalces ac liberi Cotyis ; ripamque Danubii legionum in Pannonia, ducere in Mœsa attinebant : totidem apud Dalmatiam locatis, quæ positu regionis a tergo illis, ac, si repen-

sous le règne d'Adrien [1]. Le nombre des soldats qui composoient la légion ne fut pas toujours le même ; en le fixant à douze mille cinq cents hommes, on trouvera qu'un si vaste État n'étoit gardé, du temps des premiers empereurs, que par trois cent vingt-deux mille cinq cents, et ensuite par trois cent soixante-quinze mille hommes. Six mille huit cent trente et un Romains proprement dits, et cinq mille six cent soixante-neuf alliés ou étrangers formoient le complet de la légion : sous la tyrannie, ce n'étoit plus Rome, c'étoient les provinces qui fournissoient les Romains. Les Celtibériens furent les premières troupes salariées indroduites dans les légions [2]. Rome avoit combattu elle-même pour sa liberté ; elle con-

tinum auxilium Italia posceret, haud procul accirentur. (Tac., *Ann.*, lib. iv, cap. v ; Suet., *Hist. rom.*, vol. iii, pag. 185.)

Alebantur eo tempore legiones civium romanorum XXIII, aut, quem alii numerum ponunt, XXV. (Dion., lib. lv, cap. xxiii. Stamburgi, 1752, fol. pag. 794.)

[1] Arguentibus amicis quod (Favonius) male cederet Hadriano, de verbo quod idonei auctores usurpassent, risum jucundissimum movit. Ait enim : « Non recte suadetis, familiares, qui non patimini me illum doctiorem omnibus credere, qui habet trigenta legiones. » (Spart., *in Hadrian.*, cap. xv ; Suet., *Hist. rom.*, vol. ii, pag. 281.)

Sub Augusto et Tiberio viginti quinque legiones fuerunt, ex Dione et Tacito ; quin postea tamen auxerint, vix dubito, et sub Trajano atque Hadriano certum fuisse triginta, aut et supra, (Lips., *de Magnit. rom.*, lib. i, cap. iv. Antuerpiæ, 1337, fol., tom. iii, pag. 379.)

[2] In modo ejus anni in Hispania ad memoriam insigne est, quod mercenarium militem in castris neminem ante, quam tum Celtiberos, romani habuerunt. (Tit. Liv., lib. xxiv, cap. xlix. Lugduni Batavorum et Amstelodami, 1740, 4º, tom. iii, p. 934.)

fia à des mercenaires le soin de défendre son esclavage.

Seize légions bordoient le Rhin et le Danube [1]; deux étoient cantonnées dans la Dacie, trois dans la Mœsie, quatre dans la Pannonie, une dans la Norique, une dans la Rhétie, trois dans la Haute et deux dans la Basse-Germanie; la Bretagne étoit

---

[1] Il y avoit vingt-huit légions sous Auguste, dont on peut voir la distribution dans le passage de Tacite; ensuite on en changea le nombre et la destination.

Sed hæc ita sub Augusto : ut tamen tetigi creverunt, et primum Claudius imperator, Britannia domita, legiones in ea tres locavit, manseruntque. Tum Vespasianus duas etiam in Cappadocia : et Trajanus deinde in Dacias duas. (JUST. LIPS., *de Magnit. rom.*, lib. I, cap. IV. Antuerpiæ, 1637, fol., tom. III, pag. 397.)

Sous le règne d'Alexandre Sévère, il n'en restoit que dix-neuf des vingt-huit d'Auguste, les autres ayant été ou dissoutes ou réunies, ainsi que Dion le dit; mais d'autres y furent ajoutées par les successeurs d'Auguste.

Alebantur eo tempore (Augusti ævo) legiones civium romanorum XXIII, aut, quem alii numerum ponunt, quinque et viginti; nostro tempore solæ novemdecim ex iis restant : nempe secunda legio Augusta, cujus in Superiori Britannia sunt hyberna : tres Tertiæ, una in Phœnicia, Gallica nomine; altera in Arabia, Cyrenaica dicta legio; tertia Augusta in Numidia : Quarta, Scythica, in Syria : quinta, Macedonica, in Dacia : sexta duæ, una in Inferiori Britannia, Victrix : altera in Judæa, Ferrata : septima in Mysia superiore, Claudiana præcipue nuncupata : octava, Augusta, in Germania superiore : decima utraque gemina, cum quæ in Pannonia superiore, tum qui in Judæa posita est : undecima in Mysia inferiore, Claudiana cognomento (hæ duæ legiones a Claudio sunt nominatæ, quod adversus eum in seditione Camilli non rebellassent) : duodecima in Cappadocia, Fulminifera : decimatertia gemina in Dacia : decimaquarta gemina in Pannonia superiore : decimaquinta Apollinaris, in Cappadocia : vicesima Valeria et Victrix, in Britannia superiore versantes : quam vicesimam, ut mihi videtur, eamdem cum ea legione, cui pariter nomen est Vicesimæ; et cui hiberna in superiore sunt

occupée par trois légions; huit légions, dont six séjournoient en Syrie et deux en Cappadoce, suffisoient à la tranquillité de l'Orient. L'Égypte, l'Afrique et l'Espagne se maintenaient en paix, chacune sous la police d'une légion. Seize mille hommes de cohortes de la ville et des gardes prétoriennes [1] protégeoient en Italie le double monument de la

Germania (quamvis non ab omnibus Valeria dicatur, neque hodie id nomen retineat), Augustus acceptam servavit. Hæ itaque legiones Augusti supersunt, reliquis aut omnino dispersatis, aut ab ipso Augusto, et aliis imperatoribus, inter cæteras legiones admixtis, unde Geminarum appellatio tracta putatur. — Ac quoniam quidem semel de legionibus dicere cœpi, lubet reliquas etiam superstites, ab aliis imperatoribus deinceps lectas, hoc loco referre, ut qui de his cognoscere cupit, uno omnia loco facilius percipiat. Nero legionem primam, Italicam nuncupatam, instituit in inferiori Mysia hyemantem : Galba primam Adjutricem, in inferiori Pannonia, septimam in Hispania : Vespasianus secundam Adjutricem, in Pannonia inferiori, quartam in Syria Harsam : Domitianus primam Minensiam, in Germania inferiori : Trajanus secundam Ægyptiam, et trigesimam Germanicam, quibus a suo nomine nomen imposuit. Marcus Antoninus secundam in Norico, tertiam in Rhætia : quæ etiam Italicæ vocantur : Severus Parthicas primam et tertiam in Mesopotamia, secundamque Mediam in Italia. Nostro itaque tempore tot sunt legiones civium præter urbanos et prætorianos : sub Augusto autem seu XXIII, seu XXV ictæ alebantur, ac multæ etiam aliæ auxiliariæ, equitum peditumque et classiariorum, qua non certus numerus mihi non constat. (Dion., lib. LV, cap. XXIII et LIV. — Hamburgi, 1752, fol., pag. 794 et seq.)

[1] Οἵ τε σωματοφύλακης, μύριοι ὄντες, καὶ δεκαχῆ τεταγμένοι, καὶ οἱ τῆς πόλεως φρουροὶ ἑξακισχίλιοι τε ὄντες, καὶ τετραχῆ νενεμημένοι.
Decies item mille prætoriani milites in decem divisi cohortes : ultro præsidiani, ad sex millia, in quatuor cohortes distributi. (Dion., lib. LV, cap. XXIV. Hamburgi, 1752, fol., pag. 797.)
Totidem (legionibus), apud Dalmatiam locatis, quæ positu regionis a tergo illis, ac si repentinum auxilium Italia posceret, haud procul accirentur : quamquam incideret urbem proprius

liberté et de la servitude, le Capitole et le palais des Césars.

Trois flottes, la première à Ravennes, la seconde à Misène, la troisième à Fréjus, veilloient à la sûreté de la Méditerranée orientale et occidentale [1] : une quatrième commandoit l'Océan, entre la Bretagne et les Gaules, une cinquième couvroit le Pont-Euxin, et des barques montées par des soldats stationnoient sur le Rhin et le Danube [2] : telle étoit

---

miles, tres urbanæ, novem prætoriæ cohortes, Etruria ferme Umbriaque delectæ, aut vetere Latio, et coloniis antiquitus romanis. (Tac., *Ann.*, lib. iv, cap. v; Suet., *Hist. rom.*, vol. iii, pag. 185.)

Elles furent augmentées sous Vitellius.

Insuper confusus, pravitate vel ambitu, ordo militiæ. Sedecim prætoriæ, quatuor urbane cohortes scribebantur, queis singula millia inessent. (Tac., *Hist.*, lib. ii, cap. xciii; Suet., *Hist. rom.*, vol. iii, pag. 311.)

[1] Ex militaribus copiis legiones et auxilia provinciatim distribuit : classem Miseni, et alteram Ravennæ, ad tutelam superi et inferi maris, collocavit. (Suet., *Aug.*, cap. xlix; Suet., *Hist. rom.*, vol. iii, pag. 30.)

Italiam utroque mari duæ classes, Misenum apud et Ravennam, proximumque Galliæ littus rostratæ naves præsidebant, quas actiaca victoria captas Augustus in oppidum Forojuliense miserat, valido cum regimine. (Tac., *Ann.*, lib. iv, cap. v ; Suet., *Hist. rom.*, vol. iii, pag. 185.)

Apud Misenum ergo et Ravennam singulæ legiones cum classibus stabant, ne longius a tutela urbis abscederent : et cum ratio postulasset, sine mora, sine circuitu ad omnes mundi partes navigio pervenirent. (Veget., lib. iv, cap. xxxi. Vesaliæ Clivorum, 1670, 8, pag. 133.

[2] Igitur digressus castellis Vannius, funditur prælio : quamquam rebus adversis, laudatus quod et pugnam manu capescit, et corpore adverso vulnera excepit. Cæterum ad classem in Danubio opperientem perfugit (Tac., *Ann.*, lib. xii, cap. xxx ; Suet., *Hist. rom.*, vol. iii, pag. 224.)

Nam per Rheni quidem ripam quinquaginta amplius castella

la force régulière de l'Empire. Cette force, accrue graduellement, ne s'élevoit pas toutefois au-delà de quatre cent cinquante mille hommes, au moment où des myriades de Barbares se préparoient à l'attaquer. Il est vrai que tout Romain étoit réputé soldat, et que, dans certaines occasions, on avoit recours aux levées extraordinaires, connues sous le nom de *conjuration* ou d'*évocation*, et exécutées par les *conquisitores* [1]. On arboroit dans ce cas du *tumulte* deux pavillons au Capitole, un rouge, pour rassembler les fantassins, l'autre bleu, pour réunir les cavaliers.

Une ligne de postes fortifiés, surtout au bord du Rhin et du Danube; dans certains endroits des murailles; des manufactures d'armes, placées à distance convenable; complétoient le système défensif des Romains. Ce système changea peu depuis le règne d'Auguste jusqu'à celui de Dèce. On ajouta seulement à la défense ce que l'expérience avoit fait juger utile.

Sous Auguste s'alluma cette guerre de la Germanie, où Varus perdit ses légions.

Lorsque Auguste entroit dans son douzième consulat, et que Caïus César étoit déclaré prince de la jeunesse, que se passoit-il dans un petit coin de la Judée ?

« Vers ce même temps, on publia un édit de César

---

direxit; Bonnam et Geconiam cum pontibus junxit, classibusque firmavit. (Hor., lib. iv, cap. xii; Suet., *Hist. rom.*, vol. ii; pag. 51.)

[1] *Qui rempublicam salvam esse vult, me sequatur*, disoit le consul. *Tumultus quasi timor multus, vel a tumeo.* (Cic. *Phil.*)

« Auguste pour faire le dénombrement des habi-
« tants de toute la terre.

« Joseph partit aussi de la ville de Nazareth, qui
« est en Galilée, et vint en Judée à la ville de David,
« appelée Bethléem, parce qu'il étoit de la maison
« et de la famille de David.

« Pour se faire enregistrer avec Marie, son épouse,
« qui étoit grosse.

« Pendant qu'ils étoient en ce lieu, il arriva que
« le temps auquel elle devoit accoucher s'accomplit.

« Et elle enfanta son fils premier né; et, l'ayant
« emmaillotté, elle le coucha dans une crèche, parce
« qu'il n'y avoit point de place pour eux dans l'hô-
« tellerie.

« Or, il y avoit aux environs des bergers qui
« passoient la nuit dans les champs, veillant tour à
« tour à la garde de leur troupeau.

« Et tout d'un coup un ange du Seigneur se pré-
« senta à eux, et une lumière divine les environna,
« ce qui les remplit d'une extrême crainte.

« Alors l'ange leur dit : Ne craignez point, car je
« vous viens apporter une nouvelle qui sera pour
« tout le peuple le sujet d'une grande joie.

« C'est qu'aujourd'hui, dans la ville de David, il
« vous est né un Sauveur, qui est le CHRIST. »

Ces merveilles furent inconnues à la cour d'Auguste, où Virgile chantoit un autre enfant : les fictions de sa muse n'égaloient pas la pompe des réalités dont quelques bergers étoient témoins. Un enfant de condition servile, de race méprisée, né dans une étable à Bethléem, voilà un singulier maître du monde, et dont Rome eût été bien étonnée d'apprendre le nom ! Et c'est néanmoins à partir de la naissance de cet enfant qu'il faut changer la chronologie et dater la première année de l'ère moderne [1].

Tibère, successeur d'Auguste, ne se donna pas comme lui la peine de séduire les Romains; il les opprima franchement, et les contraignit à le rassasier de servitude. En lui commença cette suite de monstres nés de la corruption romaine.

An de J.-C. 14.

Le premier dans l'ordre des temps, il fut aussi le plus habile; tout dégénère, même la tyrannie : des tyrans actifs on arrive aux tyrans fainéants.

Tibère étendit le crime de lèse-majesté qu'avoit inventé Auguste. Ce crime devint une loi de finances, d'où naquit la race des délateurs; nouvelle espèce de magistrature que Domitien déclara sacrée sous la justice des bourreaux [2].

---

[1] La vraie chronologie doit placer la naissance de Jésus-Christ au 25 décembre de l'an de Rome 751, la vingt-septième année du règne d'Auguste; mais l'ère commune la compte, comme je l'ai remarqué, de l'an 754 de la fondation de Rome.

[2] Legem majestatis reduxerat : cui nomen apud veteres idem, sed alia in judicium veniebant. Si quis proditione exercitum aut plebem seditionibus denique, male gesta republica, majestatem populi romani minuisset. Facta arguebantur, dicta impune erant. Primus Augustus cognitionem de famosis libellis specie legis ejus tractavit, commotus Cassii Severi libidine, qua viros feminasque illustres, procacibus scriptis diffamaverat. Mox Tiberius, consultante Pompeio Macro prætore : *an judicia majestatis redderentur? Exercendas leges esse*, respondit. (Tac., *Ann.*, lib. i, cap. lxxii, pag. 128 et 129. Edit. 1715, a Christ. Hauffio Leipsick. — *Cod.*, lib. ix, tit. viii. *Ad legem Juliam majestatis.* — *Digest.* eodem.)

Tibère sacrifia les droits du peuple aux sénateurs, et les personnes des sénateurs au peuple, parce que le peuple, pauvre et ignorant, n'avoit de force que dans ses droits, et que les sénateurs, riches et instruits, ne tiroient leur puissance que de leur valeur personnelle.

Tibère mêloit à ses autres défauts celui des petites âmes, la haine pour les services qu'on lui avoit rendus, et la jalousie du mérite : le talent inquiète la tyrannie; foible, elle le redoute comme une puissance; forte, elle le hait comme une liberté.

Les mœurs de Tibère étoient dignes du reste de sa vie; mais on se taisoit sur ses mœurs, car il appeloit ses crimes au secours de ses vices : la terreur lui faisoit raison du mépris.

La guerre des Germains continua sous ce prince : elle servit aux victoires de Germanicus, et celles-ci préparèrent le poison qui les devoit expier. Les triomphes de Germanicus lui coûtèrent la vie : il mourut de sa gloire, si j'ose parler ainsi.

L'année où sa veuve, la première Agrippine, après de longues souffrances, alla le rejoindre dans la tombe, le Fils de l'Homme achevoit sa mission : il rapportoit aux peuples la religion, la morale et la liberté au moment où elles expiroient sur la terre.

« Cependant la mère de Jésus, et la sœur de sa
« mère, Marie, femme de Cléophas, et Marie-Made-
« leine, se tenoient auprès de sa croix.

« Jésus ayant donc vu sa mère, et près d'elle le
« disciple qu'il aimoit, dit à sa mère : Femme, voilà
« votre Fils.

« Puis il dit au disciple : Voilà votre mère. Et
« depuis cette heure-là, ce disciple la prit chez
« lui.

« Après, Jésus sachant que toutes choses étoient
« accomplies ; afin qu'une *parole de* l'Écriture s'ac-
« complît encore, il dit : J'ai soif.

« Et comme il y avoit là un vase plein de vinaigre,
« les soldats en emplirent une éponge, et, l'envi-
« ronnant d'hysope, la lui présentèrent à la bouche.

« Jésus, ayant donc pris le vinaigre, dit : Tout est
« accompli. Et baissant la tête, il rendit l'esprit. »

A cette narration, on ne sent plus le langage et
les idées des historiens grecs et romains ; on entre
dans des régions inconnues. Deux mondes étrangement divers se présentent ici à la fois : Jésus-
Christ sur la croix, Tibère à Caprée.

La publication de l'Évangile commença le jour
de la Pentecôte de cette même année. L'Église de
Jérusalem prit naissance : les sept diacres Etienne,
Philippe, Prochore, Nicanor, Timon, Parménas
et Nicolas, furent élus [1]. Le premier martyre eut
lieu dans la personne de saint Étienne [2] ; la première
hérésie se déclara par Simon le magicien [3], et fut

---

[1] Et elegerunt Stephanum, virum plenum fide et spiritu sancto, et Philippum et Prochorum, et Nicanorem et Timonem, et Parmenam et Nicolaum advenam Antiochenum. (*Act. Apost. V. S.*, pag. 289. Lyon, 1684.)

[2] Et lapidabant Stephanum invocantem et dicentem : « Domine Jesu, suscipe spiritum meum. »

[3] Simon nimirum quidam Samaritanus, in vico cui Gitthon nomen est, natus sub Claudio Cæsare... propter magicas quas exhibuit virtutes deus habitus, et statua apud eos veluti deus

suivie de celle d'Apollonius de Tyane. Saul, de persécuteur qu'il étoit, devint l'apôtre des gentils sous le grand nom de Paul. Pilate envoya à Rome les actes du procès du fils de Marie ; Tibère proposa au sénat de mettre Jésus-Christ au nombre des dieux [1]. Et l'histoire romaine a ignoré ces faits.

CALIGULA.
An de J.-C. 37.
CLAUDE.
An de J.-C. 41.

Après Tibère, un fou et un imbécile, Caligula et Claude, furent suscités pour gouverner l'Empire, lequel alloit alors tout seul et de lui-même, comme leur prédécesseur l'avoit monté, avec la servitude et la tyrannie.

Il faut rendre justice à Claude ; il ne vouloit pas la puissance : caché derrière une porte pendant le tumulte qui suivit l'assassinat de Caïus, un soldat le découvrit, et le salua empereur [2]. Claude, consterné, ne demandoit que la vie ; on y ajoutoit l'empire, et il pleuroit du présent.

honoratur : quæ statua in amne Tiberi, inter duos pontes est erecta, latinam hanc habens inscriptionem : *Simoni deo sancto :* ac Samaritani prope omnes, ex aliis nationibus etiam perpauci, illum quasi primum deum esse confitentes, adorant quoque. (JUFF., *Mart. Apol.*, tom. II, pag. 69.)

[1] Pilato de christianorum dogmate ad Tiberium referente, Tiberius retulit ad senatum, ut inter cætera sacra reciperetur. Verum, cum ex consultu patrum christianos eliminari Urbe placuisset, Tiberius post edictum, accusatoribus christianorum comminatus est mortem, scribit Tertullianus in *Apologetico*. (EUSEB., CÆS., *Chron.* An. Dom. XXXVIII. — Bâle.)

[2] Neque multo post, rumore cædis exterritus, processit ad solarium proximum, interque prætenta foribus vela se abdidit : latentem discurrens forte gregarius miles, animadversis pedi-studiobus, e sciscitandi quisnam esset, agnovit, extractumque, et præ metu ad genua sibi accidentem, imperatorem salutavit. (*Vita Claudii*, cap. II, pag. 202 ; édit. de 1761, par Ophelot de La Pause. — Paris.)

Sous Claude commença la conquête de la Grande-Bretagne : né à Lyon, l'empereur introduisit les Gaulois dans le sénat.

Les Juifs persécutés à Alexandrie députèrent Philon à Caligula. Hérode Antipas [1] et Pilate furent relégués dans les Gaules. Corneille est le premier soldat romain qui reçut la foi.

Le nombre des disciples de l'Évangile s'accroît; les sept Églises de l'Asie-Mineure se fondent. C'est dans Antioche que les disciples de l'Évangile reçoivent pour la première fois le nom de *chrétiens* [2]. Pierre, emprisonné à Jérusalem par Hérode Agrippa, est délivré miraculeusement. Ce prince d'une es-

---

[1] Anno Domini 38, — regnante Caligula, — Herodes Lugdunum Galliæ mittitur in exilium. (Joseph. 18-14.)

Interea Tiberius duobus et vigenti circiter annis sui principatus exactis, vivendi finem fecit : postquam Caïus imperium suscepit; et continuo Judæorum principatum tradidit. Agrippæ simul et Philippi ac Lysianæ tetrarchias, cum quibus et paulo post Herodis eidem pariter contulit. Ipsum vero Herodem qui vel in Johannis nece autor extiterat, vel in passione Domini interfuerat : multis excruciatum modis, æterno damnat exilio : sicut Josephus in his quæ supra inseruimus scribit. (Eusebii Cæs., *Historiæ*, lib. ii, pag. 482; edit. 1559. Basileæ, per Henricum Petri, in-4º.)

Voici le passage qu'Eusèbe, d'après Nicéphore et Josèphe (*Antiq. jud.*), rapporte dans l'endroit indiqué :

In tantas et tam graves calamitates, ut fertur, incurrit, ut necessitate adductus, sibi propria manu mortem consciseret, suorumque ipse scelerum vindex existeret. (Euseb., *Hist. eccles.*, lib. ii, cap. vii.)

[2] Et annum totum conversati sunt ibi in ecclesia, et docuerunt turbam multam, ita ut cognominarentur primum Antiochiæ discipuli christiani. (*Act. Apostolor.*, cap. xi, vers. xxvi, pag. 295. Lugduni, 1684.)

pèce nouvelle, dont les successeurs étoient appelés à monter sur le trône des Césars, entra dans Rome¹, le bâton pastoral à la main, la seconde année du règne de Claude. Avant de se disperser pour annoncer le Messie, les apôtres composèrent à Jérusalem le symbole de la foi. Cette charte des chrétiens, qui devoit devenir la loi du monde, ne fut point écrite : Jésus-Christ n'écrivit rien ; sept de ses apôtres n'ont laissé que leurs œuvres ; il y en a d'autres, dont on ne sait pas même le nom ; et la doctrine de ces inconnus a parcouru la terre ! Jean enseigna dans l'Asie-Mineure, et retira chez lui Marie, que le Sauveur lui avoit léguée du haut de la croix ; Philippe alla dans la Haute-Asie, André chez les Scythes, Thomas chez les Parthes, et jusqu'aux Indes où Barthélemi porta l'évangile de saint

---

¹ Continuo namque in ipsis Claudii temporibus, clementia divinæ Providentiæ probatissimum omnium apostolorum et maximum fidei, magnificentiæ et virtutis merito primorum principem Petrum, ad urbem Romam, velut adversum humani generis communem perniciem repugnaturum deducit, ducem quemdam et magistrum militiæ suæ, scientem, divina prælia gerere, et virtutum castra ductare, iste adveniens ex orientis partibus, ut cœlestis quidam negociator, mercimonia divini luminis, si quis sit comparare paratus, advexit, et salutaris prædicationis verbo primus in urbe Roma Evangelii sui clavibus januam regni cœlestis aperuit (EUSEB. CÆS., *Eccles. Hist.*, lib. II, pag. 487, edit. Basileæ, per Henric. Petri ; 1559, in-4°.)

Petrus apostolus, natione Galilæus, christianorum pontifex, cum primum Antiochenam Ecclesiam fundasset, Romam proficiscitur, ubi Evangelium prædicans viginti quinque annis ejus urbis episcopus perseverat. (EUSEBII *Cæsaris Chronicon*, D. Hieronymo interprete. Anno Dom. 44, pag. 77 ; edit. Basileæ, per Henricum Petri, 1559.)

Matthieu, écrit le premier de tous les évangiles. Simon prêcha en Perse, Matthias en Éthiopie, Paul dans la Grèce; Marc, disciple de Pierre, rédigea son évangile à Rome, et Pierre envoya des missionnaires en Sicile, en Italie, dans les Gaules, et sur les côtes de l'Afrique. Saint Paul arrivoit à Éphèse lorsque Claude mourut, et il catéchisa lui-même dans la Provence et dans les Espagnes.

Nous apprenons par les épîtres de cet apôtre que les premiers chrétiens et les premières chrétiennes à Rome furent Epenitas, Marie, Andronic, Junia, Ampliat, Urbain, Stachys, Appelès. Paul salua encore les fidèles de la maison d'Aristobule et ceux de la maison de Narcisse [1], le fameux favori de Claude. Ces noms sont bien obscurs, et ne se trouvèrent point dans les documents fournis à Tacite; mais il est assez merveilleux, sans doute, de voir, du point où nous sommes parvenus, le monde chrétien commencer inconnu dans la maison d'un affranchi que l'histoire a cru devoir inscrire dans ses fastes.

De même que tous les conquérants sont devenus des Alexandre, tous les tyrans ont hérité du nom de Néron. On ne sait trop pourquoi ce prince a joui de cet insigne honneur, car il ne fut ni plus cruel que Tibère, ni plus insensé que Caligula, ni plus débauché qu'Éliogabale : c'est peut-être parce qu'il tua sa mère, et qu'il fut le premier persécuteur

NÉRON, emp.
SAINT PIERRE.
An de J.-C. 54.

---

[1] Salutate eos qui sunt ex Narcissi domo, qui sunt in Domino. (*Ep.* 16, B. PAULI. *ad Romanos*, vers. 11.)

des chrétiens. Peut-être encore son enthousiasme pour les arts donna-t-il à sa tyrannie un caractère ridicule, qui a servi à la faire remarquer. Le beau ciel de Baïa et des fêtes étoient les tableaux où Néron aimoit à placer ses crimes.

Les sénateurs qui le condamnèrent à mort lui prouvèrent qu'un artiste ne vit pas partout, comme il avoit coutume de le dire, en chantant sur le luth[1]. Ces esclaves, qui jugèrent leur maître tombé, n'avoient pas osé l'attaquer debout : ils laissèrent vivre le tyran; ils ne tuèrent que l'histrion.

L'incendie de Rome dont on accusa les chrétiens que l'on confondoit avec les Juifs, produisit la première persécution : les martyrs étoient attachés en croix comme leur *Maître*, ou revêtus de peaux de bêtes et dévorés par des chiens, ou enveloppés dans des tuniques imprégnées de poix, auxquelles on mettoit le feu[2] : la matière fondue couloit à

An de J.-C. 64.

---

[1] Prædictum a mathematicis Neroni olim erat, fore ut quandoque destitueretur. Unde vox ejus celeberrima : το τεχνιόν πᾶσα γαῖα τρεφει (Suet., *in Vit. Neronis.*)

[2] Pone Tigellinum, tæda lucebis in illa
Qua stantes ardent : qui fixo gutture fumant
Et latum media sulcum deducit arena.
(Juv., *Sat.* I, vers 159.)

Afflicti periculis christiani (Suet., *in Vit. Neronis*, pag. 251, cap. xvi.)

Nero, quæsitissimis pœnis adfecit, quos per flagitia invisos, vulgus *christianos* appellabat.

Et pereuntibus addita ludibria, ut ferarum tergis contecti, laniatu canum interirent, aut crucibus affixi, aut flammandi, atque ubi defecisset dies, in usum nocturni luminis uterentur. Tacit., *Annal.*, lib. xv, édit. de Barbou.)

terre avec le sang. Ces premiers flambeaux de la foi éclairoient une fête nocturne que Néron donnoit dans ses jardins : à la lueur de ces flambeaux il conduisoit des chars.

Paul, accusé devant Félix et devant Festus, vient à Rome où il prêche l'Évangile avec Pierre [1].

Hérésie des Nicolaïtes, laquelle avoit pris son nom de Nicolas, un des premiers sept diacres. Saint Jacques, évêque de l'Église juive, avoit souffert le martyre. La guerre de Judée commençoit sous Sextus Gallus, et les chrétiens s'étoient retirés de Jérusalem.

Apollonius de Tyane, débarqué dans la capitale du monde pour voir, disoit-il, quel animal c'étoit qu'un tyran [2], s'en fit chasser avec les autres philosophes. Pierre et Paul, enfermés dans la prison Mamertime au pied du Capitole, sont mis à mort : Paul a la tête tranchée, comme citoyen romain,

An de J.-C. 67.
29 juin.

---

[1] Cum autem venissemus Romam, permissum est Paulo manere sibimet cum custodiente se milite. (*Act. Apost.*, cap. xxviii, vers. 16.)

Mansit autem biennio in suo conducto : et suscipiebat omnes qui ingrediebantur ad eum.

Prædicans regnum Dei, et docens quæ sunt de Domino Jesu-Christo, cum omni fiducia, sine prohibitione.

[2] Præterea tantum qui peragraverim terrarum, quantum antea mortalium nemo, belluasque viderim arabicas, indicasque varii generis; hæc tamen bellua quam tyrannum vulgo vocant, neque quot capita habeat novi, neque utrum curvis unguibus serratisque sit dentibus.

Καὶ ἄλλος ἐπελθὼν γην, ἥν οὔπω τὶς ανθρωπῶν, θηρία μὲν Αραβία τε καὶ Ινδικα παμπόλλα εἶδον, το δε θηρίον τουτο ὅ καλουσιν οι πολλοὶ τύραννον, ουτε οποσαι κεφαλαι αυτῷ οἶδα, ουτε ει γαμψώνυχοστε καὶ καρχαρόδους ες. (Philost., *in Vit. Ap. Tyan.*)

auprès des eaux Salviennes, dans un lieu aujourd'hui désert, où l'on voit trois fontaines, à quelque distance de la basilique appelée Saint-Paul-hors-des-murs, qu'un incendie a détruite au moment même de la mort de Pie VII. Pierre réputé Juif et de condition vile, fut crucifié la tête en bas sur le mont Janicule, et enterré le long de la voie Aurélia, près du temple d'Apollon[1] : là s'élèvent aujourd'hui le palais du Vatican et cette église de Saint-Pierre qui lutte de grandeur avec les plus impo-

---

[1] Paulum proinde Romæ, eo regnante, securi percussum, et Petrum etiam suffixum cruci, historiarum monumentis proditum est : quin etiam insignis ac testata Petri ac Pauli inscriptio, quæ in cœmeteriis Romæ ad hoc usque tempus manet, hujus rei gestæ fidem facit : atque hæc ita se habere confirmat itidem vir ecclesiasticus, Caïus nomine, qui Zephyrini pontificis romani temporibus vixit, inque disputatione scriptis prodita !...
Ego, inquit, apostolorum tropæa perspicue possum ostendere : nam, si lubet in Vaticanum proficisci, aut in viam quæ Ostiensis dicitur, te conferre, tropæa eorum qui istam Ecclesiam suo sermone et virtute stabiliverunt, invenies. Porro Dionysius, Corinthiorum episcopus, illos ambos martyrium eodem tempore pertulisse, sic ad Romanos scribens commemorat : Petrum et Paulum, qui Romanos et Corinthios primum in Ecclesiam Christi inseruerunt, prudenti quadam admonitione impulsi ; in unum locum conclusistis... Nam ambo... eodem tempore pariter martyrium subierunt. (Eusèbe *Hist. ecclesiast.*, lib. II, pag. 49.)
Petrus ad extremum cum Romæ versaretur, capite deorsum statuto, sic enim perpeti cupiebat, cruci suffixus est.... Quid attinet de Paulo dicere....Nerone summam rerum administrante, martyrio occubuit. Ista ab Origene ad verbum tertio tomo Commentariorum quos scripsit in *Genesim* revera commemorata sunt. (*Ibid.*, lib. III, cap. I, pag. 51.)
Petrus ad terram capite verso cruci affixus est in Vaticano juxta viam Triumphalem sepultus... Paulus vero gladio animadversus et via Ostiensi sepultus. (Baron,, *Martyr.*, pag. 289.)

santes ruines de Rome. Néron ne savoit pas sans doute le nom des deux malfaiteurs de bas lieu, condamnés par les magistrats : et c'étoient, après Jésus-Christ, les fondateurs d'une religion nouvelle, d'une société nouvelle, d'une puissance qui devoit continuer l'éternité de la ville de Romulus.

Lin, dont il est question dans les épîtres de saint Paul, succéda à saint Pierre; saint Clément ou saint Clet, à saint Lin.

Néron, emp.
Lin, pape.
An de J.-C. 67-68.
Clet ou Anaclet,
Clément, papes.
An de J.-C. 68-77.

Le peuple romain aima Néron, il espéra le retrouver après sa mort dans des imposteurs; quelques chrétiens pensèrent que Néron étoit l'Ante-Christ, et qu'il reparoîtroit à la fin des temps [1]; le monde païen l'attendoit pour ses délices, le monde chrétien pour ses épreuves.

Ce fut encore sous le règne de Néron que saint Marc fonda l'Église d'Alexandrie qui commença surtout parmi les thérapeutes, secte juive, livrée à la vie contemplative [2], et qui servit de premier

---

[1] Nero... Dignus extitit qui persecutionem in christianos primus inciperet, nescio an postremus explerit : si quidem opinione multorum receptum sit, ipsum Ante-Christum venturum. (Sulpitii Severi, *Sacræ Hist.*, lib. II, pag. 95; edit. Elzeviriana; Lugduni Batavorum, anno 1643.)

Cæterum cum ab eo de fine seculi quæreremus, ait nobis (S. Martinus), Neronem et Ante-Christum prius esse venturos : Neronem in occidentali plaga regibus subactis decem, imperaturum, persecutionem autem ab eo hactenus exercendam, ut idola gentium coli cogat. (Sulpitii Severi *Dialog.* II, pag. 306, edit. ead.)

[2] Aiunt Marcum primum in Ægyptum trajecisse... Atque tanta hominum et mulierum fidem christianam amplexantium ex prima aggressione et conatu, pergrave in primis, sanctum et severum

modèle aux ordres monastiques chrétiens. Les thérapeutes différoient des esseniens, qui ne se voyoient qu'en Palestine, et qui vivoient en commun du travail de leurs mains. L'école philosophique d'Alexandrie mêla aussi ses doctrines à celles du christianisme, subtilisa la simplicité évangélique, et produisit des hérésies fameuses.

La mort de Néron causa une révolution dans l'État. L'élection passa aux légions, et la constitution devint militaire. Jusque-là la dignité impériale s'étoit maintenue dans la famille d'Auguste par une espèce de droit de succession : le sénat, il est vrai, et les prétoriens avoient plus ou moins ajouté de la force à ce droit, mais enfin l'élection étoit restée attachée à la ville éternelle et au sang du premier des Césars. Usurpée par les légions, elle amena des choses considérables ; elle multiplia les guerres civiles, et partant les causes de destruction ; l'armée nommant son maître, et ne le recevant plus de la volonté des sénateurs et des dieux, méprisa bientôt son ouvrage. Les Barbares introduits dans l'armée s'accoutumèrent à faire des empereurs : quand ils furent las de donner le monde, ils le gardèrent.

---

ejus vivendi exemplum ibi cogebatur multitudo, ut Philo ipse eorum studia, exercitationes, mores, frequentes congressus, communem inter ipsos victus rationem, suis scriptis persequi, operæ prætium existimaret... Apud nos ἀσκηται, id est monachi... appellati sunt... Ab Hebrais, ut videtur, ducebant originem. Propterea permulta vetera instituta, propius ad Judæorum consuetudinem accedentia, observabant. (EUSEB., *Hist. eccles.*, lib. II, pag. 29.)

Dans le despotisme héréditaire il y a des chances de repos pour les hommes; il perd de son âpreté en vieillissant. Dans le despotisme électif, chaque chef surgit à la souveraineté avec la force du premier né de sa race, et se porte à l'oppression de toute l'ardeur d'un parvenu à la puissance : on a toujours le tyran dans sa vigueur élective, tandis que la nation qui ne se renouvelle pas reste dans sa servitude héréditaire. Et comme l'empire romain occupoit le monde connu ; comme l'empereur pouvoit être choisi partout, de là cette diversité de tyrannies, selon que le maître venoit de l'Afrique, de l'Europe ou de l'Asie. Toutes les variétés d'oppression répandues aujourd'hui dans les divers climats s'asseyoient par l'élection sur la pourpre où chaque candidat arrivoit avec son caractère propre et les mœurs de son pays.

Séjan qui, profitant de la jalouse vieillesse de Tibère, avoit empoisonné Drusus, amené la disgrâce, et par suite la mort d'Agrippine et de ses deux fils aînés, n'atteignit point le troisième fils de Germanicus. Celui-ci fut Caïus Caligula : Claude, son oncle, frère de Germanicus, proclamé empereur par les prétoriens, et surtout par les Germains de la garde, eut de Messaline l'infortuné Britannicus. Agrippine, sœur de Caligula et fille de la première Agrippine, femme de Germanicus, épousa en secondes noces son oncle Claude, et lui fit adopter Néron, qu'elle avoit eu de son premier mariage avec Domitius Ahénobarbus. Néron, parvenu à l'empire après s'être défait de Britannicus, fut contraint de se tuer. En lui s'éteignit la famille d'Auguste. Malgré les vices et les crimes qui l'ont rendue exécrable, cette famille eut dans ses manières quelque chose d'élevé et de délicat que donnent l'exercice du pouvoir, l'habitude des richesses, les souvenirs d'une lignée historique. La maison de Jules prétendoit remonter d'un côté à Énée par les rois d'Albe, de l'autre à Clausus le Sabin, et à tous les Claudius, ses fiers descendants.

Galba, qui prit un moment la place de Néron, étoit encore de race aristocratique; mais après lui commence une nouvelle sorte de princes. Toutes les fois qu'un grand changement dans la constitution d'un État s'opère, les anciennes familles disparoissent; soit qu'elles s'épuisent et s'éteignent réellement; soit qu'obéissant ou résistant au nouveau pouvoir, elles disparoissent dans le mépris qui s'attache à leur soumission, ou dans l'oubli qui suit leur fierté. Le despotisme étoit aristocratique par l'élection du sénat; il devint démocratique par l'élection de l'armée.

Remarquons, sous la première année du règne de Néron, la naissance de Tacite : il parut derrière les tyrans pour les punir, comme le remords à la suite du crime. Tite-Live étoit mort sous Tibère. Tite-Live et Tacite se partagèrent le tableau des vertus et des vices des Romains; les exemples rappelés par le premier furent aussi inutiles que les leçons données par le second.

Pendant le règne de Néron la Grande-Bretagne se souleva et fut écrasée; les Parthes remuèrent et furent contenus par Corbulon, les Germains restèrent tranquilles, hors les Frisons et les Ansibares, qui voulurent occuper le long du Rhin le pays que les Romains laissoient inculte. Le vieux chef des Ansibares, repoussé par le général romain, s'écria : « Terre ne peut nous manquer pour y vivre ou pour « y mourir[1]. » Nous devons compter les Ansibares au nombre de nos ancêtres; ils firent dans la suite partie de la ligue des Franks. Galba, Othon et Vitellius passèrent vite; ils eurent à peine le temps de se cacher sous le manteau impérial. Galba avoit dit à Pison, dans le beau discours que lui prête Tacite, que l'élection remplaceroit pour le peuple romain la liberté : cette liberté ne fut que la décision de la force.

<small>GALBA, OTHON, VITELLIUS, emp. CLET, CLÉMENT, papes. An de J.-C. 68-69.</small>

Quelques mots de Galba sont dignes de l'ancienne Rome dont il conservoit le sang. Des légionnaires sollicitoient une gratification nouvelle : « Je choisis « des soldats, répondit-il, et ne les achète pas[2]. »

Othon venoit de soulever les prétoriens; un soldat se présente à Galba l'épée nue, affirmant avoir tué Othon : « Qui te l'a ordonné ? » dit le vieil empereur[3].

Galba fut massacré sur la place publique. Entouré par les séditieux qu'avoit soulevés Othon, il tendit

---

[1] Deesse nobis terra in qua vivamus, in qua moriamur, non potest. (TACIT., *Annal.*, lib. XIII, pag. 236. Apud Barbou, Parisiis, 1779.)

[2] Legere se militem, non emere consuesse. (SUETON., *in vit. Galb.*)

[3] Quo auctore? (*Id., ibid.*)

la gorge aux meurtriers en leur disant : « Frappez si cela est utile au peuple romain. » Sa tête tomba ; elle étoit chauve, un soldat, pour la porter, fut obligé de l'envelopper dans une étoffe[1]. Cette tête auroit dû mieux conseiller un vieillard de soixante-treize ans : étoit-ce la peine de mettre une couronne sur un front dépouillé ?

Othon avoit voulu l'empire ; il l'avoit voulu tout de suite, non comme un pouvoir, mais comme un plaisir. Trop voluptueux pour régner, trop foible pour vivre, il se trouva assez fort pour mourir. Ses soldats ayant été battus par les légions de Vitellius, il se couche, dort bien, se perce à son réveil de son poignard[2], et s'en va à petit bruit, sans avoir lu le dialogue de Platon sur l'immortalité de l'âme, sans se déchirer les entrailles. Mais Caton expira avec la liberté ; Othon ne quittoit que la puissance.

Vitellius, qui n'est guère connu que par ses excès de table, et dont le premier monument étoit un plat[3], Vitellius successeur d'Othon, cassa les pré-

---

[1] Suétone ajoute quelques circonstances à ce récit :
Jugulatus est ad lacum Curtii, ac relictus ita uti erat, donec gregarius miles, a frumentatione rediens, abjecto onere, caput ei amputavit : et quoniam capillo præ calvitie arripere non poterat, in gremium abdidit : mox inserto per os pollice ad Othonem detulit. (Suet., *in vit. Galbæ*, pag. 298 et 299.)

[2] Posthæc, sedata siti gelidæ aquæ potione, arripuit duos pugiones, et explorata utriusque acie, cum alterum pulvino subdidisset, foribus adopertis, arctissimo somno quievit : et circa lucem demum expergefactus, uno se trajicit ictu infra lævam papillam. (Suet., *in vita Othonis*, pag. 308.)

[3] Hanc (cœnam fratris) quoque superavit dedicatione patriæ, quam ob immensam magnitudinem, *Clypeum Minervæ*,

toriens qui s'étoient déclarés contre lui. Bientôt il est attaqué par Primus, vainqueur au nom de Vespasien : on se bat dans Rome; des Illyriens, des Gaulois, des Germains légionnaires, s'égorgent au milieu des festins, des danses et des prostitutions.

Vitellius fuit avec son cuisinier et son boulanger; rentré dans son palais il le trouve désert; saisi de terreur il court se cacher dans la loge d'un portier, près de laquelle étoient des chiens qui le mordirent[1]. Il bouche la porte de cette loge avec le lit et le matelas du portier; les soldats arrivent, découvrent l'empereur, l'arrachent de son asile. Les mains liées derrière le dos, la corde au cou, les vêtements déchirés, les cheveux rebroussés, Vitellius demi-nu est traîné le long de la voie Sacrée. Son visage rouge de vin, son gros ventre, sa démarche chancelante comme celle d'un Silène[2],

αἰγίδα πολιοῦχου dictitabat. (Suet., *in vit. Aul. Vitell.*, pag. 317.)
Hanc patinam, cum fictilis esse non posset propter magnitudinem, argenteam fecit : eaque diu permansit, veluti res diis consecrata, quousque Adrianus eamdem conspicatus, conflari jussit. (Dion., *Hist. rom. de Vitell.*, lib. LXV, pag. 735.)

[1] Confugitque in cellulam janitoris, religato pro foribus cane. (Suet., *in vit. Aul. Vitell.*, pag. 321.)
Vitellius, sordido attritoque sagalo amictus, se abdit in obscurum locum ubi canes alebantur : sed investigatus inventusque, pannis obsitus et sanguine perfusus, quod eum canes læserant, deprehenditur. (Dion., *Hist. rom.*, lib. LXVI.)

[2] Religatis post terga manibus, injecto cervicibus laqueo, veste discissa, seminudus in Forum tractus est inter magna rerum verborumque ludibria, per totum viæ Sacræ spatium, reducto coma capite, ceu noxii solent, atque etiam mento mucrone gladii subjecto ut visendam præberet faciem, neve submitteret; quibusdam

sont des sujets d'insulte et de risées. On l'appelle incendiaire, gourmand, ivrogne; on lui jette des ordures; on lui attache une épée sur la poitrine, la pointe sous le menton pour le contraindre à lever la tête qu'il ba ssoit de honte; on l'oblige de regarder ses statues renversées, et dont les inscriptions portoient qu'il étoit né pour le bonheur et la concorde des Romains[1]. Enfin, après l'avoir accablé d'outrages et de blessures, on l'achève; son corps est jeté dans le Tibre, sa tête plantée au bout d'une pique. Vitellius s'assit à l'empire qu'il avoit pris pour un banquet : ses convives le forcèrent d'achever le festin aux Gémonies.

Les Sarmates Rhoxolans furent battus pendant le court règne d'Othon. Tandis que Vespasien attaquoit Vitellius, les Daces attaquoient la Mœsie, et furent repoussés par Mucien. Civilis fit révolter les

---

stercore et cœno incessentibus, aliis *incendiarium et patinarium* vociferantibus, parte vulgi etiam corporis vitia exprobrante : erat enim in eo enormis proceritas, facies rubida plerumque ex vinolentia, venter obesus, alterum femur subdebile. (Suet., *in vit. Aul. Vitell.*, pag. 322.)

[1] Vitellium infestis mucronibus coactum, modo erigere os et offerre contumeliis, nunc cadentes statuas suas, plerumque rostra, aut Galbæ occisi locum contueri. (Tacit., *Histor.*, lib. iv, pag. 476; édit. de Barbou.)

Statuæ equestres cum plurifariam ei ponerentur... laurea religiosissime circumdederat. (Suet., *in vit. Vitell.*)

Solutum a latere pugionem, consuli primum deinde, illo recusante, magistratibus ac mox singulis senatoribus porrigens, nullo recipiente quasi in æde Concordiæ positurus abscessit : sed quibusdam acclamantibus *ipsum esse concordiam*, rediit : nec solum se retinere ferrum affirmavit, verum etiam *Concordiæ* recipere cognomen. (Suet., *ib.*)

Bataves, et les Germains, alliés de Civilis, insultèrent les frontières romaines.

La mort de Vitellius suspendit le cours de ces ignominieuses adversités. Quatre-vingts années de bonheur, interrompues seulement par le règne de Domitien, commencèrent à l'élévation de Vespasien. On a regardé cette période comme celle où le genre humain a été le plus heureux; vrai est-il, si la dignité et l'indépendance des nations n'entrent pour rien dans leurs félicités.

Les premiers tyrans de Rome se distinguèrent chacun par un vice particulier, afin qu'on jugeât ce que la société peut supporter sans se dissoudre; les bons princes qui succédèrent à ces tyrans brillèrent chacun par une vertu différente, afin qu'on sentît l'insuffisance des qualités personnelles pour l'existence des peuples, quand ces qualités sont séparées des institutions.

Tout ce qu'on peut imaginer de mérites divers parut à la tête de l'Empire : ceux qui possédèrent ces mérites pouvoient tout entreprendre : ils n'étoient gênés par aucune entrave; héritiers de la puissance absolue, ils étoient maîtres d'employer pour le bien l'arbitraire dont on avoit usé pour le mal. Que produisit ce despotisme de la vertu? rétablit-il la liberté? préserva-t-il l'Empire de sa chute? Non. Le genre humain ne fut ni amélioré ni changé. La fermeté régna avec Vespasien, la douceur avec Titus, la générosité avec Nerva, la grandeur avec Trajan, les arts avec Adrien, la piété avec Antonin, enfin la philosophie monta sur le trône avec Marc-

Aurèle, et l'accomplissement de ce rêve des sages n'amena aucun bien solide. C'est qu'il n'y a rien de durable, ni même de possible, quand tout vient des volontés et non des lois; c'est que le paganisme survivant à l'âge poétique, n'ayant plus pour lui la jeunesse et l'austérité républicaines, transformoit les hommes en un troupeau de vieux enfants, sans raison et sans innocence.

Il y avoit dans l'Empire des chrétiens obscurs, persécutés même par Marc-Aurèle, et ils faisoient avec une religion méprisée ce que ne pouvoit accomplir la philosophie ornée du sceptre : ils corrigeoient les mœurs, et fondoient une société qui dure encore.

<small>VESPASIEN, TITUS, emp.
CLÉMENT, pape.
An de J.-C. 69-81.</small>

Vespasien mit fin à la guerre de Civilis, et à la révolte d'où sortit la touchante aventure d'Éponine. Cette Gauloise doit être nommée dans une histoire des François.

Du petit nombre de ces hommes que la prospérité rend meilleurs, Titus ne fut point obligé de soutenir au dehors l'honneur de l'Empire; il n'eut à combattre que ses passions : il les vainquit pour devenir les délices du genre humain. On a voulu douter de sa constance pour la vertu, au cas que sa vie se fût prolongée[1] : pourquoi calomnier le néant d'un avenir si vain qu'il n'a pas même été?

On appliqua à Titus et à Vespasien les prophéties qui annonçoient des conquérants venus de la Judée[2]. Le Messie devoit être un prince de paix :

---

[1] Dion., pag. 754.

[2] Pluribus persuasio inerat, antiquis sacerdotum litteris con-

en conséquence Vespasien fit bâtir à Rome, et consacrer à la Paix éternelle un temple qui vit toujours la guerre, et dont les fondements mis à nu aujourd'hui ont à peine résisté aux assauts du temps. Le véritable prince de paix étoit le roi de ce nouveau peuple qui croissoit et multiplioit dans les catacombes, sous les pieds du vieux monde passant au-dessus de lui.

Saint Clément écrivit aux Corinthiens pour les inviter à la concorde. Il raconte que saint Pierre avoit souffert plusieurs fois, que saint Paul, battu de verges et lapidé, avoit été jeté dans les fers[1] *à sept reprises différentes.* Il indique l'ordre dans le ministère ecclésiastique, les oblations, les offices, les solennités : Dieu a envoyé Jésus-Christ, Jésus-Christ les apôtres; les apôtres ont établi les évêques et les diacres.

La religion accrut sa force sous les règnes de Vespasien et de Titus, par la consommation d'un des oracles écrits aux livres saints : Jérusalem périt.

La guerre de Judée avoit commencé sous Néron. La multitude des Juifs qui se trouva à Jérusalem, l'an 66 de Jésus-Christ, pour la fête des azymes, fut comptée par le nombre des victimes pascales : il se trouva qu'on en avoit immolé deux cent cin-

---

tineri, eo ipso tempore fore ut valesceret Oriens, profectique Judæa rerum potirentur : quæ ambages Vespasianum ac Titum prædixerant (TACIT., *Hist.*, lib. v, cap. xiii.)

[1] Petrus non unum aut alterum, sed plures labores sustulit... Paulus propter æmulationem in vincula septies conjectus, verberibus cæsus, lapidatus, patientiæ præmium reportavit. (CLEMENTIS *ad Corinth. epist.*, pag. 8.)

quante-six mille cinq cents[1]. Dix et quelquefois vingt convives s'assembloient pour manger un agneau, ce qui donnoit, pour dix seulement, deux millions cinq cent cinquante-six mille assistants purifiés.

Des prodiges annoncèrent la destruction du Temple : une voix avoit été entendue qui disoit : *Sortons d'ici.* Jésus, fils d'Ananus, courant autour des murailles de la ville assiégée, s'étoit écrié : « *Malheur! malheur sur la ville! malheur sur le « temple! malheur sur le peuple! malheur sur « moi!*[2] » Famine, peste et guerre civile au dedans de la cité; au dehors les soldats romains crucifioient tout ce qui vouloit s'échapper : les croix manquèrent, et la place pour dresser les croix. On éventroit les fugitifs pour fouiller dans leurs entrailles l'or qu'ils avoient avalé. Six cent mille cadavres de pauvres furent jetés dans les fossés, pardessus les murailles. On changeoit les maisons en sépulcres, et quand elles étoient pleines on en fermoit les portes. Titus, après avoir pris la forteresse Antonia, attaqua le Temple le 17 juillet 70 de Jésus-Christ, jour où le sacrifice perpétuel avoit

---

[1] Hostiarum quidem ducenta et quinquaginta sex millia et quingentas numeravere. (Joseph., *Bell. Jud.*, lib. vii, cap. xvii, pag. 960.)

[2] Vocem audiere, quæ diceret : *Migremus hinc.* Supra murum enim circumiens iterum : « Væ! væ! civitati, ac fano, ac populo, » voce maxima clamitabat : cum autem ad extremum addidit : *Væ etiam mihi!* lapis, tormento missus eum statim peremit, animamque adhuc omnia illa gementem dimisit. (Joseph., *de Bello Jud.*, lib. vii, pag. 96.)

cessé, faute de mains consacrées pour l'offrir. Marie, fille d'Éléazar, rôtit son enfant et le mangea[1] dans la ville où une autre Marie avoit enseveli son fils. Jésus-Christ avoit dit aux femmes de Jérusalem après le prophète : « Un jour viendra où l'on dira :
« Heureuses les entrailles stériles et les mamelles
« qui n'ont point allaité ! »

Le Temple fut brûlé le 8 d'août de cette année 70, ensuite la ville basse incendiée, et la ville haute emportée d'assaut. Titus fit abattre ce qui restoit du Temple et de la ville, excepté trois tours; on promena la charrue sur les ruines. Telle fut la grandeur du butin, que le prix de l'or baissa de moitié en Syrie. Onze cent mille Juifs moururent pendant le siége, quatre-vingt-dix-sept mille furent vendus[2]; à peine trouvoit-on des acheteurs pour ce vil troupeau. A la fête de la naissance de Domitien, à celle de l'anniversaire de l'avénement de Vespasien à l'empire (24 octobre 70 et 1er juillet 71), plusieurs milliers de Juifs périrent par le feu et les bêtes, ou par la main les uns des autres, comme gladiateurs. A Rome, Titus et son père triomphèrent de la Judée : Jean et Simon, chefs des Juifs de Jérusalem, marchoient enchaînés derrière le

---

[1] Mulier quædam... Maria nomine, de vico Vetezobra... vi animi de necessitate compulsa... raptoque filio quem lactentem habebat... occidit, coctumque medium comedit, adopertumque reliquum servavit. (Joseph., lib. VII, cap. VIII, pag. 954 et 955.)

[2] Et captivorum quidem omnium qui toto bello comprehensi sunt, nonaginta et septem millia comprehensus est numerus, mortuorum vero per omne tempus obsidionis undecies centum millia. (Joseph., *de Bello Jud.*, lib. VII, cap. XVII.)

char. Des médailles frappées en mémoire de cet événement représentent une femme enveloppée d'un manteau, assise au pied d'un palmier, la tête appuyée sur sa main, avec cette inscription : *la Judée captive.*

Les chrétiens trouvoient dans cette catastrophe d'autres sujets d'étonnement que la multitude païenne : il n'y avoit pas trois années que saint Pierre étoit enseveli au Vatican; saint Jean, qui avoit vu pleurer Jésus-Christ sur Jérusalem, vivoit encore, peut-être même, selon quelques traditions, la mère du Fils de l'homme étoit encore sur la terre; elle n'avoit point encore accompli son assomption en laissant dans sa tombe, au lieu de ses cendres, sa robe virginale ou une manne céleste[1].

Les Juifs furent dispersés : témoins vivants de la parole vivante, ils subsistèrent, miracle perpétuel, au milieu des nations. Étrangers partout, esclaves dans leur propre pays, ils virent tomber ce Temple dont il ne reste pas pierre sur pierre, comme mes yeux ont pu s'en convaincre. Une partie de leur population enchaînée vint élever à Rome cet autre monument où devoient mourir les chrétiens. Le ciseau sculpta sur un arc de triomphe qu'on admire encore les ornements qui brilloient aux pompes de Salomon, et dont, sans ce hasard, nous ignorerions la forme : l'orgueil d'un prince romain et le talent

---

[1] Plurimi asseverant quia in sepulchro ejus, non nisi manna invenitur quod scaturire cernitur. (*De Assumpt. B. Mariæ sermo, tributus divo Hieronymo,* tom. IX, pag. 67.)

d'un artiste grec ne se doutoient guère qu'ils fournissoient une preuve de plus de la grandeur de la nation vaincue et de ses mystérieuses destinées. Tout devoit servir, gloire et ruine, à rendre éternelle la mémoire du peuple que Moïse forma, et qui vit naître Jésus-Christ.

Le Capitole, incendié dans les désordres qui signalèrent la fin de Vitellius, étoit la proie des flammes presque au moment où le temple de Jérusalem brûloit. Domitien fit dans la suite la dédicace du nouveau Capitole : l'autel de la servitude y remplaça celui de la liberté ; on eut encore le malheur de n'y pouvoir rétablir l'image fameuse du chien, dont les gardiens répondoient sur leur vie. Soixante millions furent employés à la seule dorure de cet édifice. Jupiter, en vendant tout l'Olympe, disoit Martial[1], n'auroit pu payer le vingtième de cette somme. Le dieu des Juifs avoit prononcé la destruction de son temple, et Julien essaya vainement de le relever.

---

[1] Quantum jam superis, Cæsar, cœloque dedisti,
   Si repetas creditor esse velis.
 Grandis in æthereo, licet auctio fiat Olympo
   Coganturque dei vendere quidquid habent;
 Conturbabit Atlas, et non erit uncia tota,
   Decidat tecum qua pater ipse deum,
 Pro capitolinis, quid enim cedere templis,
   Quid pro Tarpeio frondis honore potero ?
 Quid pro culminibus geminis matrona tonantis ?
   Pallida prætereo ; res agit illa tuas.
 Quid loquar Alcidem, Phœbumque, piosque Laconas,
   Addita quid latio flavia templa polo ?
 Expectes, sustineas, Auguste, necesse est :
   Nam tibi quod solvat non habet arca Jovis.
        (Mart., lib. ix, *Epigr.* 4.)

La grande peste et l'éruption du Vésuve qui fit périr Pliné le naturaliste sont de cette époque [1].

Ébion, Cérinthe, Ménandre, disciple de Simon, alloient prêchant leurs hérésies. Les philosophes furent de nouveau exclus de Rome. C'étoient Euphrate, Tyrien, d'abord ami et ensuite adversaire d'Apollonius de Tyane. Démétrius le cynique, Artémidore, Damis le pythagoricien, Épictète le stoïcien, Lucien l'épicurien, Diogène le jeune cynique, Héras et Dion de Pruse; Musonius seul trouva grâce auprès de Vespasien.

<small>ANACLET, pape.
An de J.-C. 77.</small>

Le pape Clément acheva de gouverner l'Église la soixante-dix-septième année de Jésus-Christ ; il céda sa chaire à saint Anaclet ou Clet, pour éviter un schisme [2]. On attribue à saint Clément les ouvrages les plus anciens après les livres canoniques.

<small>DOMITIEN, empereur.
ANACLET, ÉVARISTE,
SIXTE, papes.
An de J.-C. 82-97.</small>

Jamais frère ne ressembla moins à son frère que Domitien à Titus. Sous Domitien, les peuplades du nord, pressées peut-être par le grand corps des Goths qui s'approchoient, remuèrent aux frontières de l'Empire. Domitien fut battu par les Quades et les Marcomans en Germanie ; il acheta la paix de Décébale, chef des Daces, en lui payant une espèce de redevance annuelle. Ce premier exemple de foiblesse profita aux Barbares : selon les temps et les

---

[1] PLIN., lib. XXXIV, cap. VII.

[2] Accepit impositionem manuum episcopatus, et eo recusato remoratus est (dicit enim in una epistola sua : Secedo, abeo, erigatur populus Dei...) Cletus constituitur. (EPIPHANIUS *contra hæreses*, cap. VI.)

circonstances, ils continuèrent à vendre aux empereurs une paix dont le prix leur servoit ensuite à recommencer la guerre.

Domitien vaincu ne s'en décerna pas moins les honneurs du triomphe : il prit avec raison le surnom de *Dacique*. Il donna des jeux, se consacra des statues, et se traîna dans la gloire où d'autres empereurs s'étoient précipités.

Ses armes furent plus heureuses dans la Grande-Bretagne. Agricola battit les Calédoniens, et sa flotte tourna l'île au septentrion.

Un coup funeste fut porté à l'Empire par l'augmentation de la paie des soldats ; leur influence, déjà trop considérable, s'accrut ; le gouvernement dégénéra en république militaire : il faut toujours que la liberté, d'elle-même impérissable, se retrouve quelque part.

Domitien persécuta les philosophes[1] que l'on confondoit avec les chrétiens : ils se retirèrent à l'extrémité des Gaules, dans les déserts de la Libye et chez les Scythes. Apollonius, interrogé par Domitien, montra du courage et une rude franchise.

On commença à voir de tous côtés la succession des évêques : à Alexandrie, Abilius succéda à saint Marc : à Rome, saint Évariste à saint Clet ; Alexandre Ier ou Sixte Ier à saint Évariste. Vers la fin de son règne, Domitien se jeta sur les fidèles. L'apôtre

---

[1] Philosophia autem adeo perterrita est, ut, habitu mutato, alii in extremam Galliam aufugerent, alii in Libyæ Scythiæque deserta. (Euseb., *Chron.*, ann. 92 ; Philost., *vit. Apoll.*, lib. VII, cap. IV.)

saint Jean, relégué dans l'île de Pathmos, eut sa vision. Flavius Clément, consul et cousin germain de l'empereur qui destinoit les deux enfans de Clément à l'Empire, avoit embrassé la foi, et fut décapité. L'Évangile faisoit des progrès dans les hauts rangs de la société.

<small>Nerva, Trajan, emp.
Évariste, Alexandre Ier, papes.
An de J.-C. 97-118.</small>

Domitien assassiné, Nerva ne parut après lui que pour abolir le crime de lèze-majesté[1], punir les délateurs ; et appeler Trajan à la pourpre : trois bienfaits qui lui ont mérité la reconnoissance des hommes.

Sous le règne de Trajan, l'Empire s'éleva à son plus haut point de prospérité et de puissance. Cet admirable prince n'eut que la foiblesse des grands cœurs : il aima trop la gloire. Vainqueur de Décibale, il réduisit la Dacie en province. Cette conquête, qui fut un sujet de triomphe, devoit être un sujet de deuil, car elle détruisit le dernier peuple qui séparoit les Goths des Romains. Trajan porta la guerre en Orient, donna un roi aux Parthes, prit Suze et Ctésiphon, soumit l'Arménie, la Mésopotamie et l'Assyrie, descendit au golfe Persique, vit la mer des Indes, se saisit d'un port sur les côtes de l'Arabie ; après tout cela il mourut, et son successeur, soit sagesse, soit jalousie, abandonna ses conquêtes.

Il faut placer à la dernière année du premier siècle de l'ère chrétienne, la mort de saint Jean à Ephèse ; il ne se nommoit plus lui-même dans ses

---

[1] Claude avoit tenté cette abolition.

dernières lettres que le *vieillard* ou le *prêtre*, du mot grec *presbyteros*. « Mes enfants, aimez-vous les uns les autres. » Telles étoient ses seules instructions. Il avoit assisté à la Passion soixante-six ans auparavant. Saint Jude, saint Barnabé, saint Ignace, saint Polycarpe, se faisoient connoître par leurs doctrines. Les successions des évêques étoient toujours plus abondantes et plus connues : Ignace et Héron à Antioche, Cerdon et Primin à Alexandrie. Après le pape Évariste vinrent Alexandre, Sixte et Télesphore, martyr.

Les chrétiens souffrent sous Trajan, non précisément comme chrétiens, mais comme faisant partie des sociétés secrètes. Une lettre de Pline le Jeune, gouverneur de Bithynie, fixe l'époque où les chrétiens commencent à paroître dans l'histoire générale. « . . . . On a proposé un libelle [1] « sans nom d'auteur, contenant les noms de plu- « sieurs qui nient d'être chrétiens, ou de l'avoir été. « Quand j'ai vu qu'ils invoquoient les dieux avec « moi, et offroient de l'encens et du vin à votre « image, que j'avois exprès fait apporter avec les « statues des dieux, et de plus qu'ils maudissoient le « Christ, j'ai cru devoir les renvoyer; car on dit « qu'il est impossible de contraindre à rien de tout « cela ceux qui sont véritablement chrétiens. . . . « Voici à quoi ils disoient que se réduisoit leur « faute ou leur erreur : qu'ils avoient accoutumé de

---

[1] Pour ne pas refaire moi-même ce qui est très bien fait, j'emprunte la traduction de Fleury, d'un style plus naturel et plus franc que l'élégante traduction de Sacy.

« s'assembler un jour avant le soleil levé, et de dire
« ensemble, à deux chœurs, un cantique en l'hon-
« neur du Christ comme d'un dieu; qu'ils s'obli-
« geoient par serment, non à un crime, mais à ne
« commettre ni larcin, ni vol, ni adultère, ne point
« manquer à leur parole et ne point dénier un dé-
« pôt; qu'ensuite ils se retiroient; puis se rassem-
« bloient pour prendre un repas, mais ordinaire et
« innocent, encore avoient-ils cessé de le faire de-
« puis mon ordonnance, par laquelle, suivant vos
« ordres, j'avois défendu les assemblées. . . . .
« La chose m'a paru digne de consultation, princi-
« palement à cause du nombre des accusés; car on
« met en péril plusieurs personnes de tout âge, de
« tout sexe et de toute condition. Cette superstition
« a infecté non-seulement les villes, mais les bour-
« gades et la campagne, et il semble que l'on peut
« l'arrêter et la guérir. Du moins il est constant que
« l'on a recommencé à fréquenter les temples pres-
« que abandonnés, à célébrer les sacrifices solen-
« nels après une grande interruption, et que l'on
« vend partout des victimes, au lieu que peu de
« gens en achetoient. D'où on peut aisément juger
« la grande quantité de ceux qui se corrigent, si
« on donne lieu au repentir. »

L'univers chrétien a depuis long-temps démenti les espérances de Pline. Mais quels rapides et étonnants progrès! Les temples abandonnés! on ne trouve déjà plus à vendre les victimes! et l'évangéliste saint Jean venoit à peine de mourir!

Trajan, dans sa réponse au gouverneur, dit qu'on

ne doit pas chercher les chrétiens; mais que, s'ils sont dénoncés et convaincus, il les faut punir : quant aux libelles sans nom d'auteur, ils ne peuvent fournir matière à accusation; les poursuivre seroit d'un très mauvais exemple, et indigne du siècle de Trajan [1].

L'histoire offre peu de documents plus mémorables que cette correspondance d'un des derniers écrivains classiques de Rome et d'un des plus grands princes qui aient honoré l'Empire, touchant l'état des premiers chrétiens.

Adrien maintint la paix en l'achetant des Barbares, peut-être parce que son prédécesseur avoit trouvé plus honorable et plus sûr d'employer le même argent à leur faire la guerre. Naturellement envieux des succès, il ne pardonna pas plus à Apollodore l'architecte, qu'à Trajan l'empereur. Voyageur couronné, grand administrateur, ami des arts dont il renouvela le génie, il visita les lieux célèbres de son Empire; l'histoire a remarqué qu'il évita de passer à Italica, son obscure patrie. Il persécuta ses amis, quitta le monde en plaisantant sur son âme [2], et laissant aux Romains, dignes du présent, un dieu de plus, Antinoüs.

ADRIEN, empereur.
ALEXANDRE Ier,
SIXTE Ier,
TÉLESPHORE, papes.
An de J.-C. 118-138.

Ce prince avoit fait une divinité, et pensa lui-même être rejeté de l'Olympe : ce fut avec peine

---

[1] Eus., lib. III, cap. XXXIII; PLIN., lib. X, *epist.* XCVII, XCVIII. Tertullien a très bien fait remarquer ce qu'il y avoit de contradictoire et d'injuste dans le raisonnement et la décision de Trajan.

[2] Animula vagula, blandula, etc.

qu'Antonia obtint pour lui cette apothéose, par qui les maîtres du monde prolongeoient l'illusion de leur puissance.

Les hérésies se multiplioient: Saturnin, Basilide, Carpocras, les Gnostiques avoient paru. La calomnie croissoit contre les chrétiens; ils occupoient fortement le gouvernement et l'opinion publique. Le peuple les accusoit de sacrifier un enfant, d'en boire le sang, d'en manger la chair, de faire, dans leurs assemblées secrètes, éteindre les flambeaux par des chiens et de s'unir dans l'ombre, au hasard, comme des bêtes.

Les philosophes, de leur côté, attaquoient le judaïsme et le christianisme, regardant le premier comme la source du second. Alors les fidèles commencèrent à écrire et à se défendre : Quadrat, évêque d'Athènes, présenta son apologie à Adrien; et Aristide, autre Athénien, publia une autre apologie. Adrien fit suspendre la persécution. Eusèbe nous a conservé la lettre qu'il écrivit à Minutius Fondatus, proconsul d'Asie [1] : « Si quelqu'un accuse « les chrétiens, disoit-il, et prouve qu'ils font quelque « chose contre les lois, jugez-les selon la faute; s'ils « sont calomniés, punissez le calomniateur. »

Adrien établit des colons à Jérusalem, et bâtit parmi ses débris une ville nommée Elea Capitolina. Des Juifs, assemblés dans cette cité nouvelle, se révoltèrent encore, et furent exterminés. La Judée se changea en solitude; on défendit aux Israélites dispersés d'entrer à Jérusalem, ni même de la re-

---

[1] Eus., lib. IV, *Hist.*, cap. VIII et IX.

garder de loin, tant étoit insurmontable leur amour pour Sion! Une idole de Jupiter fut placée au Saint-Sépulcre, une Vénus de marbre élevée sur le Calvaire, un bois planté à Bethléem : la consécration à Adonis de la crèche où Jésus étoit né profana ces lieux d'innocence [1]..

L'hérésie de Valentin, le martyre de saint Symphorose et de ses sept fils à Tibur pour la dédicace des jardins et des palais d'Adrien, terminèrent à l'égard des chrétiens le règne de cet empereur.

Antonin fut de tous les empereurs le plus aimé et le plus respecté des peuples voisins de l'Empire. Grand justicier, il eut avec Numa quelques traits de ressemblance; son caractère de piété le rendit plus propre au gouvernement que ne l'avoient été les Titus et les Trajan : la science des lois est liée à celle de la religion.

ANTONIN, emp.
HYGIN, PIE Ier,
ANICET, papes.
An de J.-C. 139-162.

Sous Antonin, les deux hérésiarques Marcion et Apelles parurent; Justin, philosophe chrétien, publia sa première apologie adressée à l'empereur, au sénat et au peuple romain. Il parla des mystères sans déguisement. Sainte Félicité confessa le Christ avec ses fils.

[1] Ab Adriani temporibus usque ad imperium Constantini, per annos circiter centum octoginta, in loco resurrectionis simulacrum Jovis in crucis rupe, statua ex marmore Veneris a gentibus posita colebatur, existimantibus persecutionis auctoribus quia tollerent nobis fidem resurrectionis et crucis, si loca sancta per idola polluissent...

Bethleem nunc nostram lucus inumbrabat Thamus, id est Adonidis, et in specu ubi quondam Christus parvulus vagiit, Veneris amasius plangebatur. (HIER., *ad Paulinum*, pag. 102. Bâle, 1537.)

MARC-AURÈLE, emp.
ANICET, SOTÈRE,
ÉLEUTHÈRE, papes.
An de J.-C. 162-181.

Marc-Aurèle aimoit la paix par caractère et philosophie, et il eut à soutenir de nombreuses guerres avec les Barbares. Les Quades, qui se perdirent dans la ligue des Franks, menacèrent l'Italie d'une irruption ; les Marcomans, ou plutôt une confédération des peuples germains refoulés par les Goths, et d'autres peuples qui pesoient sur eux, cherchèrent des établissements dans l'Empire. Ils avoient profité du moment où les légions romaines étoient occupées à défendre l'Orient contre les Parthes : la grande invasion approchoit, et le monde commençoit à s'agiter. Marc-Aurèle ayant associé à l'Empire son frère adoptif, Marcus Verrus, repoussa avec lui les agresseurs : les Marcomans et les Quades furent vaincus. A la suite de ces guerres, cent mille prisonniers furent rendus aux Romains, et des colonies de Barbares formées dans la Dacie, la Pannonie, les deux Germanies, et jusqu'à Ravenne en Italie. Celles-ci se soulevèrent, et apprirent aux Romains ce qu'ils auroient à craindre de pareils laboureurs. Cent mille prisonniers rendus supposent déjà chez les nations septentrionales une puissance et une régularité de gouvernement auxquelles on n'a pas fait assez d'attention.

Les arts et les lettres brillèrent d'un dernier éclat sous les règnes de Trajan, d'Adrien, d'Antonin et de Marc-Aurèle : c'est le second siècle de la littérature latine dans laquelle il faut comprendre ce que fournit le génie expirant de la Grèce soumise aux Romains. Alors parurent Tacite, les deux Pline, Suétone, Florus, Gallien, Sextus Empiricus,

Plutarque, Ptolémée, Arien, Pausanias, Appien, Marc-Aurèle et Épictète, l'un empereur, l'autre esclave, et enfin Lucien, qui se rit des philosophes et des dieux.

Marc-Aurèle mourut sans avoir pu terminer complétement la guerre des Barbares, et après avoir été obligé d'étouffer la révolte des colonies militaires. Il laissa l'Empire à Commode son fils : faute de la nature que la philosophie auroit dû prévenir.

Si les Romains furent long-temps redevables du succès de leurs armes à la discipline, à l'organisation des légions, à la supériorité de l'art militaire, ils le durent encore à cette nécessité où se trouvoit le légionnaire de combattre dans tous les climats, de se nourrir de tous les aliments, de s'endurcir par de longues et pénibles marches. Les peuples de l'Europe moderne (la nation française exceptée, pendant les dernières conquêtes de sa dernière révolution), les peuples de l'Europe moderne, divisés en petits États, ont presque toujours combattu contre leurs voisins, ou sur le sol paternel à peu de distance de leurs foyers. Mais l'empire romain renfermoit dans son sein le monde connu; ses soldats passoient des rivages du Danube et du Rhin à ceux de l'Euphrate et du Nil, des montagnes de la Calédonie, de l'Helvétie et de la Cantabrie à la chaîne du Caucase; du Taurus et de l'Atlas, des mers de la Grèce aux sables de l'Arabie et aux campagnes des Numides. On entreprend aujourd'hui de longs et périlleux voyages dans les pays que les légions parcouroient pour changer de garnison : ces entreprises d'outre-mer qui rendirent les croisades si célèbres n'étoient pour les Romains que le mouvement d'un corps de troupes qui, parti de la Batavie, alloit relever un poste à Jérusalem. Le général qui se transportoit sur des terrains si divers, qui, forcé d'employer les ressources du lieu, se servoit du chameau et de l'éléphant sous le palmier, du mulet et du cheval sous le chêne, accroissoit son expérience et son génie avec le vol de ses aigles.

Le monde romain n'offroit point un aspect uniforme, les peuples subjugués avoient conservé leurs mœurs, leurs coutumes, leurs langues, leurs dieux indigènes, leurs lois locales : au dehors on ne s'apercevoit de la domination étrangère que par les voies militaires, les camps fortifiés, les aquéducs, les ponts, les amphithéâtres, les arcs de triomphe, les inscriptions latines gravées aux monuments des républiques et des royaumes incorporés à l'Empire; au dedans l'administration civile, fiscale et militaire, les préfets et les proconsuls, les municipalités et les sénats, la loi générale qui dominoit les justices particulières, annonçoient un commun maître. Les Romains n'avoient imposé à la terre domptée que leurs armes, leur code, et leurs jeux.

Marc-Aurèle, stoïcien, n'aimoit pas les disciples de la croix, par une sorte de rivalité de secte : « Il « faut être toujours prêt à mourir, dit-il dans une « de ses maximes, en vertu d'un jugement qui nous « soit propre, non au gré d'une pure obstination « comme les chrétiens. » Il y eut plusieurs martyrs sous son règne : Polycarpe à Smyrne, Justin à Rome après avoir publié sa seconde apologie, les confesseurs de Vienne et de Lyon, à la tête desquels brilla Pothin, vieillard plus que nonogénaire, remplacé dans la chaire de Lyon par Irénée.

A cette époque les apologistes, tels qu'Athénagore, changèrent de langage, et d'accusés devinrent accusateurs : en défendant le culte du vrai Dieu, ils attaquèrent celui des idoles. D'une autre part, les magistrats ne furent pas les seuls promoteurs des persécutions; les peuples les demandèrent : le soulèvement des masses à Vienne, à Lyon, à Autun, multiplia les victimes dans les Gaules [1]; ce qui prouve que les chrétiens n'étoient plus une petite secte bornée à quelques initiés, mais des hommes nombreux qui menaçoient l'ancien ordre social, qui armoient contre eux les vieux intérêts et les antiques préjugés. La légion Fulminante étoit en partie composée de disciples de la nouvelle religion; elle fut la cause d'une victoire remportée en 174 sur les Sarmates, les Quades et les Marcomans; victoire retracée dans les

---

[1] (Epistolarum verba eorum citabo :) Servi Jesu-Christi, qui Viennam et Lugdunum Galliæ incolunt, fratribus in Asia et Phrygia... pax, gloria a Deo patre... Magnitudinem afflictionis qui hoc loco ingravescit, ingens Gentilium odium, contra sanctos incitatum... neque exprimi, neque comprehendi possunt... Ac primum cruciamenta quæ confertim erant, et tanquam cumulo a multitudine in illos coacervata... Vociferationes, plagas, violentos tractus, dilacerationes, lapidum projectiones, carceres, et quidquid denique ab agresti et furiosa multitudine contra nos, velut contra hostes et inimicos, fieri solet. (Euseb., *Hist. eccles.*, lib. IV, cap. I, pag. 102.)

bas-reliefs de la colonne antonine : selon Eusèbe, Marc-Aurèle reconnut devoir son succès aux prières des soldats du Christ [1].

L'Évangile avoit fait de tels progrès que Méliton, évêque de Sardis en Asie, disoit à Marc-Aurèle, dans une requête : « On persécute à présent les « serviteurs de Dieu..... Notre philosophie étoit ré- « pandue auparavant chez les Barbares ; vos peu- « ples, sous le règne d'Auguste, en reçurent la lu- « mière, et elle porta bonheur à votre Empire [2]. »

Un roi des Bretons, tributaire des Romains, écrivit, l'an 170, au pape Éleuthère, successeur de Soter, pour lui demander des missionnaires : ceux-ci portèrent la foi aux peuplades britanniques, comme le moine Augustin, envoyé par Grégoire-le-Grand, prêcha depuis l'Évangile aux Saxons vainqueurs des Bretons.

Marc-Aurèle avoit toutefois trop de modération pour s'abandonner entièrement à l'esprit de haine dont étoient animées les écoles philosophiques : il écrivit la dixième année de son règne, à la com-

---

[1] Eadem historia apud Gentiles scriptores, qui longe a nostra religione dissentiunt... Nostrorum etiam Apollinarius qui affirmat legionem, cujus precibus miraculum edebatur, latino sermone *Fulmineam*, usque ab illo tempore appellatam : illudque nomen rei eventum scite exprimens, ab Aurelio Cæsare ei tributum. (EUSEB., *Hist. eccl.*, lib. v, pag. 93.)

[2] Multo magis te obsecramus, ne tam aperto latrocinio nos spoliari permittas... Divina quam excolimus religio antea inter Barbaros insigniter viguit : quæ cum apud gentes tuas, præclaro et eximio Augusti regno..... floreret, ipsi imperio quo potiris, cumprimis fausto ac felici præsidio fuit. (EUSEB., *Hist. eccles.*, lib. v, cap. xxv, pag. 108 et 109.)

munauté du peuple de l'Asie-Mineure assemblée à Éphèse, une lettre de tolérance. Il alla même plus loin que ses devanciers, car il disoit: « Si un chré-
« tien est attaqué comme chrétien, que l'accusé
« soit renvoyé absous, quand même il seroit con-
« vaincu d'être chrétien, et que l'accusateur soit
« poursuivi [1]. » Mais il étoit difficile à lui de lutter contre la superstition et la philosophie entrées dans une alliance contre nature pour détruire un ennemi commun.

Les Marcionites, les Montanistes, les Marcosiens jetèrent une nouvelle confusion dans la foi.

Avec Marc-Aurèle finit l'ère du bonheur des Romains sous l'autorité impériale, et recommencent des temps effroyables d'où l'on ne sort plus que par la transformation de la société. Un seul fait de cette histoire la peindra. Commode et ses successeurs jusqu'à Constantin périrent presque tous de mort violente. Quand Marc-Aurèle eut disparu, les Romains se replongèrent d'une telle ardeur dans l'abjection, qu'on les eût pris pour des hommes rendus nouvellement à la liberté: ils n'étoient affranchis que des vertus de leurs derniers maîtres.

Deux effets de la puissance absolue sur le cœur humain sont à remarquer.

Il ne vint pas même à la pensée des bons princes qui gouvernèrent le monde romain, de douter de la légalité de leur pouvoir et de restituer au peuple des droits usurpés sur lui.

---

[1] *Chron. Alex.;* Euseb., *Hist.*, IV, cap. XIII.

La même puissance absolue altéra la raison des mauvais princes; les Néron, les Caligula, les Domitien, les Commode, furent de véritables insensés : afin de ne pas trop épouvanter la terre, le ciel donna la folie à leurs crimes comme une sorte d'innocence.

<small>Commode, emp.
Éleuthère, pape.
An de J.-C. 181-192.</small>

Commode, rencontrant un homme d'une corpulence extraordinaire, le coupa en deux pour prouver sa force et jouir du plaisir de voir se répandre les entrailles de la victime [1]. Il se disoit Hercule; il voulut que Rome changeât de nom et prît le sien ; de honteuses médailles ont perpétué le souvenir de ce caprice. Commode périt par l'indiscrétion d'un enfant, par le poison que lui donna une de ses concubines, et par la main d'un athlète qui acheva en l'étranglant ce que le poison avoit commencé [2].

Sous le règne de Commode paroît une nouvelle race de destructeurs, les Sarrasins, si funestes à l'empire d'Orient.

<small>Pertinax, Julianus
empereurs.
Victor ; pape.
An de J.-C. 193.</small>

Pertinax succède à Commode; il se montra digne du pouvoir : son ambition étoit de celles qu'inspire la conscience des talents qu'on a, et non

---

[1] Obtunsi oneris pinguem hominem medio ventre dissecuit, ut ejus intestina subito funderentur. (*Hist. Aug.*, pag. 128.)

[2] Erat autem Commodo pusio quidam... sumpto in manus, qui supra lectulum jacebat, libello, foras processit... incidit in Marciam... quæ libellum pueri manu aufert... Agnita Commodi manu... ubi se primam peti intellexit... electum accersit... placitum rem veneno agi... cum evomisset... veriti illi... Narcisso cuidam, audaci strenuoque adolescenti, persuaserunt ut Commodum in cubiculo strangularet. (Herodian., *Vit. Commod.*, lib. I, pag. 91-92.)

l'envie des talents qu'on ne peut atteindre. Le nouvel empereur fit redemander à des Barbares le tribut qu'on leur accordoit, et ils le rendirent : démarche vigoureuse ; mais les devanciers de Pertinax, en immolant à leurs foiblesses ou à leurs vices la dignité et l'indépendance romaines, avoient fait un mal irréparable. Pouvoit-on racheter l'honneur d'un État qui alloit être vendu à la criée ?

Pertinax étoit un soldat rigide ; les prétoriens le massacrèrent. L'Empire est proposé au plus offrant : il se trouva deux fripiers de tyrannie pour se disputer les haillons de Tibère. Didius Julianus l'emporte sur son compétiteur par une surenchère de douze cents drachmes [1]. Les prétoriens livrent la marchandise de cent vingt millions d'hommes à Didius. Celui-ci ne put fournir le prix de l'adjudication [2], et il fut menacé d'être exécuté pour dettes. Jadis le sénat avoit proclamé la vente d'un morceau du territoire de la république : c'étoit celle du champ où campoit Annibal.

Le sénat de Didius fut pourtant honteux ; il eut peur surtout quand il apprit le soulèvement des

---

[1] Sed simul ad superiora vicena sestertia, altera quina adjecisset, eamque summam magno edito clamore in manibus ostendisset. (Dion., *Hist. rom.*, lib. LXXIII, pag. 835.)

Sane cum vicena quina millia militibus promisisset, tricena dedit. (*Hist. Aug.*, pag. 61.)

Præterea militibus singulis, plus multo argenti daturum quam petere auderent, aut acceptuors speraverant, neque in dando moram futuram. (Herodian., lib. II, pag. 130 et 131.)

[2] Sed spes militum fefellerat, nec implere fidem promissorum poterat. (Herod., lib. II, pag. 134.)

légions ; elles avoient élu trois empereurs. On se hâta de réparer une bassesse par une cruauté ; au bout de soixante-six jours Didius déposé fut condamné à mort : « Quel crime ai-je commis[1] ? » disoit-il en pleurant. Le malheureux n'avoit pas eu le temps d'apprendre la tyrannie ; il ignoroit qu'avoir acheté l'Empire, et n'avoir ôté la vie à personne, étoit une contradiction qui rendoit son règne impossible : homme commun, il étoit au-dessous de son crime.

On ne sait pourquoi Rome rougit de l'élévation de Didius Julianus, si ce n'est par un de ces mouvements de dignité naturelle qui revient quelquefois au milieu de l'abjection. Denys, à Corinthe, disoit à ceux qui l'insultoient : « J'ai pourtant été « roi. » Un peuple dégénéré qui ne songeoit jamais à se passer de maîtres quand il avoit le pouvoir de s'en donner un, appela à l'empire Pescennius Niger, commandant en Orient; mais Septime Sévère avoit été choisi par les légions d'Illyrie, et Clodius Albinus, par les légions britanniques. Alors recommencèrent les guerres civiles : Sévère, demeuré vainqueur de Niger, en trois combats en Asie, fut également heureux contre Albinus à la bataille de

---

[1] Is imbellem miserumque senem... inter fœdissimas complorationes trucidavit. (HEROD., lib. II, pag. 170.)

Nihilque dixit percussoribus, nisi : Quid ergo peccavi? Quem interfeci? (DION., lib. LXXIV, pag. 839.)

Missi tamen a senatu quorum cura per militem gregarium in palatio idem Julianus occisus est, fidem Cæsaris implorans, hoc est severi. (*Hist. Aug.*, pag. 63.)

Lyon[1]. Sous prétexte de punir les partisans de ce dernier, il fit mourir un grand nombre de sénateurs. Les fortunes des familles sénatoriales étoient énormes ; on ne les pouvoit atteindre avec l'impôt mal entendu : le crime de lèse-majesté fut inventé comme une loi de finances ; il entraînoit la confiscation des biens. On voit des princes, en parvenant à l'Empire, annoncer qu'ils ne feront mourir aucun sénateur : c'étoit déclarer qu'ils ne lèveroient aucune nouvelle taxe.

Sévère étoit né à Leptis sur la côte d'Afrique : il se trouva que le chef des Romains parloit la langue d'Annibal. Il avoit la cruauté et la foi puniques, et ne manquoit pas toutefois d'une certaine grandeur. A l'imitation de Vitellius, il cassa d'abord les gardes prétoriennes ; ensuite il les rétablit et les augmenta, en les composant des plus braves soldats des légions d'Illyrie : jusqu'alors on n'avoit admis dans ce corps que des hommes tirés de l'Italie, de l'Espagne et de la Norique, provinces depuis long-temps réunies à l'Empire. Les Barbares approchoient de plus en plus du trône ; nous les verrons s'élever au rang des favoris et des ministres pour devenir empereurs.

Septime-Sévère, empereur.
Victor Ier, Zéphirin, papes.
An de J.-C. 193-212.

Sévère força les sénateurs à mettre Commode au rang des dieux : « Il leur convient bien, disoit-il, d'être difficiles ! valent-ils mieux que ce tyran ? » Il importoit à Sévère de ne pas laisser dégrader Commode, puisqu'il vouloit livrer le monde à

---

[1] Dion., lib. LXXIV; Hérod., lib. VII; Spart., *Hist.*, pag. 33.

Caracalla. Les empereurs cherchoient par le biais de l'association, et par les titres d'Auguste et de César, à rendre la pourpre héréditaire; mais deux corps, l'armée et le sénat, leur opposoient des obstacles : dans l'un de ces corps étoit le fait, dans l'autre le droit; et le fait et le droit, qui souvent se combattent, s'entendoient pour jouir de ce qu'ils s'étoient approprié en dépouillant le peuple romain.

Après avoir triomphé des Parthes, Sévère, sur la fin de sa vie, passa dans la Grande-Bretagne, battit les Calédoniens et éleva, pour les contenir la muraille qui porte son nom ; c'est l'époque de la fiction de Fingal.

L'empereur avoit épousé Julie Domna, née à Emèse en Syrie, femme de beauté, de grâce, d'instruction et de courage : il en eut deux fils, Caracalla et Géta, qui furent ennemis dès l'enfance. Caracalla, pressé de régner, voulut se débarrasser de son père, lorsque celui-ci étoit engagé dans la guerre de la Calédonie. Sévère, rentré dans sa tente, se couche, met une épée à côté de lui et fait appeler son fils. « Si tu veux me tuer, lui dit-il,
« prends cette épée, ou ordonne à Papinien ici
« présent de m'égorger ; il t'obéira, car je te fais
« empereur [1]. »

---

[1] Si me cupis, inquit Severus, interficere, hic me interfice. Quod si id recusas aut times tua manu facere, adest tibi Papinianus præfectus, cui jubere potes ut me interficiat : nam is tibi quidquid præceperis, propter ea quod sis imperator, efficiet (Dion., *Hist. rom.*, lib. LXXVI, pag. 868.)

Peu de temps après, Sévère, malade à York, et sentant sa fin venir, dit : « J'ai été tout, et rien « ne vaut[1]. » L'officier de garde s'étant approché de sa couche, il lui donna pour mot d'ordre : « Travaillons[2]; » et il tomba dans le repos éternel.

Les règnes de Commode, de Pertinax, de Julianus et de Sévère virent éclater l'éloquence des premiers Pères de l'Église : parmi les Pères grecs, on trouve saint Clément d'Alexandrie (le *Maître* et les *Stromates* sont des ouvrages remplis de faits curieux); parmi les Pères latins, Tertullien est le Bossuet africain. Saint Irénée, bien qu'il écrivît en grec, déclare dans son traité contre les hérésies, qu'habitant parmi les Celtes, obligé de parler et d'entendre une langue barbare, on ne doit point lui demander l'agrément et l'artifice du style. Il nous apprend que l'Évangile étoit déjà répandu par tout le monde; il cite les Églises de Germanie, de Gaule, d'Espagne, d'Orient, d'Égypte, de Libye, éclairées, dit-il, de la même foi comme du même soleil[3]. Il nomme les douze évêques qui succédèrent à Rome depuis Pierre jusqu'à Éleuthère. Il affirme qu'il avoit connu lui-même Polycarpe établi

---

[1] Omnia fui; et nihil expedit. (AUREL. VICT.)
[2] Laboremus. (*Hist. Aug.*, pag. 364.)
[3] Etenim Ecclesia... per universum orbem usque ad extremos terræ fines dispersa... Ac neque hæ quæ in Germaniis sitæ sunt Ecclesiæ, aliter credunt aut aliter tradunt, nec quæ in Hispaniis aut Galliis, aut in Oriente, aut in Ægypto, aut in Africa, aut in Mediterraneis orbis regionibus sedem habent. Verum ut sol hic a Deo conditus, in universo mundo unus atque idem est. (S. IRÆN., lib. 1, cap. x, *contra hæreses.*, pag. 49.)

évêque de Smyrne par les apôtres, lequel Polycarpe avoit conversé avec plusieurs disciples qui avoient vu Jésus-Christ[1]. C'est un des témoignages les plus formels de la tradition.

En ce temps-là Pantenus, chef de l'école chrétienne d'Alexandrie, prêcha la foi aux nations orientales : il pénétra dans les Indes; il y trouva des chrétiens en possession de l'Évangile de saint Matthieu, écrit en langue hébraïque, et que cette Église tenoit de l'apôtre Barthélemy[2].

On voit par les deux livres de Tertullien à sa femme, que les alliances entre les chrétiens et les païens commençoient à devenir fréquentes; mais, selon l'orateur, c'étoit les plus méchants des païens qui épousoient des chrétiennes, et les plus foibles des chrétiennes qui se marioient à des païens[3]. Ce traité répand de grandes lumières sur la vie domestique des familles des deux religions.

---

[1] Et Polycarpus autem, non solum ab apostolis edoctus et conversatus cum multis, ex iis qui Dominum nostrum viderunt, sed etiam ab apostolis in Asia, etc. (S. IRÆNEI, *contra hæreses*, lib. III, cap. III, n° 4.)

[2] Pantenus ille, quem ad Indos devexisse diximus, ubi (ut fertur) Evangelium Matthæi, quod ante ejus adventum ibi fuerat receptum, in manibus quorumdam qui in illis locis Christum profitebantur, reperit : quibus Bartholomæum unum ex apostolis prædicasse, illisque Matthæi Evangelium, litteris hebraicis scriptum, reliquisse. (EUSEB., *Hist. eccles.*, lib. v, pag. 95.)

[3] Igitur cum quasdam istis diebus nuptias de Ecclesia tolleret... (TERT., lib. II, cap. II, pag. 167.)

Solis pejoribus placet nomen christianum... Pleræque genere nobiles... cum mediocribus... ad licentiam conjunguntur. (*Ibid.*, cap. VIII, pag. 171.)

Le nombre des disciples de l'Évangile s'augmenta beaucoup à Rome sous le règne de Commode, surtout parmi les familles nobles et riches. Apollonius, sénateur instruit dans les lettres et dans la philosophie, avoit embrassé le culte nouveau : dénoncé par un de ses esclaves, l'esclave subit le supplice de la croix, d'après l'édit de Marc-Aurèle qui défendoit d'accuser les chrétiens comme chrétiens [1]. Mais Apollonius fut condamné à son tour à perdre la tête, parce que tout chrétien qui avoit comparu devant les tribunaux, et qui ne rétractoit pas sa croyance, étoit puni de mort. Apollonius prononça en plein sénat une apologie complète de la religion.

Le pape Éleuthère mourut, et eut pour successeur Victor, qui gouverna l'Église de Rome pendant douze ans.

L'empereur Sévère aima d'abord les chrétiens, et confia l'éducation de son fils aîné à l'un d'eux, nommé Proculus; il protégea les membres du sénat convertis à la foi, mais il changea de conseil dans la suite et provoqua une persécution générale : elle emporta Perpétue, Félicité, et saint Irénée avec une multitude de son peuple. Tertullien écrivit l'éloquente et célèbre apologie où il disoit : « Nous « ne sommes que d'hier, et nous remplissons vos « cités, vos colonies, l'armée, le palais, le sénat, « le forum : nous ne vous laissons que vos tem-

---

[1] Euseb., *in Chron.* an. 191.

«ples[1]. » Il publia son *Exhortation aux martyrs*, ses traités des *Spectacles*, de *l'Idolâtrie*, des *Ornements des femmes*, et son livre *des Prescriptions* : admirable ouvrage qui servit de modèle à Bossuet pour son chef-d'œuvre *des Variations*. Tertullien tomba dans l'hérésie des montanistes qui convenoit à la sévérité de son génie. Origène commençoit à paroître.

Sous la persécution de Sévère, les chrétiens cherchèrent à se mettre à l'abri à prix d'argent; cet usage fut continué.

Caracalla, emp.
Zéphirin, pape.
An de J.-C. 212-217.

Sévère mort, Caracalla régna avec son frère Géta; bientôt il le fit massacrer dans les bras de sa mère. Un mot de Papinien est resté : invité par l'empereur à faire l'apologie du meurtre de Géta, le jurisconsulte, moins complaisant que le philosophe Sénèque, répondit. « Il est plus facile de « commettre un parricide que de le justifier[2]. »

Avec Caracalla reparurent sur le trône la dépravation et la cruauté : des massacres eurent lieu à Rome, dans les Gaules, à Alexandrie. Cet empereur s'appela d'abord Bassianus, du nom de son aïeul, prêtre du soleil en Phénicie. Il quitta ce nom, par ordre de Sévère, pour celui de Marc-Aurèle-Antonin. Les vices de Caracalla, en contraste avec les vertus sous le patronage desquelles on le vouloit mettre, ne servirent qu'à le rendre plus odieux. Le mépris du peuple fit évanouir des surnoms glo-

---

[1] *Sola relinquimus templa.* (Tert., *Apolog.*)

[2] Non tam facile parricidium excusari quam posse fieri. (*Hist. Aug.*, pag. 88.)

rieux dans ce nom de *Caracalla*, emprunté d'un vêtement gaulois que le fils de Sévère affectoit.

Sévère avoit ébranlé l'État par l'introduction des Barbares dans les gardes prétoriennes; Caracalla acheva le mal en étendant le droit du citoyen à tous ses sujets : le sang romain fut dégradé de noblesse, et par une sorte d'égalité démocratique, tout sujet, Barbare ou Romain, fut admis à concourir à la tyrannie. Peu à peu les distinctions de villes libres, de colonies, de droit latin ou droit italique, s'effacèrent. En théorie c'étoit un bien, en pratique un mal : il n'étoit pas question de liberté, mais d'argent; il s'agissoit, non d'affranchir les masses, mais de faire payer aux individus comme *citoyens* le vingtième sur les legs et héritages dont ils étoient exempts comme *sujets*. Les vieilles habitudes et l'homogénéité de la race se perdirent; on troqua la force des mœurs contre l'uniformité de l'administration [1].

Caracalla eut, comme tant d'autres, la passion d'imiter Alexandre : ces copistes d'un héros oublioient que la pique du Macédonien fit éclore plus de cités qu'elle n'en renversa. Sur les bords du Rhin et du Danube, Caracalla rencontra par hasard deux peuples nouveaux, les *Goths* et les *Allamans*. Il aimoit les Barbares; on prétend même que, dans des conférences particulières, il leur dévoiloit le

---

[1] L'édit de Caracalla, ou un édit semblable, est attribué par quelques glossateurs à Marc-Aurèle. J'ai suivi l'opinion pour laquelle il y a un plus grand nombre d'autorités.

secret de la foiblesse de l'Empire, secret que leur épée leur avoit déjà révélé.

Passé en Asie, Caracalla visita les ruines de Troie. Pour honorer et rappeler la mémoire d'Achille, dont il se prétendoit la vraie ressemblance, il voulut pleurer la mort d'un ami; en conséquence, un poison fut donné à Fustus, affranchi qu'il aimoit tendrement; après quoi il lui éleva un bûcher funèbre. Et comme Achille, le plus beau des Grecs, coupa sa chevelure blonde sur le bûcher de Patrocle, Caracalla, laid, petit et difforme, arracha deux ou trois cheveux que la débauche lui avoit laissés, excitant la risée des soldats qui le voyoient chercher et trouver à peine sur son front la matière du sacrifice à l'ami qu'il avoit fait empoisonner[1].

Caracalla étoit malade de ses excès; son âme souffroit autant que son corps; ses crimes lui apparoissoient; il se croyoit poursuivi par les ombres de son père et de son frère[2]. Il consulta Esculape, Apollon, Sérapis, Jupiter Olympien : il ne fut point soulagé : on ne guérit point des remords.

Macrin, préfet du prétoire, menacé par Cara-

MACRIN, emp.
ZEPHIRIN, pape.
An de J.-C. 217-218.

[1] Quumque esset raro capillo, et crinem quæreret ut imponeret ignibus, deridiculo erat omnibus : cæterum quos habuit capillos tamen totondit. (HERODIAN., lib. IV, pag. 310-311.)

[2] Fuit ægra corporis valetudine... Sed mente imprimis insana quibusdam visis sæpenumero agitari a patre fratreque gladios gestantibus, videbatur. (DIONIS., *Hist. rom.*, lib. LXXVII, p. 877.)

Pater ei cum gladio astitit in somnis, et: *Ut* tu, inquit, fratrem tuum interfecisti, ita ego te interficiam. (DION., *Hist.*, lib. LXXVIII, pag. 883.)

calla, le fit assassiner [1]. On croit que l'impératrice, accusée d'inceste avec Caracalla son fils, mourut d'une mort douloureuse, volontaire ou involontaire [2]. Il ne resta rien de la famille de Sévère, dont les malheurs, malgré le dire des historiens, frappèrent peu les hommes. Dans les vieilles races, c'est la chute qui étonne; dans les races nouvelles, c'est l'élévation: les premières, en tombant, sortent de leur position naturelle, les secondes y rentrent.

Caracalla eut des temples et des prêtres. Macrin demanda des autels pour son assassiné. Les Romains débarrassés de leurs tyrans, ils en faisoient des dieux. Ces tyrans jouissoient ainsi de deux immortalités : celle de la haine publique, et celle de la loi religieuse qui consacroit cette haine.

Macrin revêtoit d'un extérieur grave et d'une apparence de courage un caractère frivole et timide : il désira l'empire, l'obtint, et s'en trouva embarrassé. Il avoit l'instinct du mal, il n'en avoit pas le génie ; impuissant à féconder ce mal, quand il avoit commis un crime il ne savoit plus qu'en faire : c'est ce qui arrive lorsque l'ambition dépasse la capacité, qu'une haute fortune se trouve resserrée dans un esprit étroit et dans une âme petite, au lieu de s'étendre à l'aise dans une large tête et dans un grand cœur. Après quatorze mois de règne,

[1] Macrinus Antoninum occidit. (*Hist. Aug.*, pag. 88.)

[2] Julia, cognita filii cæde, ita affecta est ut se percuteret, ac mortem sibi consciscere conaretur... Inedia consumpta moritur. Acceleravit ei mortem cancer, quem cum jam multo tempore in mamma habuisset quiescentem percusso pectore irritavit. (Dion., lib. LXXVIII, pag. 886.)

l'armée ôta l'empire à Macrin aussi facilement qu'elle le lui avoit prêté.

Julie, femme de Septime Sévère et fille de Bassianus, avoit une sœur, Julia Mæsa; celle-ci, mariée à Julius Avitus, en eut deux filles : Sœmis et la célèbre Mamée. Mamée mit au jour Alexandre Sévère, et Sœmis fut mère d'Élagabale, plus connu sous le nom altéré d'Héliogabale. Sœmis avoit épousé Varius Marcellus, mais on ne sait si elle n'eut point un commerce secret avec Caracalla, et si Élagabale ne fut point le fruit de ce commerce.

Après la mort de Caracalla, Mæsa, sœur de l'impératrice Julie, se retira à Émèse avec ses deux filles Sœmis et Mamée, toutes deux veuves, et chacune ayant un fils : Élagabale avoit treize ans, Alexandre neuf. Mæsa fit donner à Élagabale la charge de grand-prêtre du Soleil. Dans ses habits sacerdotaux il étoit d'une rare beauté; on le comparoit aux plus parfaites statues de Bacchus. Une légion le vit, en fut charmée, et, par les intrigues de Mæsa, le proclama empereur. Qu'on juge du caractère de l'armée : elle choisit Élagabale parce qu'il étoit beau, parce qu'elle le crut fils de Caracalla et de Sœmis, c'est-à-dire bâtard d'un monstre et d'une femme adultère.

Macrin dépêcha contre la légion un corps de troupes que commandait Ulpius Julianus. Celui-ci, abandonné de ses troupes, périt par un assassinat. Un soldat lui coupa la tête, l'enveloppa, en fit un paquet qu'il cacheta avec le sceau de Julianus, et la présenta à Macrin comme la tête d'Élagabale :

Macrin déroula le paquet sanglant, et reconnut que cette tête demandoit la sienne. Après avoir perdu une bataille contre son rival qui déploya de la valeur, il s'enfuit, fut arrêté et massacré. Son fils, qu'il envoyoit au roi des Parthes, éprouva le même sort.

Élagabale régna donc. Il falloit que toutes les passions et tous les vices passassent sur le trône, afin que les hommes consentissent à y placer la religion qui condamnoit tous les vices et toutes les passions.

<small>Élagabale, emp.
Zéphirin, Calixte,
papes.
An de J.-C. 218-222.</small>

Rome vit arriver un jeune Syrien, prêtre du Soleil : le tour des yeux peint, les joues colorées de vermillon, portant une tiare, un collier, des bracelets, une tunique d'étoffe d'or, une robe de soie à la phénicienne, des sandales ornées de pierres gravées; ce jeune Syrien, entouré d'eunuques, de courtisanes, de bouffons, de chanteurs, de nains et de naines dansant et marchant à reculons devant une pierre triangulaire, Élagabale vint régner aux foyers du vieil Horace, rallumer le feu chaste de Vesta, prendre le bouclier sacré de Numa, et toucher les vénérables emblèmes de la sainteté romaine [1].

---

[1] Fuit autem Heliogabali, vel Jovis, vel Solis sacerdos, atque Antonini sibi nomen asciverat..... Vultum præterea eodem quo Venus pingitur, schemate figurabat... Heliogabalum in Palatino monte, juxta ædes imperatorias, consecravit, eique templum fecit... et Vestæ ignem, et palladium, et ancilia, et omnia Romanis veneranda in illud transfert. (*Hist. Aug.*, lib. cii.)

In penum Vestæ, quod solæ virgines solique pontifices adeunt, irrupit; et pollutus ipse omni contagione morum, cum iis qui se polluerant. (*Ib.*, pag. 103.) Magorum genus aderat. (*Ib.*)

Au milieu de tant de règnes exécrables, celui d'Élagabale se distingue par quelque chose de particulier. Ce que l'imagination des Arabes a produit de plus merveilleux en fêtes, en pompes, en richesses, ne semble qu'une tradition confuse du règne du prêtre du Soleil : vous verrez ces détails à l'article des mœurs des Romains. Le vice qui gouverna plus particulièrement le monde sous Élagabale fut l'impudicité : ce prince choisissoit les agents du pouvoir d'après les qualités qui les rendoient propres à la débauche [1]; dédaignant les distinctions sociales ou les avantages du génie; il plaçoit la souveraineté politique dans la puissance qui tient le plus de l'instinct et de la brute.

Il arriva qu'ayant pris plusieurs maris, il se donna pour maître tantôt un cocher du cirque, tantôt le fils d'un cuisinier [2]. Il se faisoit saluer du titre de *domina* et d'*impératrice*; il s'habilloit en femme, travailloit à des ouvrages en laine. Homme

---

At vero Antoninus, e Syria profectus... cultum patrii numinis celebrare supervacuis saltationibus, vestitum usurpans luxuriosum; purpura intextum atque auro, monilibusque et armillis redimitus, coronas sustinens ad tiaræ modum. (Herodian., lib. v, pag. 376-377.)

Amphoras plurimas ante aras profundebat... chorosque circum aras agitabat, nullis non organis consonantibus, unaque mulieribus phœnissis cursitantibus in orbem, cymbalaque inter manus habentibus aut tympana, omni circumstante senatu et equestri ordine. (Herodian., lib. v, pag. 181.)

[1] Ad honores reliquos promovit commendatos sibi pudibilium enormitate membrorum. (*Hist. Aug.*, pag. 474.)

[2] Nupsit et coit ut et pronubum haberet, clamaretque *concide, magire*, et eo quidem tempore quo Zoticus ægrotabat. (*Hist. Aug.*, pag. 472; Div., lib. lxxix; Herodian., lib. v.)

et femme, prostitué et prostituée, il n'auroit pas été plus pur quand il se fût consacré au culte de Cybèle, comme il en eut la pensée [1]. Il donna un siége à sa mère dans le sénat auprès des consuls; et créa un sénat de femmes qui délibéroient sur la préséance, les honneurs de cour et la forme des vêtements.

Élagabale n'étoit pas cependant dépourvu de courage. Le pressentiment d'une courte vie le poursuivoit : il avoit préparé pour se tuer, à tout événement, des cordons de soie, un poignard d'or, des poisons renfermés dans des vases de cristal et de porphyre, une cour intérieure pavée de pierres précieuses sur lesquelles il comptoit se précipiter du haut d'une tour. Ces ressources lui manquèrent; il vécut dans des lieux infâmes, et fut tué dans des latrines [2] avec sa mère. On lui coupa la tête; son cadavre, traîné jusqu'à un égout, ne put entrer dans l'ouverture trop étroite [3]; ce hasard valut à Élagabale les honneurs du Tibre, d'où il reçut le surnom de *Tiberinus*, équivoque qui signifioit *le noyé dans le Tibre* ou le *petit Tibère* : ainsi les Romains jouoient avec leur infamie. Quand le despotisme descend si bas que sa dégradation lui ôte sa force, les esclaves respirent un moment : dans les temps d'opprobre, le mépris tient quelquefois

---

[1] Jactavit autem caput inter præcisos fanaticos, et genitalia sibi devinxit.

[2] Atque in latrina, ad quam confugerat, occisus. (*Hist. Aug.*, pag. 478.)

[3] Dion., lib. LXXIX; Herodian., lib. v; (*Hist. Aug.*, pag. 478.)

lieu de liberté. N'oublions pas, afin d'être juste, qu'Élagabale étoit un enfant; il n'avoit guère que vingt-deux ans quand il fut massacré, et il avoit déjà régné trois ans neuf mois et quatre jours : sa mère, son siècle et la nature du gouvernement dont il devint le chef, le perdirent.

Les mêmes femmes dont l'ambition s'étoit trouvée mêlée au règne de Caracalla, de Macrin et d'Élagabale, contribuèrent à la chute de ce dernier prince, et amenèrent l'inauguration de son successeur. Sœmis avoit déterminé son fils à créer auguste son cousin Alexandre. Élagabale, jaloux de la vertu d'Alexandre, essaya d'abord de le corrompre; n'y pouvant réussir, il le voulut tuer; Mamée, pour le sauver, le conduisit au camp des prétoriens. Une réconciliation eut lieu, et dura peu. Élagabale massacré, son cousin reçut la pourpre.

Chaque empereur, en passant au trône, y laissoit quelque chose pour la destruction de l'Empire : le luxe qu'Élagabale avoit exagéré dans les ameublements, les vêtements et les repas, resta. A dater de ce règne, la profusion de la soie et de l'or, les largesses aux légions allèrent croissant. Le prince syrien avoit fait frapper des pièces d'or, les unes doubles et quadruples des anciennes, les autres ayant dix, cinquante, cent fois cette valeur : il distribuoit cette monnoie aux soldats, à l'exemple de ses prédécesseurs; mais comme il comptoit par le nombre et non par le poids des pièces, il centuploit quelquefois le prix du présent : or, pour changer les mœurs d'un État, il suffit d'en changer les fortunes.

L'empereur Élagabale n'étant plus, on renvoya en Syrie le *dieu* Élagabale, introduit à Rome avec son grand-prêtre. Un décret interdit à jamais l'entrée du sénat aux femmes. Les essais du despote d'Asie n'en avilirent pas moins les antiques institutions : Jupiter Capitolin avoit cédé sa place au soleil, et une femme avoit siégé dans des sénatus-consultes. La religion est si nécessaire à la durée des États que, même lorsqu'elle est fausse, elle entraîne en s'écroulant l'édifice politique. L'ancienne société périt avec le polythéisme ; mais dans son sein s'est élevé un autre culte prêt à remplacer le premier, et à devenir le fondement d'une société nouvelle.

Alexandre Sévère, prince économe, et de bon sens, consacra presque tout son règne à des réformes : dans les vieux gouvernements, l'administration se perfectionne à mesure que les mœurs se détériorent : la civilisation passe de l'âme au corps. Malheureusement Alexandre ne put détruire le mal que le temps avoit fait : les légions, séditieuses et avides, ne pouvoient plus être réformées que par le fer des Barbares. Sous la quatrième année du règne de ce prince on place une révolution en Orient.

Alex. Sévère, emp. Urbain Ier, Pontien papes.
An de J.-C. 222-235.

Après qu'Alexandre-le-Grand eut passé, et que les Romains, sans les couvrir, se furent répandus sur ses traces, la monarchie des Parthes se forma. Artaban, dernier rejeton de la dynastie des Arsacides, étoit encore sur le trône lorsque Alexandre Sévère fut mis à la tête du monde romain. Artaban avoit été ingrat envers un de ses sujets, qui ne fut pas assez généreux pour pardonner l'ingratitude : il se révolte contre son maître, le renverse, et s'assied dans sa place[1]. Il se nommoit Artaxerxès. Fils adultérin de la femme d'un tanneur et d'un soldat, il prétendit descendre des souverains de Babylone : on ne conteste point la noblesse des vainqueurs; il fut ce qu'il voulut être. Proclamé l'héritier et le vengeur de Darius, il fit quitter à sa nation le nom des Parthes pour reprendre celui des Perses; établit un empire fatal à Rome, lequel, après avoir duré quatre cent vingt-cinq ans, fut renversé par les Sarrasins.

Non content d'avoir affranchi sa patrie, Artaxerxès redemanda aux Romains les provinces qu'ils occupoient dans l'Orient : vouloit-il se faire légitimer par la gloire? On ne sait si Alexandre Sévère vainquit Artaxerxès, mais il revint à Rome, et triompha[2]. De là il se rendit dans les Gaules. Les mouvements des Goths et des Perses, aux deux extrémités de l'Empire, avoient obligé les Romains à porter leurs principales forces sur le Danube et sur l'Euphrate, et à retirer cinq des huit légions qui gardoient les bords du Rhin.

L'invasion des chrétiens suivoit parallèlement celle des Barbares. Mamée, mère d'Alexandre, pro-

---

[1] Dion., lib. LXXX; Herodian., lib. VII.

[2] *Hist. Aug.*, pag. 133; Herodian., lib. VI. M. de Saint-Martin, dans ses notes sur l'*Histoire du Bas-Empire*, de Lebeau, a jeté un nouveau jour sur l'histoire confuse des rois de Perse et d'Arménie.

fessoit peut-être la religion nouvelle : du moins inspira-t-elle à son fils un grand respect pour cette religion. Il adoroit, dans une chapelle domestique, l'image de Jésus-Christ entre celle d'Apollonius de Tyane, d'Abraham et d'Orphée [1]. A l'exemple de la communauté chrétienne qui publioit les noms des prêtres et des évêques avant leur ordination, il promulguoit les noms des gouverneurs de provinces [2], afin que le peuple pût blâmer ou approuver le choix impérial. Il prenoit pour règle de conduite la maxime : « Ne fais pas à autrui ce que tu ne veux pas qu'on te fasse. » Il avoit ordonné qu'elle fût gravée dans son palais et sur les murs des édifices publics. Quand le crieur châtioit un coupable, il lui répétoit la sentence favorite d'Alexandre [3],

---

[1] Primum ut si facultas esset, id est si non cum uxore cubuisset, matutinis horis in larario suo, in quo et divos principes, sed optimos, electos, et animos sanctiores, in queis Apollonium, et quantum scriptor suorum temporum dicit, Christum, Abrahamum et Orpheum, et hujusmodi cæteros habebat. (LAMPRID., *in Vit. Alex. Severi*, pag. 328.)

[2] Denique cum inter militares aliquid ageretur, multorum dicebat et nomina. — De promovendis etiam sibi annotabat, et perlegebat cuncta pittacia, et sic faciebat, diebus etiam pariter annotatis, et quis et qualis esset, et quo insinuante promotus. (LAMPRID., *Hist. Aug.*, pag. 320.)

Ubi aliquos voluisset rectores provinciis dare, vel propositos facere, vel procuratores, id est rationales ordinare, nomina eorum proponebat, hortans populum, ut si quis quid haberet criminis, probaret manifestis rebus : si non probasset, subiret pœnam capiti : dicebatque *grave esse, cum id christiani et judæi facerent in prædicandis sacerdotibus qui ordinandi sunt, non fieri in provinciarum rectoribus, quibus et fortunæ hominum committerentur et capita*. (LAMPRID., *Hist. Aug.*, pag. 345.)

[3] Clamabatque sæpius quod a quibusdam sive judæis, sive

une seule parole de l'Évangile créoit un prince juste au milieu de tant de princes iniques.

Mais les jurisconsultes placés dans les conseils et dans les charges de l'État, Sabin, Ulpien, Paul, Modestin, étoient ennemis des disciples de la croix; leur culte paroissoit à ces magistrats, amateurs et gardiens du passé, une nouveauté destructive des anciennes lois[1] et des vieux autels. Ulpien avoit formé le septième livre d'un traité sur *le devoir d'un consul*, des édits statuant les délits à punir, et les peines à infliger aux chrétiens.

Ulpien, préfet du prétoire, égorgé de la main de ses soldats, avoit été disciple de Papinien. On compte ensuite Paul et Modestin : à ce dernier s'éteint le flambeau de cette jurisprudence dont les oracles furent recueillis par Théodose le jeune et par Justinien. Au surplus, si les belles lois attestent le génie d'un peuple, elles accusent aussi ses mœurs, comme le remède dénonce le mal. Au commencement les Romains n'eurent point de lois écrites : sous leurs trois derniers rois, une quarantaine de décisions furent recueillies sous le nom de code Papirien[2]. Les douze Tables composant en tout cent

---

christianis, audierat et tenebat; idque per præconem, cum aliquem emendaret, dici jubebat : *Quod tibi fieri non vis, alteri ne feceris :* quam sententiam usque adeo dilexit, ut et in palatio et in publicis operibus præscribi juberet. (LAMPRID., *Hist. Aug.*, pag. 350.)

[1] At enim puniendi sunt qui destruunt religiones...... (LACT., *Div. Inst.*, lib. v, pag. 417.)

[2] C'est le plus ancien monument de la jurisprudence romaine. Sous Tarquin-le-Superbe, Sextus Papirius rassembla dans un

cinquante textes (soit qu'elles aient été ou non empruntées à la Grèce et expliquées par l'exilé Hermodore[1]), suffirent à la république tant qu'elle seul volume les lois des rois, *qui leges regias in unum contulit*, dit Pomponius au sujet de la seconde loi du Digeste. Ces lois royales étoient écrites dans la vieille langue latine ou la langue osque, conservée dans l'inscription de la colonne de Duilius, sur la table de Scipion, fils de Barbatus, et dans le sénatus-consulte pour l'abolition des Bacchanales. Les voyelles *a*, *e*, *i*, *o*, *u*, prenoient un *d* à la fin d'un mot, quand ce mot surtout étoit à l'ablatif. L'*e* et l'*i* se mettoient souvent ensemble, ou l'un pour l'autre. L'*o* remplaçoit l'*e*, l'*u* s'écrivoit *ou*, ou simplement *o*, ou encore *uo*; ou, enfin, *oi*. Le *d* se prononçoit *du* et s'écrivoit *du*. La consonne *g* n'existoit pas, et étoit remplacée par le *c*; *fociunt* ou *fouciont*, ou *foicioint*, pour *fugiunt*, montre ces transformations. La consonne *m* se retranchoit souvent quand elle se trouvoit à la fin d'un mot, ou prenoit une voyelle : *urbe* pour *urbem*, *tama* pour *tam*. L'*r* se changeoit souvent en *s*, ou plutôt elle ne s'employoit qu'à la fin ou au commencement des mots. On a toujours dit *roma* et non pas *soma*; mais au milieu des mots l'*r*, que l'on surnommoit *canina*, pour exprimer sa rudesse, se prononçoit et s'écrivoit *s* : *asa* pour *ara*; *x*, *y*, *z*, étoient des consonnes inconnues dans la langue osque. Les consonnes ne se redoubloient point. A l'exemple de Joseph Scaliger, Antoine Terrasson, dans son *Histoire de la Jurisprudence romaine*, a restitué quinze textes du droit papirien. Voici l'exemple du premier :

Jou' papeisianom.

Mensa. Deïcatam. Asai. veice. peasestase. jous. estod. utei. endo Templod. Jounonei'. Poploniai. Aucousta. mensa. est.

Lisez :

Jus papirianum.

I.

Mensam dedicatam aræ vicem præstare jus esto, ut in templo Junonis Populoniæ augusta mensa est.

[1] Les anciens glossateurs du droit romain racontent sérieusement que les Grecs, avant de faire part de leurs lois aux députés romains, envoyèrent à Rome un philosophe pour savoir ce que

conserva la vertu. Vinrent ensuite, toujours sous la république, le droit flavien et le droit ælien. Avec Auguste, commença, sous l'Empire, la loi *Regia* qu'on a niée, et successivement s'entassèrent les diverses constitutions des empereurs jusqu'aux codes grégorien et hermogénien. Alors les Romains corrompus n'eurent plus assez des *sénatus-consultes*, des *plébiscites*, des *édits des princes*, des *édits des préteurs*, des *décisions des jurisconsultes* et du *droit coutumier*. La famille en vieillissant multiplioit les cas de jurisprudence : l'esprit des tribunaux se subtilisoit à mesure que s'enchevêtroient les rapports des choses et des individus. Deux mille volumes, compilés par Tribonien, forment le corps du droit romain sous le nom de *Code*, de *Digeste* ou *Pandectes*, d'*Institutes* et de *Novelles*, sans parler du droit grec-romain, ou de la paraphrase de Théophile, et des sept volumes in-folio des *Basiliques*, ouvrage des empereurs Basile, Léon-le-Philosophe et Constantin Porphyrogénète; solide masse qui a survécu à Rome, mais qui n'a pu l'arc-bouter assez pour l'empêcher de crouler. La société vit

---

c'étoit que Rome. Ce philosophe, arrivé dans cette ville inconnue, fut mis en rapport avec un fou qui, par de certains signes des doigts, lui indiqua la Trinité. Le philosophe rendit compte de sa mission aux Grecs, et les Grecs trouvèrent que les Romains étoient dignes d'obtenir les lois qui ont fait le fond des douze Tables. *Quemdam stultum ad disputandum cum Græco posuerunt, ut si perderet, tantum derisio esset. Græcus sapiens nutu disputare cœpit, et elevavit unum digitum, unum Deum significans. Stultus, credens quod vellet eum uno oculo excæcare, elevavit duos, et cum eis elevavit etiam pollicem, sicut naturaliter evenit, quasi cæcare eum vellet utroque. Græcus autem credidit quod Trinitatem ostenderet.*

plus par les mœurs que par les lois, et les nations qui ne sauvent pas leur innocence périssent souvent avec leur sagesse.

Pendant les règnes de Sévère, de Caracalla, de Macrin, d'Élagabale et d'Alexandre, le pape Zéphirin succéda à Victor martyr, Calixte à Zéphirin, Urbain à Calixte, et Pontien à Urbain. Minutius Félix écrivit son dialogue pour la défense du christianisme. Minutius se promène un matin au bord de la mer à Ostie avec Octavius chrétien, et Cécilius attaché au paganisme : les trois interlocuteurs regardent d'abord des enfants qui s'amusoient à faire glisser des cailloux aplatis sur la surface de l'eau ; ensuite Minutius s'assied entre ses deux amis. Cécilius, qui avoit salué une idole de Sérapis, demande pourquoi les chrétiens se cachent, pourquoi ils n'ont ni temples, ni autels, ni images ? Quel est leur Dieu ? d'où vient-il ? où est-il, ce Dieu unique, solitaire, abandonné, qu'aucune nation libre ne connoît, Dieu de si peu de puissance qu'il est captif des Romains aves ses adorateurs ? Les Romains, sans ce Dieu, règnent et jouissent de l'empire du monde. Vous, chrétiens, vous n'usez d'aucuns parfums ; vous ne vous couronnez point de fleurs ; vous êtes pâles et tremblans ; vous ne ressusciterez point comme vous le croyez, et vous ne vivez pas en attendant cette résurrection vaine.

Octavius répond que le monde est le temple de Dieu, qu'une vie pure et les bonnes œuvres sont le véritable sacrifice. Il réfute l'objection tirée de la grandeur romaine, et tourne à leur avantage le reproche de pauvreté adressé aux disciples de l'Évangile : Cécilius se convertit. Peu de dialogues de Platon offrent une plus belle scène et de plus nobles discours [1].

Origène, fils d'un père martyr, ouvrit à Alexandrie son école chrétienne ; il y enseignoit toutes sortes de sciences. Mamée, mère de l'empereur, le voulut voir ; les païens et les philosophes assistoient à ses cours, lui dédioient des ouvrages, et le vantoient dans leurs écrits. Il avoit appris l'hébreu ; il étudioit encore l'Écriture dans la version des Septante, et dans les trois versions grecques d'Aquila, de Théodotion, et de Symmaque. Il composa un si grand nombre d'ouvrages, que sept sténographes étoient occupés à écrire chaque jour sous sa dictée [2] : on connoît sa faute et sa condamnation. Il eut le génie, l'éloquence et le malheur d'Abailard, sans le devoir à une passion humaine ; il n'eut de foiblesse que pour la science et la vertu. C'est dans Origène que s'opéra la transformation du philosophe païen dans le philosophe chrétien : sa méthode étoit d'une clarté infinie, sa parole d'un grand charme. D'autres écrivains ecclésiastiques se firent aussi remarquer alors, en particulier Hippolyte, martyr, et peut-être évêque d'Ostie : il inventa, à l'effet de trouver le jour de Pâques, un cycle de seize ans qui nous est parvenu [3].

Vous avez vu Alexandre partir pour les Gaules,

---

[1] Minut., *in Octav.*
[2] Euseb., lib. vi, cap. 21, 23 et seq.
[3] *Hier. Script.*

où trois légions seulement étoient restées. Le désordre s'étoit mis dans ces légions; l'empereur s'efforça d'y rétablir la discipline; elles se soulevèrent à l'instigation de Maximin. Le fils de Mamée avoit déja régné treize ans, et promettoit de vivre; c'étoit trop : les largesses que les gens de la pourpre faisoient au soldat à leur élection devinrent pour eux une nouvelle cause de ruine. L'Empire étoit une ferme que le prince prenoit à bail, moyennant une somme convenue, mais avec une clause tacite, en vertu de laquelle il s'engageoit à mourir promptement.

Des assassins, suscités par Maximin, tuèrent Alexandre avec sa mère dans le bourg de Sécila, près de Mayence.

L'Empire perdit le reste d'ordre dans lequel nous l'avons vu se survivre jusqu'ici : guerres civiles, invasion générale des Barbares, territoire démembré, provinces saccagées, plus de cinquante princes élevés et précipités, tel est le spectacle qu'on a sous les yeux pendant un demi-siècle, jusqu'au règne de Dioclétien, où le monde se reposa dans d'autres malheurs. Un État qui renferme dans son sein le germe de sa destruction marche encore si personne n'y porte la main : mais au moindre choc il se brise : la science consiste à le laisser aller sans le toucher.

Maximin remplaça Alexandre.

Voici un premier Barbare sur le trône, et de cette race même qui produisit le premier vainqueur de Rome. Il étoit né en Thrace; son père se nom-

MAXIMIN, emp.
ANTHÈRE, FABIEN,
papes.
An de J.-C. 235-238.

moit Micca, et étoit Goth ; sa mère s'appeloit Ababa, et descendoit des Alains. Pâtre d'abord, il devint soldat sous Septime-Sévère, centurion sous Caracalla, tribun sous Élagabale qu'il fut au moment de quitter par pudeur[1], et enfin le commandant des nouvelles troupes levées par Alexandre : cet ambitieux Barbare sacrifia son bienfaiteur.

Il avoit huit pieds et demi de haut ; il traînoit seul un chariot chargé, brisoit d'un coup de poing les dents ou la jambe d'un cheval, réduisoit des pierres en poudre entre ses doigts, fendoit des arbres, terrassoit seize, vingt et trente lutteurs sans prendre haleine, couroit de toute la vitesse d'un cheval au galop, remplissoit plusieurs coupes de ses sueurs, mangeoit quarante livres de viande, et buvoit une amphore de vin dans un jour[2]. Grossier, et sans

---

[1] Tum ille, ubi vidit infamem principem sic exorsum, a militia discessit... Fuit igitur Maximinus, sub homine impurissimo, tantum honore tribunatus, sed nunquam ad manum ejus accessit ; nunquam illum salutavit..... ut de eo in senatu verba faceret Severus Alexander talia : *Maximinus, patres conscripti, tribunus, cui ego latum-clavum addidi, ad me confugit qui sub impura illa bellua militare non potuit.* (*Hist. Aug.*, pag. 370.)

[2] Erat præterea (ut refert Codrus) magnitudine tanta, ut octo pedes digito videretur egressus : pollice ita vasto, ut uxoris dextrocherio uteretur pro annulo. Jam illa prope in aure mihi sunt posita, quod hamaxas manibus attraheret, rhedam onustam solus moveret : equo si pugnum dedisset, dentes solveret, si calcem, crura frangeret : lapides tophicios friaret, arbores teneriores scinderet : alii denique eum Crotoniatem Milonem, alii Herculem, Antæum alii vocarunt... Cum militibus ipse luctam exercebat, quinos, senos, et septenos ad terram prosternens... Sexdecim lixas uno sudore devicit... Volens Severus explorare quantus in currendo esset, equum admisit multis circuitionibus,

lettres, parlant à peine la langue latine, méprisant les hommes, il étoit dur, hautain, féroce, rusé, mais chaste et amateur de la justice; il étoit brave aussi, bien qu'il ne fût pas, comme Alaric, de ces soldats dont l'épée est assez large pour faire une plaie qui marque dans le genre humain. On sent ici une nouvelle race d'hommes, laquelle avoit trop de ce que l'ancienne n'avoit plus assez. Dieu prenoit par la main l'enrôlé dans ses milices pour le montrer à la terre, et annoncer la transmission des empires. Il n'y avoit que treize années entre le règne d'Élagabale et celui de Maximin : l'un étoit la fin, l'autre le commencement d'un monde.

Ainsi une même génération de Romains eut pour maîtres, en moins d'un quart de siècle, un Africain, un Assyrien et un Goth : vous allez bientôt voir passer un Arabe. De ces divers aventuriers, candidats au despotisme, qui affluoient à Rome, aucun ne vint de la Grèce; cette terre de l'indépendance se refusoit à produire des tyrans. En vain les Goths firent périr ses chefs-d'œuvre; la dévastation et l'esclavage ne lui purent ravir ni son génie, ni son nom. On abattoit ses monuments, et leurs ruines n'en devenoient que plus sacrées; on dispersoit ces ruines, et l'on trouvoit au-dessous les tombeaux des

---

et cum neque Maximinus, accurrendo permulta spatia desisset, ait ei... Bibisse illum sæpe in die vini capitolinam amphoram constat : comedisse et quadraginta libras carnis; ut autem Cudrus dicit, etiam sexaginta... Sudores sæpe suos excipiebat, et in calices vel in vasculum mittebat; ita ut duos vel tres sextarios sui sudoris ostenderet. (*Hist. Aug.*, pag. 368, 369, 372.)

grands hommes; on brisoit ces tombeaux, et il en sortoit une mémoire immortelle! Patrie commune de toutes les renommées! pays qui ne manqua plus d'habitants! car partout où naissoit un étranger illustre, là naissoit un enfant adoptif de la Grèce, en attendant la résurrection de ces indigènes de la liberté et de la gloire, qui devoient un jour repeupler les champs de Platée et de Marathon.

Les Romains, revenus de leur surprise, se soulevèrent; ils ne supportèrent pas l'idée d'être gouvernés par un Goth devenu *citoyen* en vertu du décret général de Caracalla : comme s'il étoit séant à ces esclaves de montrer quelque fierté!

Des conspirations éclatèrent, et furent punies : Maximin prétendoit réformer l'Empire de la même façon qu'il avoit rétabli la discipline des légions, par des supplices. A la moindre faute, il faisoit jeter aux bêtes, attacher en croix, coudre dans les carcasses d'animaux nouvellement tués, les principaux citoyens. Il détestoit le sénat, et ces patriciens les plus vils et les plus insolents des hommes; il avoit la foiblesse de rougir de sa naissance devant ces nobles qui oublioient trop lâchement leur origine, pour avoir le droit de se remémorer la sienne. Des amis qui l'avoient secouru lorsqu'il étoit pauvre furent massacrés; il ne leur put pardonner leur souvenir [1] : ce n'étoit pas les témoins de sa misère qu'il devoit tuer, c'étoit ceux de sa fortune. Il inspira une telle frayeur aux sénateurs, qu'on fit des prières

---

[1] *Hist. Aug.*, pag. 141 ; HERODIAN., lib. VII, pag. 237.

publiques, afin qu'il plût aux dieux de l'empêcher d'entrer dans Rome.

On l'avoit appelé Hercule, Achille, Ajax, Milon le Crotoniate; on le nomma Cyclope, Phalaris, Busiris, Sciron, Typhon et Gygès; peuple retombé par la corruption dans les fables, comme on retourne à l'enfance par la vieillesse.

Maximin battit les Sarmates et les Germains. Il mandoit au sénat : « Nous ne saurions vous dire ce « que nous avons fait, pères conscrits ; mais nous « avons brûlé les bourgs des Germains, enlevé leurs « troupeaux, amassé des prisonniers, et exterminé « ceux qui nous résistoient. » Une autre fois : « J'ai « terminé plus de guerres qu'aucun capitaine de « l'antiquité, transporté dans l'Empire romain d'im- « menses dépouilles, et fait tant de captifs, qu'à « peine les terres de la république pourroient les « contenir [1]. »

Mais l'Afrique se soulevoit, et proclamoit augustes les deux Gordien, le père et le fils.

Gordien le vieux, proconsul d'Afrique, descendoit des Gracques par sa mère, de Trajan par son père, de ce que Rome libre et esclave eut de plus illustre. Son père, son aïeul, son bisaïeul et lui-même avoient été consuls ; ses richesses ne se pouvoient compter ; on citoit ses jeux, ses palais, ses bains, ses portiques ; c'étoit bien des prospérités pour mourir : il est vrai que l'Empire l'atteignit malgré lui.

---

[1] HERODIAN., lib. VII, *Hist. Aug.*

Un receveur du fisc ayant été massacré à Thysdrus en Afrique, les auteurs du meurtre, pour échapper à la vengeance de Maximin, revêtirent Gordien le vieux des insignes de la puissance. Il les repoussa, se roula par terre en pleurant ; résistance inutile ; on le condamna à la pourpre. Gordien le jeune fut salué auguste : ami des lettres, il déploroit les malheurs de sa patrie entre les femmes et les muses.

Le sénat confirma l'élection des deux Gordien, et déclara Maximin ennemi de la république. L'empereur, à cette nouvelle, se heurta la tête contre les murs, déchira ses habits, saisit son épée, voulut arracher les yeux à son fils, but, et oublia tout. Le lendemain, il assemble ses troupes : « Camarades, « les Africains ont trahi leurs serments ; c'est leur « coutume. Ils ont élu pour maître un vieillard à « qui le tombeau conviendroit mieux que l'Empire. « Le très vertueux sénat, qui jadis assassina Romulus « et César, m'a déclaré ennemi de la patrie tandis « que je combattois et triomphois pour lui. Mar- « chons contre le sénat et les Africains ; tous leurs « biens sont à vous [1]. »

Lorsque Maximin tenoit ce discours, il n'avoit déjà plus rien à craindre des Gordien [2] : Capellien, gouverneur de la Numidie, fidèle à Maximin, gagna une bataille où le jeune Gordien perdit la vie. Le vieux Gordien s'étrangla avec sa ceinture pour ne pas survivre à son fils, et pour sortir librement des grandeurs où il étoit entré de force.

[1] Herodian., lib. vii, *Hist. Aug.*
[2] Le vieux Gordien avoit régné trente-six jours.

Le sénat désigna deux nouveaux empereurs, Maxime Papien, brave soldat, et Claude Balbin, orateur et poëte; il les choisit parmi les vingt commissaires qu'il avoit chargés de la défense de l'Italie. Petit-fils du vieux Gordien, et neveu ou fils du jeune, un troisième Gordien, âgé de treize ans, fut en même temps proclamé césar. Des messagers coururent de toutes parts, ordonnant aux habitants des campagnes de détruire les blés, de chasser les troupeaux, de se retirer dans les villes, et d'en fermer les portes à Maximin.

Cependant un accident avoit fait éclater à Rome la guerre civile; il y eut des assauts, des combats, des incendies. La présence de l'enfant Gordien apaisa le tumulte : les deux partis se calmèrent à la vue de la pourpre ornée de l'innocence et de la jeunesse.

L'empereur n'avoit point communiqué son ardeur à ses soldats; sa rigueur à maintenir la discipline lui avoit enlevé l'amour des légions. Il mit le siége devant Aquilée : les habitants se défendirent; les femmes coupèrent leurs cheveux pour en faire des cordes aux machines de guerre. En mémoire de ce sacrifice, un temple fut élevé à Vénus-la-Chauve[2]. La fortune se retira de Maximin : on le massacra lui et son fils.

Le courrier qui transmit à Rome le message de

---

[1] Herodian., lib. vii, *Hist. Aug.*

[2] Tanta fide Aquileienses contra Maximinum pro senatu fuerunt, ut funes de capillis mulierum facerent, cum deessent nervi ad sagittas emittendas : quod aliquando Romæ dicitur factum.

l'armée, trouva le peuple au théâtre; c'étoit là qu'on étoit toujours sûr de le rencontrer. Ce peuple, tourmenté de grandeur et de misère, nourri dans les fêtes et les proscriptions, devina la nouvelle avant de l'avoir entendue. Il s'écria : « Maximin est « mort! » Les jeux finissent, on court aux temples remercier les dieux : tradition et moquerie des grands hommes et des hauts faits de la liberté républicaine. La tête de l'auguste et celle du césar furent dépêchées au sénat. Le fils du géant Maximin avoit été instruit dans les lettres; ses goûts, ses manières, sa parure, étoient élégants et recherchés; beaucoup de femmes l'avoient aimé. Au lieu de l'armure de fer de son père, il portoit une cuirasse d'or, un bouclier d'or, une lance dorée, un casque enrichi de pierreries [1]. Après sa mort son visage meurtri, souillé de sang et de poussière, offroit encore des traits admirables. On avoit jadis appliqué au jeune césar les vers où Virgile compare la beauté du fils d'Évandre à l'étoile du matin, sortant

Unde in honorem matronarum, templum Veneri Calvæ senatus dicavit. (*Hist. Aug.*, pag. 398.)

Lactance raconte la même chose des femmes romaines.

Urbe a Gallis occupata, obsessi in Capitolio Romani cum ex mulierum capillis tormenta fecissent, ædem Veneri Calvæ consecrarunt. (Lact., *Div. Inst.*, pag. 88, in-4º.)

[1] Usus est autem idem adolescens (Maximin. junior) et aurea lorica, exemplo Ptolemæorum; usus est argentea, usus et clypeo gemmato inaurato, et hasta inaurata. Fecit et spathas argenteas, fecit etiam aureas... fecit et galeas gemmatas, fecit et bucculas. Quædam parens sua libros homericos omnes purpureos dedit, aureis litteris scriptos. (*Hist. Aug.*, pag. 306.)

tout humide du sein de l'Océan[1]. Son sort attendrit un moment la populace, qui brûla dans le Champ-de-Mars, avec mille outrages, la tête charmante sur laquelle elle venoit de pleurer. Ainsi finirent ces deux Goths souverains à Rome avant Alaric, mais par la pourpre et non par l'épée.

Il faut fixer au règne de Maximin le commencement de cette succession d'empereurs militaires nés des circonstances, qui, demi-Barbares, soutinrent l'Empire contre les efforts des Barbares. C'est aussi à cette époque qu'éclata la rivalité du sénat et de l'armée pour l'élection du prince : nouvelle cause de destruction ajoutée à toutes celles qui fermentoient dans l'État.

Ce sénat, d'ailleurs si abject, avoit jusque-là conservé, par ses traditions de gloire, par son nom, par la richesse de ses membres et les dignités dont ils étoient revêtus, une sorte de puissance inexplicable : c'étoit au sénat que les empereurs rendoient compte de leurs victoires; c'étoit le sénat qui gouvernoit dans les interrègnes. Les années se mar-

---

[1] Usus est magistro græco litteratore Fabilio, cujus epigrammata multa extant, maxime in imaginibus illius pueri, qui versus græcos fecit ex illis latinis Virgilii, cum ipsum puerum describeret :

Qualis ubi Oceani perfusus Lucifer unda
Extulit os sacrum cœlo, tenebrasque resolvit;
Talis erat juvenis primo sub nomine clarus [*].
(*Hist. Aug.*, pag. 392.)

[*] Dans ce passage du huitième livre de l'*Énéide*, il y a un vers retranché et un vers interpolé.

quoient par consulats; la religion et l'histoire se rattachoient à l'existence sénatoriale. On lisoit partout S. P. Q. R., lorsqu'il n'y avoit plus ni sénat ni peuple : Rome parloit encore de liberté, comme ces rois modernes qui inscrivent au protocole de leurs titres les souverainetés qu'ils ont perdues.

Jusqu'au règne de Maximin, il y avoit eu sinon intelligence, du moins accord forcé entre les légions et le sénat; mais pendant les troubles de ce règne, les sénateurs ayant élu seuls trois maîtres, furent si satisfaits de ce retour d'autorité qu'ils ne se purent empêcher de témoigner l'envie de la garder. Les légions s'en aperçurent, et ne se laissèrent pas dominer. Les empereurs proclamés dans les provinces par les armées s'habituèrent à considérer le sénat comme un ennemi de leur pouvoir, et dont le suffrage ne leur étoit pas nécessaire; ils s'éloignèrent de Rome, où ils ne résidèrent plus que rarement, et malgré eux. La ville éternelle s'isola peu à peu au milieu de l'Empire; et tandis qu'on se battoit autour d'elle, elle s'assit à l'ombre de son nom, en attendant sa ruine.

Maximin persécuta la religion. On trouve dans cette persécution la première mention certaine de basiliques chrétiennes : toutefois, il est question d'un lieu consacré au culte du Christ, sous le règne d'Alexandre-Sévère.

Quelques auteurs ont cru que la persécution avoit eu pour but principal en Orient d'atteindre Origène : le peuple et les philosophes auroient regardé comme un grand triomphe l'apostasie de ce défenseur de l'Église[1], qui, par l'ascendant de son génie, avoit opéré une multitude de conversions.

D'autres écrivains ont pensé que la persécution prit naissance à l'occasion du soldat en faveur duquel Tertullien écrivit le livre de la *Couronne*. Je vous ai souvent dit qu'à l'élection d'un empereur l'usage étoit de faire des largesses aux soldats : ceux-ci, pour les recevoir, se couronnoient de lauriers. Lors de l'avénement de Maximin, un légionnaire s'avança, tenant sa couronne à la main ; le tribun lui demanda pourquoi il ne la portoit pas sur la tête comme ses compagnons : « Je ne le puis, « répondit-il, je suis chrétien. »

Tertullien approuve le légionnaire[2], le couronnement de lauriers lui paroissant entaché d'idolâtrie.

Auprès des élections par le glaive se continuoient les élections paisibles de ces autres souverains qui régnoient par le roseau. Le pape Urbain étant mort avoit eu pour successeur Pontien, lequel, exilé dans l'île de Sardaigne, abdiqua. Auteros, qui le remplaça, ne vécut qu'un mois, et Fabien fut proclamé évêque de Rome.

La science, au milieu des guerres civiles et étrangères, brilloit dans les hautes intelligences chrétiennes. Théodore ou Grégoire de Pons, surnommé *le Thaumaturge*, paroissoit ; Africain écrivoit son *Histoire universelle*, qui, commençant à la création

11 janvier 236.

---

[1] Oros., lib. VII, cap. XIX.
[2] Tertul., *de Cor.*

du monde, s'arrêtoit à l'an 221 de notre ère[1]. L'histoire y étoit traitée d'une manière jusqu'alors inconnue; un chrétien obscur venoit dire à l'Empire éclatant des Césars qu'il étoit nouveau, que ses faits et ses fables n'avoient qu'un jour, comparés à l'antiquité du peuple de Dieu et de la religion de Moïse. A cette échelle devoit se mesurer désormais la vie des nations. La Chronique d'Africain ne se retrouve plus que dans celle d'Eusèbe.

Origène publia l'ouvrage qui lui avoit coûté vingt-huit ans de recherches[2]; c'étoit une édition de l'Écriture à plusieurs colonnes, et qui prit le nom d'*Hexaple*, d'*Octaple*, et de *Tetraple*, selon le nombre des colonnes. Dans les Hexaples, la première colonne contenoit le texte hébreu en lettres hébraïques; la seconde, le même texte en lettres grecques; la troisième, la version grecque d'Aquila; la quatrième, celle de Symmaque; la cinquième, celle des Septante; la sixième, le texte hébreu de Théodotion.

Les Octaples avoient deux colonnes de plus, composées de deux versions grecques, l'une trouvée à Jéricho par Origène lui-même, l'autre à Nicopoli en Épire. L'idiome des maîtres du monde n'étoit pas employé dans cet immense travail. Quelques versions latines, faites sur la version des Septante, suffisoient aux besoins de l'église de Rome et des autres églises d'Occident. Les Grecs s'obsti-

---

[1] Euseb., lib. vi, *Hist.*, cap. xxxii; Phot., *Bibl.*, cod. xxxiv.
[2] Eus., lib. vi, *Hist.*, cap. xvi; Epiph., *de Mens.*, n. 18, 19.

noient à regarder la langue de Cicéron comme une langue barbare.

Les conciles se multiplioient, soit pour les besoins de la communauté chrétienne, soit pour régler la discipline et les mœurs, soit pour combattre l'hérésie. Cyprien, jeune encore, faisoit entendre sa voix à Carthage : homme dont l'éloquence fleurie devoit inspirer l'éloquence de Fénelon, comme la parole de Tertullien animer la parole de Bossuet.

Tout s'agitoit parmi les Barbares : les uns s'assembloient sur les frontières, les autres s'introduisoient dans l'Empire, ou comme vainqueurs, ou comme prisonniers, ou comme auxiliaires. Les chrétiens augmentoient également en nombre, et étendoient leurs conquêtes parmi les conquérants.

Maxime et Balbin se trouvèrent empereurs après la mort de Maximin ; le premier étoit environné d'un corps de Germains qui lui étoient attachés comme les Suisses et les gardes écossoises à nos rois. Les prétoriens en prirent ombrage ; ils n'approuvoient point une élection uniquement due au sénat. Ils coururent aux armes dans le temps que la ville étoit occupée des jeux capitolins : les empereurs, arrachés de leurs palais, furent égorgés avec les outrages jadis prodigués à Vitellius. Il y avoit dans les archives de l'État des précédents pour toutes les espèces de meurtres et de vices. Maxime, fils d'un serrurier ou d'un charron, étoit un homme brave, habile dans la guerre, modéré, et si sérieux qu'on l'avoit surnommé le *triste*. Balbin, d'une famille qui passoit pour noble, sans être ancienne,

<small>Maxime et Balbin, emp.
Fabien, pape.
An de J.-C. 238.</small>

étoit doux et affable : on disoit du premier qu'il faisoit accorder ce qui étoit dû ; et du second, qu'il donnoit au-delà. Le troisième Gordien, petit-fils de Gordien le vieux, avoit déjà été nommé césar ; les prétoriens le saluèrent auguste : le sénat et le peuple le reconnurent.

Ce prince régna trop peu : il eut pour beau-père son maître de rhétorique, Mysithée, qui l'arracha aux mains des eunuques [1]. Gordien fit de Mysithée son préfet du prétoire et son ministre. Mysithée avoit été un homme obscur avant de prendre les rênes de l'État ; condition nécessaire pour parvenir lorsqu'on est né avec des talents. Dans la carrière politique on ne monte point au pouvoir avec une réputation faite.

La guerre, sous Gordien III, ne fut pas considérable ; mais elle offrit de grands noms. Sapor, fils d'Artaxerxès, attaqua l'Empire en Orient, et les Franks se montrèrent dans les Gaules. Aurélien, depuis empereur, commandoit alors une légion ; il battit les Franks près de Mayence, en tua sept cents, et en fit trois cents prisonniers. Cela passa pour une victoire si importante, que les soldats improvisèrent deux méchants vers qui sont restés :

> Mille Francos, mille Sarmatas semel occidimus;
> Mille, mille, mille Persas quærimus [2].

Ainsi le nom de nos pères se trouve pour la première fois dans une chanson de soldats, qui

---

[1] *Hist. Aug.*, pag. 161.
[2] VOPISC., *in vit. Aurelian.*; *Hist. Aug.*

exprime à la fois leur valeur et la frayeur des Romains.

Gordien III se prépare à repousser Sapor; avant de sortir de Rome il ouvre le temple de Janus; c'est la dernière fois qu'il est question de cette cérémonie dans l'histoire. On présume que le temple ne se ferma plus : ce fut comme un présage des destinées de l'Empire. Gordien passant par la Mœsie et par la Thrace, défit les Goths, et fut moins heureux contre les Alains. Il remporta quelques avantages sur Sapor. Il dut son succès à Mysithée, que le sénat honora du nom de tuteur de la république. Gordien eut la candeur d'en convenir en rendant compte de ses victoires au sénat[2] : c'est être digne de la gloire que de la rendre à celui qui nous la donne.

Rome caduque ne portoit qu'en souffrant un grand citoyen : quand par hasard elle en produisoit un, comme une mère épuisée, elle n'avoit plus la force de le nourrir. Mysithée mourut, peut-être empoisonné par Philippe, qui lui succéda dans la charge de préfet du prétoire. Dès ce moment le bonheur abandonna Gordien : il y a des esprits faits pour paroître ensemble, et qui sont leur complément mutuel. Les sociétés, à leur naissance, réparent facilement la perte d'un homme habile; mais quand elles touchent à leur terme, si des gens de mérite qui leur restent viennent à manquer, tout tombe.

[1] *Hist. Aug.*, Aurel. Vict.

Le nouveau préfet du prétoire était Arabe et fils d'un chef de brigands. Philippe, d'abord associé à Gordien, finit par l'immoler. Gordien s'abaissa à demander successivement le partage égal du pouvoir, le rang de césar, la charge de préfet du prétoire, le titre de duc ou de gouverneur de province, enfin la vie : le meurtrier lui refusa tout, excepté de petites funérailles. Le dernier descendant des Gracques comptoit à peine vingt-trois années : l'humble tombeau du jeune empereur romain s'éleva loin du Tibre, au confluent du Chaboras et de l'Euphrate, à quelque distance des ruines de cette Babylone qui vit pleurer Israël auprès des sépulcres des grands rois.

[Philippe, emp.
Fabien, pape.
An de J.-C. 244-249.] Philippe, proclamé auguste, et son fils césar, conclurent la paix avec Sapor, et vinrent à Rome. Jugez de l'état où Rome étoit parvenue : on ne sait si l'on doit placer à l'époque de l'avénement de Philippe l'existence de deux empereurs, un Marcus, philosophe de métier, et un Severus Hostilianus. On ne connoît que les noms de ces deux titulaires du monde ; on ignore même s'ils ont régné.

C'est aussi à compter de cette époque qu'on nomme *tyrans*, pour les distinguer des *empereurs*, les prétendants à l'empire, lesquels, élus par les légions, n'étoient pas avoués du Sénat. Il n'y avoit pourtant entre ces hommes également oppresseurs que l'inégalité de la fortune : on donnoit au succès le titre que l'on refusoit au malheur.

On est encore dans le doute sur la vérité d'un fait grave : Philippe étoit-il chrétien ? Les preuves sont foibles, et nous aurons dans la suite d'assez méchants princes de la Foi, sans revendiquer celui-ci. Mais c'est une marche historique à signaler que la coïncidence de l'élévation à l'empire d'un Goth dans Maximin, et peut-être d'un chrétien dans Philippe.

Philippe célébra les jeux séculaires (248 an. 21 avril): Horace les avoit chantés sous Auguste; jeux mystérieux solennisés pendant trois nuits à la lueur des flambeaux au bord du Tibre[1], et qu'aucun homme ne voyoit deux fois dans sa vie : ils accomplissoient alors une période de mille ans pour l'ancienne Rome; ils furent interrompus. Plus de mille autres années s'écoulèrent avant qu'un prince de la Rome nouvelle les rétablît sous le nom de *jubilé*, l'an 1300 de l'ère vulgaire. Boniface VIII officia avec les ornements impériaux; deux cent mille pèlerins se trouvèrent réunis à la fête. Clément VI, Urbain VI et Paul II fixèrent successivement le retour du jubilé, le premier à la cinquantième, le second à la trente-troisième, le dernier à la vingt-cinquième année; Clément, en considération de la brièveté de la vie; Urbain, en mémoire du temps que Jésus-Christ a passé sur la terre; Paul, pour la rémission plus prompte des fautes. Les esclaves et les étrangers n'assistoient point aux jeux séculaires de Rome idolâtre : les infortunés et les voyageurs étoient appelés au jubilé de Rome chrétienne.

[1] Zosim., lib. ii.

Philippe fit la guerre aux Carpiens, peuples habitants des monts Carpathes, dans le voisinage des Goths. Ces derniers avoient commencé, dès le règne d'Alexandre Sévère, à recevoir un tribut des Romains : les Carpiens voulurent obtenir la même faveur, et furent vaincus.

Tout à coup s'élèvent deux nouveaux empereurs, Saturnien en Syrie, Marinus en Mœsie. Dèce, dont le nom rappelle la première grande invasion des Barbares, étoit né de parents obscurs ; élevé au consulat ou par ses talents ou par les révolutions qui faisoient surgir indistinctement le mérite et la médiocrité, le vice et la vertu, Dèce se trouva chargé de punir les partisans de Marinus : ils le forcèrent de prendre sa place, de marcher contre Philippe et de lui livrer bataille. Les crimes étoient tombés dans le droit commun, et les guerres civiles formoient le tempérament de l'État. Philippe fut vaincu et tué à Vérone, son fils égorgé à Rome.

On raconte de ce jeune homme que depuis l'âge de cinq ans il n'avoit jamais ri ; il ne monta point au trône, et perdit les joies de l'enfance : il les eût gardées s'il fût resté sous la tente de l'Arabe. Dans ces temps, un prince ne périssoit presque jamais seul ; ses enfants étoient massacrés avec lui. Cette leçon répétée ne corrigeoit personne : on trouvoit mille ambitieux, pas un père.

Tel étoit l'état des hommes et des choses à l'avénement de Dèce : tout hâtoit la dissolution de l'État.

---

[1] Zosim., lib. 1 ; Zonard., lib. xii.

Les Barbares n'avoient rien devant eux, sauf le christianisme, qui les attendoit pour les rendre capables de fonder une société, en bénissant leur épée.

PREMIER DISCOURS.

SECONDE PARTIE.

DE DÈCE OU DÉCIUS A CONSTANTIN.

Décius, emp.
Fabien, Corneille,
papes.
An de J.-C. 249-251.

La véritable histoire des Barbares s'ouvre avec le règne de Dèce. On les va maintenant mieux connoître; ils vont donner un autre mouvement aux affaires; ils vont mêler les races, multiplier les malheurs, accomplir les destinées du vieux monde, commencer celles du monde nouveau. Aux courses rapides, aux incursions passagères que les Calédoniens faisoient dans la Grande-Bretagne, les Germains et les Franks dans les Gaules, les Quades et les Marcomans sur le Danube, les Perses et les Sarrasins en Orient, les Maures en Afrique, succéderont des invasions formidables : les Goths paroîtront; les autres Barbares, campés sur les frontières, les pousseront, les suivront. Il semble déja que le bruit des pas et les cris de cette multitude font trembler le Capitole.

Les Goths, peut-être de l'ancienne race des Suèves, et séparés d'elle par Cotualde, les Goths, fils des conquérants de la Scandinavie, dont ils avoient peut-être chassé les Cimbres, avoient étendu leur domination sur une partie des autres Barbares, les Bastarnes, les Venèdes, les Saziges, les Roxolans, les Slaves, ou Vandales, ou Esclavons, les Antes et les Alains, originaires du Caucase [1]. Odin,

[1] Consultez, pour cette histoire embrouillée des Barbares, Bayer, Gatterer, Adelung, Schlœzer, Reineggs, Malte-Brun, etc., etc. Ces savants hommes ont des systèmes contradictoires : l'un ne voit en Germanie que des Suèves et des non Suèves ; l'autre veut que les Slaves soient les Vandales ; celui-ci fait des Slaves des Venèdes, et reconnoît des Slaves mêlés et des Slaves proprement dits. Les Suèves deviennent des Allamans, les Allemands d'aujourd'hui, etc., etc. Au milieu de tout cela, il faut encore trouver place pour le système par la division des langues, la race finnoise, caucasienne, que sais-je? J'ai présenté ici au lecteur, et dans l'*exposition* de ce discours, ce qui m'a semblé le moins obscur. Je crois avoir été le premier à recueillir les noms et le nombre des hordes de l'Amérique septentrionale (*Voyage en Amérique*); malgré l'aridité et la confusion des traditions de ces sauvages, il est moins difficile de s'en faire une idée approximative que de répandre quelque clarté sur l'histoire des peuples germaniques. Les Romains, qui ignoroient les langues de ces peuples, ont tout confondu ; et quand ces peuples se sont civilisés, déjà loin de leur origine, ils n'ont plus trouvé que quelques chansons et des traditions orales mélangées de fables et de christianisme. Malheureusement la grande *Histoire des Goths* de Cassiodore est perdue, et il ne nous en reste que l'abrégé de Jornandès. Grotius a donné une édition des écrivains goths. Agathias, et surtout Procope, offrent une des grandes sources de l'histoire gothique. Jornandès parle de quelques chroniques des Goths, en vers, citées par Ablavius ; et l'on a, dans la traduction des quatre évangiles par Ulphilas, le plus ancien monument de la langue teutonique. Il est du quatrième siècle. Ulphilas avoit été obligé d'inventer des lettres inconnues pour exprimer certains sons de la langue des Goths. Le serment de Charles, en allemand, dans Nithard (842), est postérieur de plus de quatre cent quatre-vingts années à la traduction d'Ulphilas, et de plus de cinq siècles au chant teutonique qui célèbre la victoire de Louis, fils de Louis-le-Bègue, sur les Normands, en 881. La chronique de Marius, qui commence à l'an 455 et finit à l'an 581, contient des renseignements sur les Goths et sur les Bourguignons. On a

leur premier législateur, fut aussi leur dieu de la guerre, à moins qu'on ne suppose deux Odin : en le plaçant dans le ciel, ils ne firent qu'une seule et même chose de la loi et de la religion. Odin avoit un temple à Upsal, où l'on immoloit tous les neuf ans deux hommes et deux animaux de chaque espèce, si toutefois Odin, Upsal et son temple existoient dans ces temps reculés [1], ou si même ils ont jamais existé.

Dans le siècle des Antonins, au moment où l'empire romain arrivoit au plus haut point de sa puissance, les Goths firent leur premier pas, et s'établirent à l'embouchure de la Vistule. Les colonies des Vandales, ou sorties de leur sein, ou Slaves enrôlés à leur suite, se répandirent le long des rivages de l'Oder, des côtes du Mecklembourg et de la Poméranie. Les Goths séparés en Ostrogoths et en Visigoths, Goths occidentaux et Goths orientaux, se subdivisèrent encore par bandes ou tribus, sous les noms d'Hérules, de Gépides, de Burgondes ou Bourguignons, de Lombards [2]. Si l'on ne veut pas que ces derniers soient d'origine gothique, il faudra du moins admettre qu'ils étoient devenus

---

une généalogie des rois goths, publiée d'après un manuscrit du monastère de Moissac.

[1] ADAM DE BRÈME, *Saxo gram.* Les *Eddas*, les *Saggas*, l'*Histoire de Suède*, etc., etc.

[2] On fait descendre les Burgondes ou Bourguignons des Vandales, Slaves ou Venèdes conquis par les Goths. Ils étoient ennemis des Allamans. (AMMIEN MARCELLIN, liv. XXVIII; PLINE, *Hist. nat.*, IV.) Une tradition les faisoit venir des soldats romains qui gardoient vers les rives de l'Elbe les forteresses de Drusus.

Goths par la conquête, et qu'ensuite détachés de la confédération gothique, quand celle-ci vint à se briser, ils fondèrent les monarchies des Burgondes et des Lombards.

Les Goths levèrent leur camp, firent un second pas, se montrèrent sur les confins de la Dacie, et bientôt arrivèrent au Pont-Euxin. Le roi qui gouvernoit alors leur monarchie héréditaire se nommoit Amala; il prétendoit descendre des Anses [1] ou demi-dieux des Goths.

Trajan, en subjuguant les Daces au-delà du Danube, rendit, sans le savoir, l'Empire voisin de ses destructeurs. Les Goths ne furent connus sous leur véritable nom que pendant le règne de Caracalla : quand Rome l'eut appris, elle ne l'oublia plus.

Fiers de leurs conquêtes, grossis de toutes les hordes qu'ils s'étoient incorporées, les Goths, comme un torrent enflé par des torrents, se précipitèrent sur l'Empire vers l'époque de la chute de Philippe et l'élévation de son successeur.

Conduits par leur roi Cniva, ils inondent la Dacie, franchissent le Danube, forcent Martianopolis à se racheter, se retirent, reviennent, assiégent Ni-

---

(Orose, liv. vii.) Paul Warnefrid (le diacre) place le berceau des Goths et des Lombards dans la Scandinavie. Entre les règnes d'Auguste et de Trajan, on trouve les Lombards établis sur l'Elbe et l'Oder. (Velleius Paterculus, ii.)

[1] Proceres suos non puros homines, sed semi-deos, id est Anses vocavere. — Horum ergo, ut suis fabulis ferunt, primus fuit Gaapt, qui genuit Halmal, Halmal vero genuit Augis, Augis genuit eum qui dictus est Amala, a quo et origo Amalorum decurrit. (Jornand., de Reb. Getic., pag. 607.)

copolis, emportent Philippopolis d'assaut, égorgent cent mille habitants et emmènent une foule de prisonniers illustres [1]. Chemin faisant, ils s'amusent à donner un maître au monde; sauvages, demi-nus, ils accordent la pourpre à Priscus, frère de Philippe, qui la leur avait demandée. Dèce accourt avec son fils pour s'opposer à leurs ravages; trahi par Gallus, qui veut aussi recevoir l'Empire de la main des Barbares, attiré dans un marais, il y reste avec son fils et son armée [2].

Dèce, prince remarquable d'ailleurs, qui vit commencer la grande invasion des Barbares, s'étoit de même armé contre les chrétiens : impuissant à repousser les uns et les autres, il ne put faire face aux deux peuples à qui Dieu avoit livré l'Empire. Cette persécution amena des chutes que saint Cyprien attribue au relâchement des mœurs des fidèles [3]. Dans l'amphithéâtre de Carthage, le peuple crioit : « Cyprien aux lions ! » L'éloquent évêque se retira [4]. Denis d'Alexandrie fut sauvé; ses disciples le cachèrent. Grégoire le Thaumaturge invita ses néophytes à se mettre en sûreté, et se tint lui-même à l'écart sur une colline déserte. L'exécution du prêtre Pionius à Smyrne, de Maxime en Asie, et de Pierre à Lampsaque, est restée dans les fastes de la religion. Le pape Fabien confessa d'âme et de

---

[1] Ammien. Marcel., lib. XXXI, cap. V.
[2] Aurel. Victor., cap. XXIX; Jornandès, cap. XVIII; Zosime, lib I; Zonare, lib. XII; *Hist. Aug.*, pag. 225.
[3] Epist. 11.
[4] Epist. 10, 20, 59, 60.

corps le 20 de janvier l'an 250. A compter de son martyre, les années du pontificat romain deviennent certaines, comme l'ère du Christ est fixée à la croix. Alexandre, évêque de Jérusalem ; Babylas, évêque d'Antioche, qui avoit obligé l'empereur Philippe et sa mère à se mettre au rang des pénitents la nuit de Pâques, périrent dans les cachots : l'un, vieillard, était éprouvé pour la seconde fois ; l'autre voulut être enterré avec ses fers [1]. Origène, cruellement torturé, résista.

Un jeune homme de la Basse-Thébaïde, nommé Paul, fuyant la persécution, trouva une grotte ombragée d'un palmier, et dans laquelle couloit une fontaine qui donnoit naissance à un ruisseau. Paul s'enferma dans cette grotte, y vécut quatre-vingt-dix ans, et remporta cette gloire de la solitude qui a fait de lui le premier ermite chrétien [2].

Divers évêques fondèrent des églises dans les Gaules : Denis à Paris, Gatien à Tours, Stremoine à Clermont en Auvergne, Trophime à Arles, Paul à Narbonne, Martial à Limoges.

Après le martyre de Fabien, trois évêques pro-

---

[1] ..... vinculis...... cum quibus suum corpus sepeliri mandavit. (*Martyrol.*, 24 *jan.*)

[2] Prudentissimus adolescens ad montium deserta fugiens tandem reperit saxeum montem. Ad cujus radicem haud procul erat grandis spelunca quæ lapide claudebatur : quo remoto, avidius explorans, animadvertit intus grande vestibulum, quod, aperto desuper cœlo, patulis diffusa ramis vetus palma contexerat, fontem lucidissimum ostendens : cujus rivum tantummodo foras erumpentem statim modico foramine eadem quæ genuerat aquas terra sorbebat. (HIERON., *in Vita Pauli Eremitæ*, pag. 338. Basileæ.)

clamèrent pape Novatien, premier antipape, chef du premier schisme. Le clergé avoit élu de son côté Corneille, homme d'une grande fermeté. Il y eut vacance du siége pendant seize mois. On comptoit alors à Rome quarante-six prêtres, sept diacres, sept sous-diacres, quarante-deux acolytes, cinquante-deux exorcistes, lecteurs et portiers, quinze cents veuves et autres pauvres nourris par l'Église[1]. Seize évêques avoient concouru à l'ordination de Corneille, confirmée par le peuple. Les soldats de Jupiter faisoient des tyrans, les soldats du Christ des saints; différence des deux empires.

Gallus, proclamé auguste avec Hostilien, second fils de Dèce, s'engage à payer aux Goths un tribut annuel. Ils consentent, à ce prix, à respecter les terres romaines : on tient les conditions qu'on reçoit, non celles qu'on impose; les Goths manquent à leur parole. Une peste effroyable se déclare. Gallus fait exécuter Hostilien, fils de Dèce, et le remplace par son propre fils. La persécution continue. Deux papes, Corneille et Lucius Ier, y succombèrent.

Gallus, Émilien, emp.
Corneille, Lucius Ier, papes.
An de J.-C. 251-253.

Émilien bat les Goths en Mœsie, et prend la pourpre. Gallus marche contre lui. Les troupes de Gallus se révoltent, le tuent lui et son fils, et passent sous les aigles d'Émilien. Valérien amenoit au

---

[1] In qua tamen non ignorabat (Novatus) presbyteros esse quadraginta sex, diaconos septem, acoluthos quadraginta duos, exorcistas et lectores una cum ostiariis quinquaginta duos, viduas et alios morbo atque egestate afflictos mille et quingentos. (Euseb., *Hist.*, lib. VI, cap. XXXV, pag. 178.)

secours de Gallus les légions de la Gaule. Celles-ci, en apprenant la mort de l'empereur, proclament Valérien; Émilien est assommé à son tour par ses soldats [1]. Valérien partage la puissance avec son fils Gallien. Un tyran s'étoit élevé sous le règne de Dèce, un autre sous celui de Gallus.

Éprouvé dans les emplois militaires et civils, député des deux premiers Gordiens au sénat, Valérien se trouva mêlé à toutes les affaires de son temps. La censure lui fut déférée d'une commune voix, lorsque les deux Décius rétablirent cette magistrature, réunie à la dignité impériale. « La vie de Valérien, disoit-on, censure perpétuelle, retraçoit les mœurs de la vénérable antiquité. » Pourtant Valérien n'étoit qu'un génie raccourci qui n'avoit pas la taille de sa fortune.

Valérien, Gallien, emp.
Étienne, Sixte II, Denis, papes.
An de J.-C. 253-260.

Gallien, que son père avoit fait auguste, alla commander dans les Gaules. Le père et le fils couroient de tous côtés pour s'opposer aux Barbares : ils étoient aidés d'habiles capitaines, Posthume, Claude, Aurélien, Probus, qui se formoient à l'école des armes par des crimes et par la nécessité. Les Germains, peut-être de la ligue des Franks, envahirent la Gaule jusqu'aux Pyrénées, traversèrent ces montagnes, ravagèrent une partie de l'Espagne, et se montrèrent sur les rivages de la Mauritanie, étonnés de cette nouvelle race d'hommes [2]. Ils furent combattus et repoussés par Posthume sous les ordres de Gallien. Les Allamans, autres Germains,

---

[1] Zonar., lib. xii; Eutrop., lib. ix, cap. vi.
[2] Eutrop., lib ix, cap. vi; Aurelius Victor.

au nombre de trois cent mille, s'avancèrent en Italie jusque dans le voisinage de Rome. Gallien les força à la retraite. Les Goths, les Sarmates et les Quades trouvèrent Valérien en Illyrie, qui les contint, assisté de Claude, d'Aurélien et de Probus.

La Scythie vomissoit ses peuples sur l'Asie-Mineure et sur la Grèce. Il est probable que ces Scythes Borans, qui se débordèrent alors, n'étoient autres qu'une colonne de Goths, vainqueurs du petit royaume du Bosphore. Ils s'embarquent sur le Pont-Euxin, dans des espèces de cabanes flottantes, se confiant à une mer orageuse et à des marins timides. Repoussés en Colchide, ils reviennent à la charge, attaquent le temple de Diane et la ville d'Oéta, qu'immortalisèrent la fable et le génie des poëtes, emportent Pythionte, surprennent Trébizonde, ravagent la province du Pont, et, enchaînant les Romains captifs aux rames de leurs vaisseaux, retournent triomphants au désert[1].

D'autres Goths ou d'autres Scythes, qu'encourage cet exemple, font construire une flotte par leurs prisonniers, partent des bouches du Tanaïs, et voguent le long du rivage occidental du Pont-Euxin : une armée de terre marchoit de concert avec la flotte. Ils franchissent le Bosphore, abordent en Asie, pillent Chalcédoine, entrent dans Nicomédie, où les appeloit le tyran Chrysogonas, saccagent les villes de Lius et de Pouse, et se retirent à la lueur des flammes dont ils embrasent Nicée et Nicomédie[2].

[1] Zosim., lib. i; Greg. Thaum., *Epist. ap. Masc.* [2] Zosim., l. i.

Pendant ces malheurs, Valérien étoit allé à Antioche ; il s'occupoit d'une autre guerre à lui fatale. Sapor, invité par Cyriade aspirant à l'empire, étoit entré en Mésopotamie : Nisibe, Carhes et Antioche devinrent sa proie. Valérien arrive, rétablit Antioche, veut secourir Édesse, que pressoient les Perses, perd une bataille, et demande la paix. Sapor lui propose une entrevue ; il l'accepte, et demeure prisonnier d'un ennemi sans foi. La simplicité n'est admirable qu'autant qu'elle est unie à la grandeur, autrement c'est l'allure d'un esprit borné. Valérien étoit un homme sincère, de même qu'il étoit un homme nul ; ses vertus avoient le caractère de sa médiocrité.

En sa personne furent expiés la honte et le malheur de tant de rois humiliés au Capitole. Enchaîné et revêtu de pourpre, il prêtoit sa tête, son cou ou son dos en guise de marchepied à Sapor lorsque celui-ci montoit à cheval[1]. Sapor croyoit à tort fouler la puissance : l'empire persan ne s'étoit pas élevé ; c'étoit l'empire romain qui s'étoit abaissé.

Valérien mort, sa peau empaillée, tannée et teinte en rouge, resta suspendue pendant plusieurs siècles

---

[1] Rex Persarum Sapores qui eum cœperat, si quando libuerit aut vehiculum ascendere aut equum, inclinare sibi Romanum jubebat ac terga præbere, imposito pede super dorsum ejus. (Lact., *de Morte persecut.*, cap. v, pag. 60.)

Valerianus scilicet in captivitatem ductus a Sapore, non gladio sed ludibrio, omnibus vitæ suæ diebus merita pro factis percepit, ita ut quotiescumque rex Sapores equum conscendere vellet non manibus, sed incurvato dorso et in cervice ejus pede posito, equo membra levaret. (Eutrop., *in Vita Pontii manuscripta;* apud Lact., pap. 60.)

aux voûtes du principal temple de Perse[1]. Qu'est-ce que la vue de ce trophée fit au monde? Rien. Gallien lui-même, regardant le malheur comme une abdication, se contenta de dire : « Je savois que mon « père étoit mortel[2]. » Il prit l'autre moitié de la pourpre que Valérien avoit laissée, comme on dérobe le linceul d'un mort.

Il existe de très belles médailles de Valérien, représentant une femme couronnant l'empereur avec ces mots : *Restitutoris Orientis*. La fortune démentit l'effronterie de cette adulation. Gallien ne songea ni à racheter ni à venger son père, il en fit un dieu[3] : cela coûtoit moins.

L'Empire présente à cette époque un spectacle affreux, mais singulier; c'étoit comme une scène anticipée du moyen-âge. Jamais, depuis les beaux jours de la république, on n'avoit vu à la fois tant

---

[1] Tandem a Sapore rege Persarum jussus excoriari, saleque conditus, in sempiternum tui infortunii tropæum ante omnium oculos statuisti. (Euseb., *Orat. Const.*, pag. 442.)

Direpta est ei cutis, et eruta visceribus pellis, infecta rubro colore ut in templo barbarorum deorum ad memoriam triumphi clarissimi poneretur. (Lact., *de Morte pers.*, cap. v, pag. 59.)

Agathias fait entendre que Valérien fut écorché vif. Constantin, écrivant à Sapor II en faveur des chrétiens, lui parle de l'horrible trophée que l'on voit encore, dit-il, dans son pays. (Euseb., *Vit. Const.*)

[2] Ubi de Valeriano patre comperit quod captus esset, id quod philosophorum optimus de filio amisso dixisse fertur : *Sciebam me genuisse mortalem*, dixit ille, *Sciebam patrem meum esse mortalem* (Gall., *in Hist. Aug.*)

[3] Patrem inultum reliquit. (*Hist. Aug.*, pag. 466.) Nec inter deos quidem, nisi coactus, retulit cum mortuum audisset. (*Ibid.*, pag. 468.)

d'hommes remarquables : ces hommes, nés des événements qui forcent les talents à reprendre leur souveraineté naturelle, ne possédoient pas les vertus des Caton et des Brutus; mais, fils d'un autre siècle, ils étoient habiles et aventureux. Rentrés malgré eux sous la tente, ces Romains de l'Empire avoient repris quelque chose de viril par la fréquentation des mâles générations des Barbares.

Trente ou plus sûrement dix-neuf tyrans parurent pendant les règnes de Valérien et de Gallien : en Orient, Cyriades, Macrien, Baliste, Odénat et Zénobie; en Occident, Posthume, Lokien, Victorin et sa mère Victoria, Marius et Tétricus ; en Illyrie et sur les confins du Danube, Ingennus, Régilien et Auréole; dans le Pont, Saturnin; en Isaurie, Trébellien; en Thessalie, Pison; Valens en Grèce; en Égypte Émilien; Celsus en Afrique. La plupart de ces prétendants qui défendirent l'Empire contre les ennemis du dehors, et qui se le voulurent approprier, auroient été des princes capables.

Macrien, vieillard rusé, politique et hardi, étoit estropié[1] : il faisoit porter les ornements impériaux par ses deux fils, jeunes et vigoureux, au lieu de les traîner lui-même[2].

Odénat, qui repoussa Sapor, et vengea Valérien, est encore plus connu par sa femme *Zénobie* et par le rhéteur Longin[3].

Baliste, Ingennus, étoient d'illustres capitaines.

---

[1] *Hist. Aug.*, pag. 116, *Triginta Tyran.*
[2] ZONAR., pag. 296.
[3] *Hist. Aug.*, pag. 215.

On donnoit à Calphurnius Pison le nom d'*homme*.

Régilien fut si renommé que le sénat lui décerna les honneurs du triomphe, malgré sa révolte contre Gallien [1].

Posthume, qui étendit sa domination sur les Gaules, l'Espagne et peut-être la Grande-Bretagne, eut du génie.

Son successeur Victorin possédoit de grands talents, mais avec la foiblesse qui souvent les accompagne, l'amour des femmes [2].

Victoria, mère de Victorin, qui se donnoit le titre d'auguste et de mère des armées, fut la Zénobie des Gaules; celle-ci disoit d'elle : « J'aurois voulu « partager l'Empire avec Victoria, qui me ressem- « ble. » Il n'y eut pas jusqu'à l'armurier Marius, élevé au rang d'auguste par Victoria, qui ne se trouvât être un partisan de caractère. « Amis, dit-il à ses com- « pagnons d'armes devenus ses sujets, on me repro- « chera mon premier état; plaise aux dieux que je « ne sois jamais amolli par le vin, les fleurs et les « femmes ! Qu'on me reproche mon état d'armurier, « pourvu que les nations étrangères apprennent par « leurs défaites que j'ai appris à manier le fer ! Je « dis ceci parce que la seule chose que pourra me « reprocher Gallien, cette peste impudique, c'est « que j'ai fabriqué des armes [3]. »

---

[1] *Hist. Aug.*, pag. 194.

[2] *Id.*, pag. 137. Cupiditas voluptatis mulierariæ sic perdidit.

[3] Scio, commilitones, posse mihi objici artem pristinam, cujus mihi omnes testes estis. Sed dicat quisque quod vult : utinam semper ferrum exerceam ! non vino, non floribus, non mulier-

Marius fut tué par un soldat, jadis ouvrier dans sa boutique, qui lui passa son épée au travers du corps, en lui disant : « C'est toi qui l'as forgée[1]. »

Après la mort de Marius, Victoria ne s'effraya point : cette Gauloise fit encore un empereur, Tétricus, gouverneur de l'Aquitaine, qui prit la pourpre à Bordeaux.

De ces divers tyrans un seul étoit sénateur, et Pison seul étoit noble. Il descendoit de Numa par ses pères ; ses alliances lui donnoient le droit de décorer ses foyers des images de Crassus et de Pompée. Les Calphurniens avoient échappé aux proscriptions : on les retrouve consuls depuis Auguste jusqu'à Alexandre Sévère. Rome se couvroit de plantes nouvelles : quand ses vieilles souches poussoient quelques rejetons, ils se flétrissoient vite, et ne se renouveloient plus.

D'autres hommes de mérite, tels qu'Aurélien, Claude et Probus, servoient Gallien en attendant la souveraine puissance. Lui-même offroit un caractère sinon estimable, du moins peu commun.

---

culis, non popinis, ut facit Gallienus, indignus patre suo et sui generis nobilitate, depeream. Ars mihi objiciatur ferraria, dum me et exteræ gentes attrectasse suis cladibus recognoscant in Italia. Denique ut omnis Allemannia, omnisque Germania cum cæteris quæ adjacent gentibus Romanum populum ferratam putent gentem, ut specialiter in nobis ferrum timeant. Vos tamen cogitetis velim, fecisse vos principem qui nunquam quidquam sciverit tractare nisi ferrum. Quod idcirco dico, quia scio mihi a luxuriosissima illa peste nihil opponi posse nisi hoc, quod gladiorum armorumque artifex fuerim. (*Hist. Aug.*, *Trig. Tyran.*, pag. 500.)

[1] *Hic est gladius quem ipse fecisti.* (*Hist. Aug.*, *Trig. Tyran.*, pag. 500.)

Orateur et poëte[1], Gallien étoit indifférent à tout, même à l'Empire. Lui apprenoit-on que l'Égypte s'étoit révoltée : « Eh bien ! disoit-il, nous nous passerons de lin[2]. » La Gaule et l'Asie sont perdues : « Nous renoncerons à l'aphronitre, nous ne porterons plus de sagum d'Arras[3]. » Mais ne touchez pas aux plaisirs de Gallien! Si le bruit d'une rébellion ou d'une invasion trop voisine menace sa paix, il court aux armes, déploie de la valeur, écarte le danger, et se replonge avec activité dans sa paresse. Féroce pour conserver son repos, il écrivoit à l'un de ses officiers après la révolte d'Ingennus, en Illyrie : « N'épargnez pas les mâles, quel que soit leur « âge, enfants ou vieillards. Tuez quiconque s'est « permis une parole, une pensée contre moi[4]. » Il condamnoit à mort quatre ou cinq mille soldats

---

[1] Fuit enim (quod negari non potest) oratione, poemate atque omnibus artibus clarus. (*Hist. Aug.*, pag. 469.)

[2] Cum nuntiatum est ei Ægyptum dissecuisse, dixisse fertur : *Quid sine lino ægyptio esse non possumus?*

[3] Cum autem vastatam Asiam... *Quid*, inquit, *sine aphronitris esse non possumus?*... Perdita Gallia... arrisisse et dixisse perhibetur : *Non sine Atrebatis sagis tuta republica est?* (*Hist. Aug.*, pag. 464.)

[4] « Galienus Variano.

« Non mihi satisfacies, si tantum armatos occideris, quos et fors belli interimere potuisset. Perimendus est omnis sexus virilis, si et senes atque impuberes, sine reprehensione nostra occidi possent. Occidendus est quicumque male voluit; occidendus est quicumque male dixit contra me, contra Valeriani filium, contra tot principum patrem et fratrem. Ingenuus factus est imperator. Lacera, occide, concide : animum meum intelligere potes, mea mente irascere, quia hoc manu mea scripsi. » (TREBELL. POLL., *Trig. Tyran.*, *de Ingenuo*; *Hist. Aug.*, pag. 500.)

rebelles, tout en bâtissant de petites chambres avec des feuilles de roses, et des modèles de forteresses avec des fruits[1]. Un marchand avoit vendu des perles de verre à l'impératrice pour de vraies perles : Gallien le condamne à être jeté aux bêtes, et fait lâcher sur lui un chapon[2].

A chaque nouvelle désastreuse, Gallien rioit, demandoit quels seroient les festins, les jeux du lendemain et de la journée[3]. Le monde périssoit, et il composoit des vers pour le mariage de ses neveux : « Allez, aimables enfants, soupirez comme « la colombe, embrassez-vous comme le lierre, « soyez unis comme la perle et la nacre[4]. » Il philosophoit aussi ; il accordoit à Plotin une ville ruinée

---

[1] Terna millia et quaterna militum, singulis diebus occidit (pag. 476); cubicula de rosis fecit, de prunis castella composuit, uvas triennio servavit, hieme summa melones exhibuit; mustum quemadmodum toto anno haberetur docuit, etc., etc. (*Hist. Aug.*, pag. 475.)

[2] Idem, cum quidam gemmas vitreas pro veris vendidisset ejus uxori, atque illa, re prodita, vindicari vellet, surripi quasi ad leonem venditorem jussit, deinde e cavea caponem emitti; mirantibusque cunctis rem tam ridiculam, per curionem dici jussit : *Imposturam fecit et passus est.* (*Hist. Aug.*, pag. 471.)

[3] Sic de partibus mundi cum eas amitteret jocabatur (p. 464), nec ad talia movebatur... Sed ab iis qui circa eum erant requirebat : *Ecquid habemus in prandio? ecquæ voluptates paratæ sunt? et qualis cras erit scena? quales circenses?* (*Hist. Aug.*, pag. 487.)

[4] Jocari se dicebat cum orbem terrarum undique perdidisset (pag. 475). Hujus est illud epithalamium... cum ille manus sponsorum teneret, sæpius ita dixisse fertur :

Ite, ait, o pueri, pariter sudate medullis
Omnibus inter vos : non murmura vestra columbæ,
Brachia non hederæ, non vincant oscula conchæ.
(*Hist. Aug.*, pag. 470.)

de la Campanie pour y établir une république selon les lois de Platon[1]. Au milieu de la société croulante, couché à des banquets parmi des femmes[2], cet Horace impérial ne vouloit de la vie que le plaisir : tout fut troublé sous son règne[3], excepté sa personne; il ne maintenoit le calme autour de lui et pour lui, qu'à la longueur de son épée.

Représentez-vous l'État en proie aux diverses usurpations, les tyrans se battant entre eux, se défendant contre les troupes du prince légitime, repoussant les Barbares ou les appelant à leur secours : Ingennus avoit un corps de Roxelans à sa solde, Posthume un corps de Franks. On ne savoit plus où étoit l'Empire : Romains et Barbares, tout étoit divisé, les aigles romaines contre les aigles romaines, les enseignes des Goths opposées aux enseignes des Goths. Chaque province reconnoissoit le tyran le plus voisin; dans l'impossibilité d'être protégé par le droit, on se soumettoit au fait. Un lambeau de pourpre faisoit le matin un empereur, le soir une victime, l'ornement d'un trône ou d'un

---

[1] Galienus et uxor ejus Plotinum honorabant; hic igitur eorum benevolentia fretus oravit ut dirutam quamdam olim in Campania civitatem philosophis aptam instauraret, regionemque circonfusam cultæ civitati donaret concederetque, civitatem habitaturis Platonis legibus gubernari atque ipsam civitatem *Platonopolim* appellari..... Quod facile impetrasset nisi quidam imperatoris familiares invidia vel indignatione acriter obstitissent. (PLOTINI vita ejus operibus præfixa auctore.)

[2] Concubinæ in ejus tricliniis sæpe accubuerunt. (PORPHYR., *Hist. Aug.*, pag. 476.)

[3] Orbem terrarum triginta prope tyrannis vastari fecit, ita ut etiam mulieres melius eo imperarent. (*Hist. Aug.*, pag. 475.)

cercueil. Saturnin, obligé d'accepter la souveraine puissance, s'écria : « Soldats, vous changez un gé- « néral heureux pour faire un empereur misé- « rable [1]. »

Et, à travers tout cela, des jeux publics, des martyres, des sectes parmi les chrétiens, des écoles chez les philosophes, où l'on s'occupoit de systèmes métaphysiques au milieu des cris des Barbares.

La peste, continuant ses ravages, emportoit dans la seule Rome cinq mille personnes par jour : disette, famine, tremblement de terre, météores, ténèbres surnaturelles, révolte des esclaves en Cilicie, rébellion des Isauriens, qui renouvelèrent la guerre des anciens pirates; tumulte effroyable à Alexandrie : chaque édifice, dans cette immense cité, devint une forteresse, chaque rue un champ de bataille; une partie de la population périt, et le Brachion resta vide. Et, parmi ces calamités, il faut encore trouver place pour la suite de la grande invasion des Goths.

Sapor, rentrant dans l'Asie romaine, reprit Antioche, s'empara de Tarse en Cilicie et de Césarée en Cappadoce. Des Goths se jetèrent sur l'Italie; d'autres Goths ou d'autres Scythes sortirent une troisième fois du Pont-Euxin, assiégèrent Thessalonique, ravagèrent la Grèce [2], pillèrent Corinthe,

---

[1] Commilitones, bonum ducem perdidistis et malum principem fecistis. (*Hist. Aug.*, *Trig. Tyran.*, pag. 522.)

[2] Les auteurs varient sur l'époque de cette invasion; les uns la placent sous Valérien, d'autres sous Gallien, d'autres encore sous Claude, et même jusque sous Aurélien.

Sparte, Argos, villes depuis long-temps oubliées, qui apparoissent dans ce siècle comme le fantôme d'un autre temps et d'une autre gloire. En vain Athènes avoit rétabli ses murailles renversées par Lysander et Sylla : un Goth voulut brûler les bibliothèques, un autre s'y opposa : « Laissons, « dit-il, à nos ennemis ces livres, qui leur ôtent « l'amour des armes [1]. » La patrie de Thémistocle fut cependant délivrée par Dexippe l'historien, surnommé le second Thucydide [2], et le dernier des Grecs dans ces âges moyens et dégénérés. Athènes revoyoit les Barbares : du temps des Perses, ses grands hommes la sauvèrent : ses chefs-d'œuvre n'ont point permis aux Goths de faire périr sa mémoire.

Enfin, les Goths allèrent brûler le temple d'Éphèse sept fois sorti de ses ruines et toujours plus beau [3] : il ne se releva plus. Un conseil éternel amenoit des désastres irréparables; il s'agissoit, non de la conservation des monuments, mais de la fondation d'une nouvelle société. Partout où le polythéisme avoit mis des dieux, un destructeur se présenta ; chaque temple païen vit un homme armé à ses portes ; la Providence n'arrêta la torche et le levier que quand la race humaine fut changée.

[1] Zonar., lib. xii.
[2] Il avoit écrit l'*Histoire des temps* depuis Alexandre Sévère jusqu'à Claude, l'*Histoire des Guerres de Scythie*, et quatre livres de l'*Histoire des successeurs d'Alexandre*. Il nous reste deux fragments des *Guerres de Scythie* dans les *Extraits des Ambassades*. (Phot, *Biblioth.*, cap. lxxxii; Voss., *de Hist. græc.*, pag. 243)
[3] *Hist. Aug.*, pag. 178; Jornand., cap. xx.

Toutefois l'heure finale n'étant pas sonnée, il y eut repos. Odénat vainquit Sapor et soulagea l'Asie; Posthume contint les nations germaniques ; les autres ennemis furent repoussés tantôt par les tyrans, tantôt par les généraux des empereurs. Les tyrans eux-mêmes s'entre-détruisirent ; et lorsque Claude parvint au pouvoir, il ne trouva plus à combattre que Tétricus dans les Gaules et Zénobie en Orient. Elle s'étoit déclarée indépendante après qu'Odénat eut été massacré dans un festin.

Auréole ayant pris la pourpre en Italie, le bruit de cette usurpation pénétra jusqu'au fond du palais de Gallien, qui s'en importuna; il quitte ses délices, et assiége Auréole dans Milan; une flèche, lancée en trahison, le tue, lorsqu'à peine armé il couroit à cheval, l'épée à la main, pour repousser une sortie.

Marcien, qui venoit de battre les Goths en Illyrie, étoit le principal chef de cette conspiration.

Une innovation de Gallien resta : il interdit aux sénateurs le service militaire, soit que l'usurpation de Pison l'eût plus alarmé que les autres, soit que le sénat, en repoussant un parti de Barbares qui s'étoit avancé jusqu'à la vue de Rome, eût agi avec trop de vigueur. Alors s'établit la distinction d'homme de robe et d'homme d'épée. Les sénateurs formèrent un corps de magistrature, dont les membres, ignorés du soldat, perdirent toute influence sur l'armée. Ils murmurèrent d'abord, mais ensuite leur lâcheté regarda comme un honneur le droit qu'elle obtint de se cacher. L'édit de Gallien acheva de rendre militaire la constitution de l'Empire, et prépara les grands changements de Dioclétien.

Claude II, désigné à la pourpre par Gallien, le remplaça. Les grandeurs avoient cessé d'imposer ; tout étoit jugé, apprécié, connu ; on tuoit les princes comme d'autres hommes, et cependant chacûn vouloit être souverain : jamais on ne fut aussi rampant, aussi prosterné aux pieds du pouvoir qu'au moment où l'on n'y croyoit plus. Le sénat confirma l'élection de Claude, et se porta aux dernières violences contre les amis et les parents de Gallien.

Il ne faut pas croire que ces décisions du sénat fussent le résultat de raisons graves, mûrement examinées ; ce n'étoient que les acclamations d'un troupeau d'esclaves qui se hâtoient de reconnoître leur servitude, comme si, entre deux règnes, ils eussent craint d'avoir un moment de liberté. Assemblés en tumulte au temple d'Apollon (ils ne se purent réunir assez long-temps au Capitole, à cause d'une fête de Cybèle), les sénateurs s'écrièrent [1] : « Auguste Claude, que les dieux vous conservent « pour nous ! » Cette acclamation fut répétée soixante fois. « Claude Auguste, c'est vous ou votre pareil

---

[1] Hæc in Claudium dicta sunt : Auguste Claudi, dii te nobis præstent (dictum sexagies) : Claudi Auguste, principem aut qualis tu es semper optavimus (dictum quadragies) : Claudi Auguste, te respublica requirebat (dictum quadragies) : Claudi Auguste, tu frater, tu pater, tu amicus, tu bonus senator, tu vere princeps (dictum octuagies) : Claudi Auguste, tu nos ab Aureolo vindica (dictum quinquies) : Claudi Auguste, tu nos a Zenobia et a Victoria libera (dictum septies) : Claudi Auguste, Tetricus nihil fecit (dictum septies). (*Hist. Aug., in Vit. div. Claud.*, pag. 541.)

« que nous avions toujours souhaité (quarante
« fois). Claude Auguste, la république vous dési-
« roit (quarante fois). Claude Auguste, vous êtes
« un père, un frère, un ami, un excellent séna-
« teur, un empereur véritable (quatre-vingts fois).
« Claude Auguste, délivrez-nous d'Auréole (cinq
« fois). Claude Auguste, délivrez-nous de Zénobie
« et de Victoria (sept fois). »

Et c'étoient là les héritiers d'un sénat de rois!
Claude [1] extermina, en Macédoine, une armée de
Goths, et coula à fond leur flotte, composée de
deux mille barques. Parmi les prisonniers, il se
trouva des rois et des reines. Les vaincus furent
incorporés dans les légions, ou condamnés à cul-
tiver la terre [2].

Claude, surnommé *le Gothique,* ayant triomphé,
mourut. Son frère Quintillius [3] prit la pourpre en
Italie, et se tua au bout de dix-sept jours.

---

[1] Delevimus trecenta viginti millia Gothorum, duo millia navium mersimus : tecta sunt flumina scutis : spathis et lanceolis
omnia littora operiuntur. Campi ossibus latent tecti, nullum iter
purum est; ingens carrago deserta est. Tantum mulierum cœpi-
mus, ut binas et ternas mulieres victor sibi miles possit adjun-
gere. (*Hist. Aug., in Vit. div. Claud.,* pag. 545.)

[2] Plerique capti reges; captæ diversarum gentium nobiles
feminæ impletæ barbaris servis senibusque cultoribus romanæ
provinciæ! factus miles barbarus et colonus ex Gotho. Nec ulla
fuit regio quæ Gothum servum triumphali quodam servitio non
haberet. (*Ibid.*)

Quotquot autem incolumes evasere vel in ordines romanos
recepti sunt, vel terram colendam nancti totos agriculturæ se
dediderunt. (Zosim., *Hist.,* lib. 1, pag. 13. Basileæ.)

[3] Quintillius inde Claudii frater dictus est imperator, qui ubi
per paucos menses vixisset... necessarii ejus auctores fuerunt ut

Aurélien, autre soldat de fortune, reçut l'empire à la recommandation de Claude. Sa mère étoit prêtresse du Soleil dans un village de l'Illyrie où son père étoit colon d'un sénateur romain. Passionné pour les armes, et toujours à cheval, vif, ardent, cherchant querelle et aventure, ses camarades lui avoient donné le nom d'*Aurélien l'épée à la main*, pour le distinguer d'un autre Aurélien [1]. C'est le premier Romain, comme je vous l'ai dit, qui eut affaire aux Franks.

Aurélien, devenu chef souverain, rencontra deux ennemis redoutables, deux femmes : Victoria la Gauloise, Zénobie la Palmyrienne. Victoria mourut lorsque Aurélien passa dans les Gaules; il ne trouva plus que son ouvrage, le tyran Tétricus, qui trahit ses soldats et se rendit à Aurélien.

Zénobie s'étoit emparée de l'Égypte : Aurélien marcha contre elle, la battit à Émèse; l'assiégea dans Palmyre, et la fit prisonnière lorsqu'elle fuyoit. Palmyre fut livrée au pillage, et le philosophe Longin condamné à mort, pour le courage de ses conseils. Tous les tyrans détruits, l'Égypte soumise, la Gaule pacifiée, l'empereur voulut triom-

---

mortem sibi conscisceret, ac multo meliori vero sponte sua de imperio cederet. Quod fecisse perhibetur, a medico quodam vena secta continuatoque fluxu sanguinis donec exaruisset. (Zosim., *ibid.*)

Quintillius frater ejusdem delatum sibi omnium judicio suscepit imperium..., et septima decima die, quod se gravem et serium erga milites ostenderat... eo genere quo Galba, quo Pertinax interemptus est. (*Hist. Aug.*, pag. 211.)

[1] *Manus ad ferrum.* (*Hist. Aug.*, pag. 211.)

pher à Rome. Avant de marcher en Orient, il avoit délivré l'Italie d'une espèce de ligue des Allamans, des Marcomans, des Juthongues et des Vandales.

Ce fut à l'occasion de ces courses de Barbares qu'Aurélien fit relever, ou plutôt bâtir les murailles de Rome. Jadis les sept collines, dans une circonférence de treize milles, avoient été fortifiées, mais Rome, se répandant au dehors avec sa puissance, ajouta, par d'immenses et magnifiques faubourgs, plusieurs villes à l'antique cité [1]. Zosime écrit [2] que, du temps d'Aurélien, l'ancienne clôture étoit tombée : celle de cet empereur ne fut achevée que sous Probus [3], et il paroit qu'on y travailloit encore sous Dioclétien [4]. On voit aujourd'hui mêlés aux constructions subséquentes quelques restes des constructions d'Aurélien. Les murailles de Rome ont elles seules donné lieu à une curieuse histoire [5] où les infortunes de la vie éternelle sont comme tracées par son enceinte; Rome s'est, pour ainsi dire, remparée de ses calamités. Un siècle et demi devoit encore s'écouler avant qu'elle subît le joug des Barbares, et déjà Aurélien élevoit les inutiles bastions qu'ils devoient franchir.

Aurélien, dans son triomphe, outre une multitude de prisonniers Goths, Alains, Allamans, Vandales, Roxelans, Sarmates, Suèves, Franks,

---

[1] Exspatiantia tecta multos addere urbes.
[2] Zosim., lib. I, pag. 665.
[3] *Id., ibid.*
[4] Boll., 20 jan., pag. 278, *in Act. S. Sebast.*, an 287.
[5] Nibbi.

traînoit après lui Tétricus, sénateur romain, revêtu de la pourpre impériale, et Zénobie, reine de Palmyre. Elle étoit si chargée de perles, qu'elle pouvoit à peine marcher; les grands de sa cour, captifs comme elle, la soulageoient du poids de ses chaînes d'or. Aurélien étoit monté sur un char traîné par quatre cerfs, autre espèce de dépouilles et de richesses d'un roi goth. Ce char alloit attendre Alaric au Capitole [1].

Aurélien donna à Tétricus le gouvernement de la Lucanie en échange de l'Empire : Tétricus n'avoit pas le génie de Victoria : il se contenta d'être heureux.

Quant à Zénobie, vous savez qu'elle étoit peut-être Juive de naissance; Longin fut son maître de lettres grecques et de philosophie : elle avoit composé à son usage une histoire abrégée de l'Orient. Elle inclinoit aux sentiments des Hébreux touchant la nature de Jésus-Christ. On l'accuse d'avoir fait mourir le fils qu'Odénat avoit eu d'une autre femme, et peut-être Odénat lui-même. Elle eut trois filles et trois fils, dont l'un, Vaballath, devint roi d'un canton inconnu en Asie [2]. Ses trois filles, captives avec elle, se marièrent, et saint Zénobe, évêque de Florence du temps de saint Ambroise, descendoit de la reine de Palmyre. Le courage de Zénobie se démentit avec la fortune; elle demanda la vie en pleurant. La belle élève du magnanime Longin ne fut plus à Rome que la délatrice de

---

[1] *Aur. Vopisc. in Hist. Aug.*, p. 220; *Trig. Tyran.*, c. XXIII, XXIX.
[2] Le canton des Ucrimes.

quelques sénateurs entrés dans une conjuration vraie ou supposée, contre Aurélien. Elle habitoit une maison de campagne à Tibur, non loin des jardins d'Adrien et de la retraite d'Horace, laissant, avec un nom célèbre, des ruines qu'on va voir au désert.

Aurélien étoit naturellement sévère; la prospérité le rendit cruel. Il ne vouloit pas que le soldat prît une seule poule au laboureur; il disoit que les guerriers doivent faire couler le sang des ennemis et non les pleurs des citoyens [1] : beau sentiment et noble maxime! Il eut à soutenir une singulière guerre au sein même de Rome, la guerre des monnoyeurs, qui lui tuèrent sept mille soldats dans un combat sur le mont Cœlius [2]. Les châtiments que l'empereur faisoit infliger étoient affreux. Il méditoit une persécution générale contre les chrétiens [3]; et, lorsqu'il se rendit en Orient, dans le dessein de porter la guerre chez les Perses, il fut tué par les officiers de son armée, entre Héraclée et Byzance [4].

Le monde demeura sept mois sans maître : le sénat et l'armée se renvoyèrent le choix d'un empereur. L'un refusoit d'user de son droit, l'autre de sa force [5]. Les deux derniers souverains avoient tellement affermi l'État, que rien ne bougea; mais Rome ne reprit pas sa liberté : qu'en eût-elle fait ?

Claudius Tacite, sénateur, âgé de soixante-quinze

[1] *Hist. Aug.*, pag. 222.   [2] *Suid.*, pag. 494.
[3] Eus., *Chron.*   [4] *Hist. Aug.*, pag. 218.
[5] Vopisc., *Hist. Aug.*, pag. 222.

ans, fut enfin proclamé par le sénat. Telle est la souveraineté naturelle du génie : il n'y a point d'homme qui ne préférât aujourd'hui avoir été Tacite l'historien à Tacite l'empereur. Celui-ci sembla craindre la marque dont son aïeul avoit flétri les tyrans ; il vécut sur la pourpre comme en présence et dans la frayeur du peintre de Tibère [1].

L'empereur rendit au sénat quelques-unes de ses prérogatives ; et le sénat, dans sa décrépitude corrompue, crut voir renaître la chaste enfance de la république [2]. Tacite, allant se mettre à la tête de l'armée, en Thrace, pour repousser une attaque des Alains, à qui les Romains avoient manqué de foi, mourut de fatigue ou fut tué à Tharse, ou à Tyanes, ou dans le Pont, selon les versions différentes des historiens [3]. Peu de temps avant sa mort, la tombe de son père s'étoit ouverte, et il avoit vu l'ombre de sa mère. Le tombeau de nos pères s'ouvre toujours pour nous, mais il y a ici quelques souvenirs confus du sépulcre d'Agrippine : le génie de l'historien dominoit l'imagination de l'empereur.

Florien, frère de Tacite, se fit déclarer auguste en Asie, Probus en Orient. Une guerre civile de

<small>Probus, emp.
Eutichien, pape.
An de J.-C. 276-282.</small>

---

[1] Dix copies des *Annales* et des *Histoires* devoient être placées annuellement, par ordre de Claudius Tacite, dans les bibliothèques publiques : si cet ordre avoit été exécuté, il est probable que nous possèderions entiers les chefs-d'œuvre que la main du temps a mutilés. Claudius Tacite étoit de la famille de Cornélius Tacite ; mais il n'est pas certain qu'il descendit en ligne directe de l'historien. (*Hist. Aug.*, *Vit. Tac.*)

[2] *Id., ibid.*

[3] Victor. jun.: Aurel. Victor.; Euseb., *Chron.*

deux ou trois mois termina la lutte en faveur du dernier. La défaite des Franks, des Bourguignons, des Vandales, des Logions ou Lyges, qui s'étoient emparés des Gaules, signala le commencement du règne de Probus. Il tua quatre cent mille Barbares, délivra et rétablit soixante-dix villes, transporta dans la Grande-Bretagne des colonies de prisonniers, soumit une partie de l'Allemagne, obligea les peuples vaincus à se retirer au-delà du Necker et de l'Elbe, de payer aux Romains un tribut annuel en blé, vaches, brebis, et de prendre les armes pour la défense de l'Empire contre des nations plus éloignées [1] : enfin il bâtit un mur de deux cents milles de longueur, depuis le Rhin jusqu'au Danube [2]. Probus conçut le plan régulier de défendre l'Empire contre les Barbares avec des Barbares. Quand la république réunissoit des peuples à ses domaines, elle leur apportoit la vertu en échange de la force qu'elle recevoit d'eux. Que pouvoient les Romains du siècle de Probus pour les Barbares ?

Une poignée de Franks auxiliaires, que Probus avoit relégués sur le rivage du Pont-Euxin, s'ennuyèrent ; ils s'emparèrent de quelques barques, franchirent le Bosphore, désolèrent les côtes de la Grèce, de l'Asie et de l'Afrique, prirent et pillèrent

---

[1] Prob. *Vit.*, *Hist. Aug.*, pag. 238 et seq. ; Zos., lib. i ; Bucharii, *Hist. Belg.*, lib. iii, pag. 1 ; Hier. *Chron.*

[2] Limes inter Rhenum atque Danubium ab Hadriano imperatore ligneo muro munitus, a Germanis sub Aurelio eversus, a Probo restauratus, et muro lapideo fuit firmatus. (Danielis Schopflini Alsat. *Illust.*, tom. 1, pag. 223.

Syracuse, entrèrent dans l'Océan, et, après avoir côtoyé les Espagnes et les Gaules, vinrent débarquer dans leur patrie aux embouchures du Rhin [1], laissant le monde étonné d'une audace qui annonçoit un grand peuple.

Probus passa en Égypte, défit, dans la Thébaïde, les Blemmyes, sauvages d'Éthiopie, dont on ne sait presque rien ; de là il marcha contre les Perses. Assis à terre, sur l'herbe, au haut d'une montagne d'Arménie, mangeant dans un pot quelques pois chiches, habillé d'une simple casaque de laine teinte en pourpre, la tête couverte d'un chapeau, parce qu'il étoit chauve, sans se lever, sans discontinuer son repas, Probus reçut les ambassadeurs étonnés du grand-roi. Il leur dit qu'il étoit l'empereur; que si leur maître refusoit justice aux Romains, il rendroit la Perse aussi nue d'arbres et d'épis que sa tête l'étoit de cheveux ; et il ôta son couvre-chef. « Avez-vous faim ? » ajouta ce Popilius de l'Empire, « partagez mon repas ; sinon, retirez-vous [2]. »

[1] Itidem cum Franci ad imperatorem accessissent, et ab eo sedes obtinuissent, pars eorum quædam defectionem molita, magnamque navium copiam nancta, totam Græciam conturbavit. In Siciliam quoque delata, et urbem Syracusanam adorta, magnam in ea cædem edidit. Tandem cum et in Africam adpulisset, ac refecta fuisset, adductis Carthagine copiis, nihilominus domum redire nullum passa detrimentum potuit. (Zosim., lib. 1, pag. 20, edit. Basileæ.)

[2] Quo in habitu deprehensum a legatis Carinum aiunt. Purpurea vestis humi per herbam jacebat; cibus autem erat pridianum ex ipsis elixis pulmentum, in hisque frusta quædam et inveterata porcinarum carnium salsamenta. Eos ergo (Parthorum le-

Probus donna des terres en Thrace à cent mille Bastarnes, (nation scythe ou gothique), qui s'attachèrent au sol. Il en avoit partagé d'autres aux Gépides, aux Juthongues, aux Vandales, aux Franks : tous ceux-ci se soulevèrent à divers intervalles.

On peut fixer au règne de Probus la fin de la première grande invasion des Barbares, bien que les mouvements s'en fissent encore sentir sous Carus, Carin, Numérien, et qu'ils se prolongeassent sous Dioclétien jusqu'à l'avénement de Constantin à l'empire.

Probus, délivré des guerres étrangères, étouffa les révoltes de Saturnin, de Proculus et de Bonose. Dans le retour d'une si grande paix, il affirmoit qu'on n'auroit bientôt plus besoin d'armée. Il occupa les troupes oisives à planter des vignes dans la Pannonie, la Mœsie et les Gaules ; et, selon Vopiscus, jusque dans la Grande-Bretagne : on croit que la Bourgogne lui est redevable de ses

---

gatos) cum vidisset, neque surrexisse neque quidquam mutasse fertur, sed, e vestigio vocatis, dixisse : Se quidem illos scire ad sese venire, se enim Carinum esse, juvenique regi in eadem die renuntiarent jubere, ni saperet omnem ipsorum saltum, campumque omnem intra lunare spatium Carini capite fore nudiorem, simulque dicentem detracto pileo caput ostendisse nihilo galea adjacente villosius : ac si quidem esurirent, ut manum una in ollam immitterent permissurum, sin minus, jubere se eadem hora recedere.

Synesii episcopi Cyrenes de regno ad Arcadum imperat., interprete Dionysio Petavio Jesu Presbytero. (Pag. 18. Lutetiæ, 1633.)
— On sait qu'il y a erreur dans le texte de Synésius, et qu'il faut rapporter à *Probus* ce qu'il attribue à *Carin*.

premières richesses. Probus, guerrier si digne du sceptre, n'en fut pas moins tué par ses soldats dans une guérite de fer, d'où il surveilloit les légions employées au desséchement des marais de Sirmich, sa patrie [1].

Carus, emp., et ses deux fils, Carin et Numérien. Eutichien, pape. An de J.-C. 282-283.

Carus, qui vint après Probus, étoit né à Narbonne, selon les deux Victor. Il se disoit originaire de Rome, et il n'est pas sûr qu'il vit jamais cette capitale du monde, dont il étoit souverain. Il fut foudroyé après des victoires remportées sur les Perses, non loin de Ctésiphon, qu'il avoit pris [2]. Quand la guerre fatiguée discontinuoit le meurtre de ses princes, le ciel s'en chargeoit.

Carin et Numérien Ier, empereurs, Caïus pape. An de J.-C. 284.

Les fils de Carus, Carin et Numérien, reconnus empereurs, célébrèrent à Rome les *jeux romains* [3], que Calpurnius ou Calphurnius, poëte oublié comme ces jeux, a chantés [4].

---

[1] Vict., *Ep.*, Eut.

[2] Ctesiphontem usque pervenit... ut alii dicunt morbo, ut plures fulmine interremptus est. Negari non potest eo tempore quo periit, tantum fuisse subito tonitruum, ut multi terrore ipso exanimati esse dicantur : cum igitur ægrotaret atque in tentorio jaceret, ingenti exorta tempestate, immani coruscatione, immaniori, ut diximus, tonitru exanimatus est. (Carus, *Hist. Aug.*, pag. 666.)

[3] September habet dies 30. — 27. — Ludi romaniani. *Ægidii Bucherii.*

Venimus ad sedes, ubi pulla sordida veste,
Inter femineas spectabat turba cathedras.
Nam quæcumque patent sub aperto libera cœlo
Aut eques aut nivei loca densavere tribuni.
.. .. Stabam defixus.....
Tum mihi senior..... Quid.
Ad tantas miraris opes? qui nescius auri

Numérien, revenant de la Perse, fut tué par Aper, préfet du prétoire, dont il avoit épousé la fille. Montesquieu remarque que les préfets du

> Sordida tecta, casas et sola mapalia nosti.
> En ego.....   et ista
> Factus in urbe senex, stupeo tamen ....
> Balteus en gemmis, en illita porticus auro
> Certatim radiant. Nec non ubi finis arenæ,
> Proxima marmoreo peragit spectacula muro :
> Sternitur adjunctis ebur mirabile truncis,
> Et coit in rotulam, tereti qua lubricus axis
> Impositos subita vertigine falleret ungues,
> Excuteretque feras. Auro quoque tota refulgent
> Retia, quæ tortis in arenam dentibus extant
> Dentibus æquatis.....
> ..... Vidi genus omne ferarum,
> Hic niveos lepores, et non sine cornibus apros
> Menticoram.....
> Vidimus et tauros.....
> ..... AEquoreos ego cum certantibus ursis
> Spectavi vitulos.....
> Ah! trepidi quoties......   arenæ
> Vidimus in partes, ruptaque voragine terræ,
> Emersisse feras : et eisdem sæpe latebris
> Aurea cum croceo creverunt arbuta libro.
> (CALPURNII *ecloga septima.*)

J'ai pris place sur des bancs, au milieu des siéges des femmes, d'où la populace, dans les sales habits de sa misère, regardoit les jeux ; car toute l'enceinte qui se trouve en plein air est occupée par les tribuns aux toges blanches ou par les chevaliers.
..... J'admirois..... Alors un vieillard :
Pourquoi t'étonner de tant de richesses? toi qui ne connois pas l'or et n'as jamais habité que sous un toit au hameau, puisque moi-même, que cette ville a vu vieillir, je suis ébloui.........
L'or resplendit au portique, et les pierreries au pourtour. Au bas du mur de marbre qui environnoit l'arène étoit une roue formée de morceaux d'ivoire rapportés avec art, qui, par son axe arrondi et par sa surface glissante, fuyoit subitement sous les ongles des bêtes féroces, et empêchoit leur approche. Des filets dorés étoient enlacés sur l'arène à des dents d'éléphant toutes égales..... J'ai vu toutes sortes d'animaux, des lièvre

prétoire étoient à cette époque auprès des empereurs, ce que sont les vizirs auprès des sultans [1]. Le jeune prince avoit versé tant de larmes sur la mort de son père, que sa vue en étoit affoiblie; on le portoit dans une litière au milieu des légions. Aper, qui convoitoit la pourpre, s'étoit trop hâté; son forfait avoit devancé ses brigues; le cadavre de Numérien, assassiné dans la litière fermée, tomba en pourriture avant que le meurtrier eût pu s'assurer du suffrage des soldats. La présence du crime et le néant des grandeurs humaines furent dénoncés par l'odeur qui s'en élevoit [2].

L'armée tint un conseil à Calcédoine, afin d'élire le chef de l'État. Dioclétien, qui commandoit les officiers militaires du palais, fut choisi [3]. Tout aussitôt, descendant de son tribunal, il perce Aper de son épée, et s'écrie : « J'ai tué le sanglier fatal. »

blancs, des sangliers armés de cornes, une menticore (un phoque), des taureaux, des veaux marins, combattant contre des ours.

Ah! combien de fois n'ai-je pas été saisi de frayeur, lorsque l'arène s'entr'ouvrant, des bêtes sauvages sortoient du gouffre! souvent aussi du brillant abîme poussoient des arbousiers aux tiges safranées.

[1] *Grandeur et décadence des Romains.*
[2] Patre mortuo, cum nimio fletu oculos dolere cœpisset.... dum lectica portaretur, factione Arrii Apri soceri sui, qui invadere conabatur imperium, occisus est. Sed cum per plurimos dies de imperatoris salute quæreretur a milite, cocionareturque Aper idcirco illum videri non posse, quod oculos invalidos a vento et sole subtraheret, fetore tamen cadaveris res esset prodita : omnes invaserunt Aprum, eumque ante signa et principia protraxere. (FLAV. VOPISC., *Numerianus. Hist. Aug.*, pag. 669.)
[3] *Domesticus regens.* (CAR. *Aug. Vit.*, pag. 250.)

Une druidesse de Tongres lui avoit promis l'empire quand il auroit tué un *sanglier,* en latin *aper*[1]. A cette élection, du 17 septembre 284, commença l'ère fameuse dans l'Église, connue sous le nom de l'ère de *Dioclétien* ou des Martyrs[2].

Dioclétien livra divers combats à Carin, dont les mœurs rappeloient celles des princes déréglés, prédécesseurs des empereurs militaires. Carin triompha, mais ses soldats victorieux lui ôtèrent la vie à l'instigation d'un tribun dont il avoit déshonoré la couche. Ils se soumirent à Dioclétien.

Vous aurez à considérer plusieurs choses sous le règne des derniers empereurs, Gallus, Émilien, Valérien, Gallien, Claude, Aurélien, Tacite, Probus, Carus et ses fils, par rapport aux chrétiens.

Bien que tous les évêques portassent le nom de pape, l'unité de l'Église s'établissoit : un traité de saint Cyprien la recommande[3].

Gallus et Valérien excitèrent des persécutions : outre ces persécutions générales, il y en avoit de particulières. Les empereurs ayant publié des édits contradictoires au sujet de la religion nouvelle, et ces édits ne s'abrogeant pas mutuellement, il arrivoit que les délégués du pouvoir, selon leurs carac-

---

[1] *Id., ibid.,* pag. 252. Avant le meurtre d'Aper, il avoit coutume de dire qu'il tuoit toujours des sangliers, mais qu'un autre les mangeoit : *utitur pulpamento.*

[2] Elle servit long-temps au comput de la fête de Pâques, et elle est encore employée par les Cophtes et les Abyssins.

[3] De unitate Ecclesiæ catholicæ, vulgo de simplicitate prælatorum. (*Opera Cyp.,* pag. 206.)

tères, leurs principes et leurs préjugés, usoient de la tolérance ou de l'intolérance de la loi [1].

Les papes Corneille, Étienne, Sixte II, succombèrent. Celui-ci avoit transporté les corps de saint Pierre et de saint Paul dans les catacombes qui servoient de temple et de tombeau aux chrétiens. En parlant des mœurs des fidèles, je vous raconterai quelque chose du martyre de saint Laurent.

Cyprien eut la tête tranchée à Carthage; trois cents chrétiens sans nom égalèrent, à Utique, la fermeté de Caton : ils furent précipités dans une fosse de chaux vive [2]. Théogène, évêque, souffrit à Hippone, Fructueux à Taragone, Paturin à Toulouse, Denis à Lutèce [3]; première illustration de cette bourgade inconnue : comme un arbre dans le clos des morts, le christianisme poussoit vigoureusement dans le champ des martyrs. Grégoire le Thaumaturge, près d'expirer, demande s'il reste encore quelques idolâtres dans sa ville épiscopale; on lui répond qu'il en reste dix-sept. « Je laisse donc « à mon successeur autant d'infidèles que je trouvai « de chrétiens à Néocésarée [4]. »

Les Barbares, en entrant dans l'Empire, étoient venus chercher des missionnaires : les envoyés de la miséricorde de Dieu allèrent au-devant des envoyés de sa colère, pour la désarmer. Des évêques, la chaîne au cou, guérissoient les malades en pré-

---

[1] PAGIAN., 252; *Catalog.* BUCHER.
[2] PRUDENT. PERISTEPH., 12.
[3] *Martyr.*, 14 mai.
[4] GREG. NYSS.. pag. 1006. D.

chant la sainte parole. Les maîtres prenoient confiance dans ces esclaves médecins; ils se figuroient obtenir par eux la victoire, et demandoient le baptême. Les prisonniers se changeoient en pasteurs; des Églises nomades commençoient au milieu des hordes guerrières rentrées dans leurs forêts comme sous leurs tentes. Ces diverses nations se combattoient les unes les autres, se formoient en confédérations, dissoutes et recomposées selon les succès et les revers; gens féroces qui brisoient tous les jougs, et se soumettoient au frein de quelques prêtres captifs.

De tous les corps de l'État, l'armée romaine étoit celui où le christianisme faisoit le moins de progrès. Les chrétiens répugnoient à l'enrôlement, parce qu'ils regardoient les festins, la *mesure* et la *marque* comme mêlés de paganisme. Maximilien, appelé au service, disoit au proconsul Dion, à Tebeste en Numidie : « Je ne recevrai point la marque; « j'ai déjà reçu celle de Jésus-Christ [1]. » D'une autre part, le légionnaire attaché à ses aigles renonçoit difficilement à l'idolâtrie de la gloire.

Les hérésiarques et les philosophes continuèrent leur succession : Manès, avec sa doctrine des deux principes, Plotin et Porphyre, beaux esprits, ennemis du Christ.

Dioclétien associa Maximien au pouvoir suprême, et nomma deux césars, Galère et Constance : l'Orient et l'Italie tomboient dans le département des

Dioclétien et Maximien, emp.
Caïus et Marcellin, papes.
An de J.-C. 284-308.

[1] Milita et accipe signaculum. — Non accipio signaculum. Jam habeo signum Christi dei mei. (*Acta sincera Ruinartii*, pag. 310.)

augustes ; les césars eurent la garde du Danube et du Rhin., en deçà desquels se plaçoient les provinces de l'Occident. La possession romaine se trouva divisée entre quatre despotats, ce qui prépara la séparation finale des deux empires d'Orient et d'Occident.

L'armée, obéissant à quatre maîtres, n'eut plus assez de force pour les créer; il n'y eut plus assez de trésors dans l'une des quatre divisions territoriales pour fournir à un usurpateur le moyen d'acheter l'élection. Dioclétien diminua le nombre des prétoriens et leur opposa deux nouvelles cohortes, les joviens et les herculiens.

Mais ce qui fit la sûreté du prince causa la ruine de l'État : ces légions, qui choisissoient les empereurs, repoussoient en même temps les Barbares ; c'étoit une république militaire qui se donnoit des maîtres nationaux et n'en vouloit point d'étrangers. Lorsque Dioclétien eut opéré ses changements ; lorsque Constantin, continuant la même politique, eut cassé les prétoriens ; lorsque, au lieu de deux préfets du prétoire, il en eut nommé quatre ; lorsqu'il eut rappelé les légions qui gardoient les frontières pour les mettre en garnison dans le cœur de l'Empire, le règne des légions expira, le pouvoir domestique prit naissance. Le droit d'élection fut partagé entre les soldats et les eunuques[1] : la liberté

---

[1] Adrien de Valois remarque qu'autre chose étoit *milites* chez les Romains et autre chose *exercitus ;* à l'appui de sa remarque il cite le passage d'Idace : *Apud Constantinopolis Marcianus à* MILITIBUS *et ab* EXERCITU *, instante etiam sonore Theodosis Pulcheria Re-*

romaine, qui avoit commencé dans le sénat, passé au forum, traversé l'armée, alla s'enfermer dans le palais avec des esclaves à part de la race humaine; geôliers de la liberté qui n'avoient pas même la puissance de perpétuer dans leur famille la servitude héréditaire.

Le sénat partagea l'abaissement des légions. Rome ne vit presque plus ses empereurs; ils résidèrent à Trèves, à Milan, à Nicomédie, et bientôt à Constantinople. Dioclétien modela sa cour sur celle du grand-roi; il se donna le surmon de *Jupiter;* au lieu de la couronne de laurier, il ceignit le diadème, et ajouta au manteau de pourpre la robe d'or et de soie. Des officiers du palais de diverses sortes, et partagés en diverses *écoles,* furent constitués : les eunuques avoient la garde intérieure des appartements. Quiconque étoit introduit devant l'empereur se prosternoit et adoroit. Les successeurs de Dioclétien, et peut-être lui-même, se firent appeler *votre Éternité,* et ils vécurent un jour [1]. Sachez néanmoins que les empereurs s'arrogèrent ce titre par une espèce de droit d'héritage. Rome se surnommoit la ville éternelle; le peuple romain avoit vu dans l'immutabilité du dieu Terme le présage de la durée

---

gina, efficitur imperator. Le savant historien entend par *exercitu* la cour et les officiers du palais : il a raison. Grégoire de Tours et d'autres auteurs, emploient la même distinction : la suite des faits démontre que l'élection étoit devenue double, c'est-à-dire qu'elle s'opéroit par le concours des officiers du palais et de ceux de l'armée *Valesiana,* pag. 79.

[1] Aur. Vict., pag. 323; Eutrop., pag. 586; Greg. Naz., or. 3; Ath., *Apolog. cont. Arian.*; Ammian. Marcel., lib. xv.

de sa puissance : en usurpant les pouvoirs politiques, les despotes usurpèrent aussi les forces religieuses. Toutefois cette transmission du sort de l'espèce au destin de l'individu n'étoit qu'une fausseté impie : les nations qui changent de mœurs, de lois, de nom, de sang, ne meurent point, il est vrai; mais est-il rien de plus vite et de plus mortel que l'homme ?

Ce ne fut guère que six ans après l'association de Maximien à l'empire que Dioclétien s'adjoignit les deux césars Galérius et Constance. On vit dans les Gaules, sous le nom de Bagaudes [1], une insurrection de paysans, assez semblable à celles qui éclatèrent en France dans le moyen-âge. OElianus et Amandus, chefs de ces paysans, prirent la pourpre. Leurs médailles nous sont parvenues [2], moins comme une preuve historique du pouvoir d'un maître que comme un monument de la liberté : on a cru qu'OElianus et Amandus étoient chrétiens [3]. Maximien soumit ces hommes rustiques dont le nom reparut au cinquième siècle. Salvien, à cette dernière époque, excuse leur révolte par leurs souffrances : la faction de la misère est enracinée.

Carausius dans la Grande-Bretagne, Aquilée en Égypte, furent vaincus, l'un par Constance, l'autre par Dioclétien, après une usurpation plus ou moins longue. Galérius, d'abord défait par les Perses, les défit à son tour.

---

[1] Aur. Vict. pag. 524.
[2] Eutrop., pag. 585; Goltzii mes. rei. antiq., pag. 12.
[3] Vit. S. Babol. in And. Du Ch. Hist. Fr Scrip.

Dioclétien, grand administrateur, homme fin et habile [1], répara et augmenta les fortifications des

---

[1] J'ai tracé dans *les Martyrs* les portraits de Dioclétien, de Galérius et de Constantin, avec la fidélité historique la plus scrupuleuse : au lieu de les refaire, qu'il me soit permis de les rappeler.

« Dioclétien a d'éminentes qualités; son esprit est vaste, puis-
« sant, hardi; mais son caractère, trop souvent foible, ne sou-
« tient pas le poids de son génie. Tout ce qu'il fait de grand et
« de petit découle de l'une ou de l'autre de ces sources. Ainsi l'on
« remarque dans sa vie les actions les plus opposées : tantôt c'est
« un prince plein de fermeté, de lumières et de courage, qui
« brave la mort, qui connoit la dignité de son rang, qui force
« Galérius à suivre à pied le char impérial comme le dernier des
« soldats; tantôt c'est un homme timide qui tremble devant ce
« même Galérius, qui flotte irrésolu entre mille projets, qui
« s'abandonne aux superstitions les plus déplorables, et qui ne
« se soustrait aux frayeurs du tombeau qu'en se faisant donner
« les titres impies de Dieu et d'Éternité. Réglé dans ses mœurs,
« patient dans ses entreprises, sans plaisirs et sans illusions, ne
« croyant point aux vertus, n'attendant rien de la reconnois-
« sance, on verra peut être ce chef de l'Empire se dépouiller de
« la pourpre par mépris pour les hommes, et afin d'apprendre
« à la terre qu'il étoit aussi facile à Dioclétien de descendre du
« trône que d'y monter.

« Soit foiblesse, soit nécessité, soit calcul, Dioclétien a voulu
« partager sa puissance avec Maximien, Constance et Galérius.
« Par une politique dont il se repentira peut-être, il a pris soin
« que ces princes fussent inférieurs à lui, et qu'ils servissent
« seulement à rehausser son mérite. Constance seul lui donnoit
« quelque ombrage, à cause de ses vertus; il l'a relégué loin de
« la cour, au fond des Gaules, et il a gardé près de lui Galérius.
« Je ne vous parlerai point de Maximien, auguste, guerrier assez
« brave, mais prince ignorant et grossier, qui n'a aucune in-
« fluence. Je passe à Galérius.

« Né dans les huttes des Daces, ce gardeur de troupeaux a
« nourri dès sa jeunesse, sous la ceinture du chevrier, une am-
« bition effrénée. Tel est le malheur d'un État où les lois n'ont
« point fixé la succession au pouvoir; tous les cœurs sont enflés

frontières ; battit, à l'aide de ses associés et de ses généraux, les Blemmyes en Égypte, les Maures en Afrique, les Franks, les Allamans, les Sarmates en Europe ; il sema la division parmi les Goths, les Vandales, les Gépides, les Bourguignons, qui se consumèrent en guerres intestines. Ceux des Barbares du Nord que l'on avoit faits prisonniers furent ou distribués comme esclaves aux habitants des territoires de Trèves, de Langres, de Cambrai, de Beauvais et de Troyes, ou adoptés comme colons,

« des plus vastes désirs ; il n'est personne qui ne puisse prétendre
« à l'Empire ; et comme l'ambition ne suppose pas toujours le
« talent, pour un homme de génie qui s'élève, vous avez vingt
« tyrans médiocres qui fatiguent le monde.

« Galérius semble porter sur son front la marque, ou plutôt
« la flétrissure de ses services ; c'est une espèce de géant dont la
« voix est effrayante et le regard horrible. Les pâles descendants
« des Romains croient se venger des frayeurs que leur inspire
« ce césar, en lui donnant le surnom d'*Armentarius*. Comme un
« homme qui fut affamé la moitié de sa vie, Galérius passe les
« jours à table, et prolonge dans les ténèbres de la nuit de basses
« et crapuleuses orgies. Au milieu de ces saturnales de la gran-
« deur, il fait tous ses efforts pour déguiser sa première nudité
« sous l'effronterie de son luxe ; mais plus il s'enveloppe dans
« les replis de la robe du césar, plus on aperçoit le sayon du
« berger.

« Outre la soif insatiable du pouvoir et l'esprit de cruauté et
« de violence, Galérius apporte encore à la cour une autre dis-
« position bien propre à troubler l'Empire : c'est une fureur
« aveugle contre les chrétiens. La mère de ce césar, paysanne
« grossière et superstitieuse, offroit souvent, dans son hameau,
« des sacrifices aux divinités des montagnes. Indignée que les
« disciples de l'Évangile refusassent de partager son idolâtrie,
« elle avoit inspiré à son fils l'aversion qu'elle sentoit pour les
« fidèles. Galérius a déjà poussé le foible et barbare Maximien
« à persécuter l'Église ; mais il n'a pu vaincre encore la sage
« modération de l'empereur. »

nommément quelques tribus de Sarmates, de Bastarnes et de Carpiens.

Au moment de triompher, le christianisme eut à soutenir une persécution générale. Poussé par Galérius, qu'excitoit sa mère, adoratrice des dieux des montagnes, Dioclétien assembla un conseil de magistrats et de gens de guerre. Ce conseil fut d'avis de poursuivre les ennemis du culte public. L'empereur envoya consulter Apollon de Milet : Apollon répondit que les justes répandus sur la terre l'empêchoient de dire la vérité; la pythonisse se plaignoit d'être muette. Les aruspices déclarèrent que les justes dont parloit Apollon étoient les chrétiens. La persécution fut résolue. On en fixa l'époque à la fête des Terminales, dernier jour de l'année romaine [1], jour réputé heureux et qui devoit mettre fin à la religion de Jésus. Dioclétien et Galérius se trouvoient à Nicomédie.

L'attaque commença par la démolition de la basilique bâtie dans cette ville, sur une colline, et environnée de grands édifices [2]. On y chercha l'idole qu'on n'y trouva point.

Le décret d'extermination portoit en substance : Les églises seront renversées et les livres saints brûlés; les chrétiens seront privés de tous honneurs, de toutes dignités, et condamnés au supplice sans distinction d'ordre et de rang; ils pourront être poursuivis devant les tribunaux, et ne pourront poursuivre personne, pas même en réclamation de

---

[1] 23 février 301. [2] Euseb., lib. vii, cap. ii.

vol, réparation d'injures ou d'adultère ; les affranchis redeviendront esclaves [1].

C'est toujours par l'effet rétroactif des lois ou par leur déni, que les grandes iniquités sociales s'accomplissent : le refus de justice est sur le point où l'homme se trouve plus éloigné de Dieu. Un édit particulier frappoit les évêques, ordonnoit de les mettre aux fers, et de les forcer à abjurer.

La persécution, d'abord locale, s'étendit ensuite à toutes les provinces de l'Empire. La maison de l'empereur fut particulièrement tourmentée. Valérie, fille de Dioclétien, et Prisca sa femme, accusées de christianisme, sacrifièrent; Dorothée, le premier des eunuques, Gorgonius, Pierre, Judes, Mygdonius et Mardonius, souffrirent. On mit du sel et du vinaigre dans les plaies de Pierre ; étendu sur un gril, ses chairs furent rôties comme les viandes d'un festin [2]. On jeta pêle-mêle dans les bûchers femmes, enfants et vieillards; d'autres victimes, entassées dans des barques, furent précipitées au fond de la mer [3].

---

[1] Euseb., lib. vii, c. ii.   [2] Lact., *de Morte persec. martyr.* 26 déc.

[3] Voici le tableau de cette persécution, encore emprunté des *Martyrs* : ce n'est qu'un abrégé exact du long récit d'Eusèbe et de Lactance. (Euseb., cap. vi, vii, viii, ix, x, xi, lib. iv, Lact.) :

« La persécution s'étend dans un moment des bords du Tibre
« aux extrémités de l'Empire. De toutes parts on entend les
« églises s'écrouler sous les mains des soldats ; les magistrats
« dispersés dans les temples et dans les tribunaux, forcent la
« multitude à sacrifier ; quiconque refuse d'adorer les dieux, est
« jugé et livré aux bourreaux ; les prisons regorgent de victimes :
« les chemins sont couverts de troupeaux d'hommes mutilés
« qu'on envoie mourir au fond des mines ou dans les travaux

La bassesse, comme toujours, se trouva à point nommé pour faire l'apologie du crime : deux phi-

« publics. Les fouets, les chevalets, les ongles de fer, la croix,
« les bêtes féroces, déchirent les tendres enfants avec leurs mères ;
« ici l'on suspend par les pieds des femmes nues à des poteaux,
« et on les laisse expirer dans ce supplice honteux et cruel ; là,
« on attache les membres du martyr à deux arbres rapprochés
« de force : les arbres, en se redressant, emportent les lambeaux
« de la victime. Chaque province a son supplice particulier ; le
« feu lent en Mésopotamie, la roue dans le Pont, la hache en
« Arabie, le plomb fondu en Cappadoce. Souvent, au milieu des
« tourments, on apaise la soif du confesseur, et on lui jette de
« l'eau au visage, dans la crainte que l'ardeur de la fièvre ne hâte
« sa mort. Quelquefois, fatigué de brûler séparément les fidèles,
« on les précipite en foule dans le bûcher : leurs os sont réduits
« en poudre, et jetés au vent avec leurs cendres. . . . .
« . . . .
« Les villes sont soumises à des juges militaires, sans connois-
« sances et sans lettres, qui ne savent que donner la mort. Des
« commissaires font les recherches les plus rigoureuses sur les
« biens et les propriétés des sujets ; on mesure les terres, on
« compte les vignes et les arbres, on tient registre des troupeaux.
« Tous les citoyens de l'Empire sont obligés de s'inscrire dans
« le livre du cens, devenu un livre de proscription. De crainte
« qu'on ne dérobe quelque partie de sa fortune à l'avidité de
« l'empereur, on force, par la violence des supplices, les enfants
« à déposer contre leurs pères, les esclaves contre leurs maîtres,
« les femmes contre leurs maris. Souvent les bourreaux contrai-
« gnent des malheureux à s'accuser eux-mêmes et à s'attribuer
« des richesses qu'ils n'ont pas. Ni la caducité, ni la maladie, ne
« sont une excuse pour se dispenser de se rendre aux ordres
« de l'exécuteur ; on fait comparoître la douleur même et l'infir-
« mité ; afin d'envelopper tout le monde dans des lois tyranni-
« ques, on ajoute des années à l'enfance, on en retranche à la
« vieillesse : la mort d'un homme n'ôte rien au trésor de Galérius,
« et l'empereur partage la proie avec le tombeau. Cet homme,
« rayé du nombre des humains, n'est point effacé du rôle du
« cens, et il continue de payer pour avoir eu le malheur de vivre.
« Les pauvres, de qui on ne pouvoit rien exiger, sembloient seuls

losophes [1] écrivirent à la lueur des bûchers contre les chrétiens.

Le martyre de la légion thébéenne, massacrée par ordre de Maximien, est de cette époque. Nantes, dans l'Armorique, se consacra par le sang des deux frères Donatien et Rogatien [2].

Arnobe et Lactance défendirent le christianisme ; le dernier nous a peint la mort des persécuteurs et l'extinction de leur race [3] : Licinius Galérius et Candidien son fils ; Maximien avec son fils âgé de huit ans, sa fille âgée de sept, sa femme noyée dans l'Oronte où elle avoit fait noyer des chrétiennes ; Dioclétien, Valérie et Prisca fugitives, cachées sous de misérables habits, reconnues, arrêtées, décapitées à Thessalonique, et jetées dans la mer : victimes de la tyrannie de Licinius, elles n'étoient coupables que d'appartenir à un sang maudit.

Dioclétien et Maximien étoient venus triompher en Italie, l'un des Égyptiens, l'autre des peuples du Nord ; c'est le dernier triomphe authentique qu'ait vu Rome. L'empereur ne descendit du char de sa victoire que pour monter à Nicomédie sur le tribunal de son abdication. Cette scène eut lieu dans une plaine qu'inondoit la foule des grands, du peuple et des soldats. Dioclétien déclara qu'ayant

« à l'abri des violences par leur propre misère ; mais ils ne sont
« point à l'abri de la pitié dérisoire du tyran : Galérius les fait
« entasser dans les barques, et jeter ensuite au fond de la mer,
« afin de les guérir de leurs maux. » (*Martyrs*, liv. XVIII.)

[1] PAGI, an. 302, n. 13 ; EPIPHAN. *hæres.* 68.
[2] *Act. sinc.*, pag. 295.   [3] *De Morte persecut.*

besoin de repos, il cédoit l'empire à Galérius. En même temps il indiqua le césar qui devoit remplacer Galérius, devenu auguste : c'étoit Daïa ou Daza Maxima, fils de la sœur de Galérius. Il jeta son manteau de pourpre sur les épaules de ce pâtre[1], et Dioclétien, redevenu Dioclès, prit le chemin[2] de Salone, sa patrie.

Cet homme extraordinaire avoit les larmes aux yeux en déposant le pouvoir; il avoit également pleuré lorsque Galérius, dans un entretien secret, lui signifia qu'il prétendoit être le maître, et que si lui, Dioclétien, ne vouloit pas s'éloigner, lui, Galérius, l'y sauroit contraindre. D'autres ont écrit que Dioclétien renonça au trône par mépris des grandeurs humaines[3]. Soit que ce prince ait quitté l'empire de gré ou de force, avec courage ou foiblesse, sa retraite à Salone a donné à sa vie un caractère de philosophie qui fait aujourd'hui sa principale renommée.

Dioclétien habitoit, au bord de la mer, une maison de campagne[4] que Constantin-le-Grand dit avoir été simple[5], et que Constantin Porphyrogénète[6] a crue magnifique. Maximien Hercule se dépouilla de l'autorité souveraine à Milan en faveur de Constance Chlore, et nomma césar Valérius Sévère, obscur

---

[1] Eutrop., pag. 56, Vict., *Epit.*
[2] *Rhedæ impositus*, dit le texte.
[3] Eutrop., lib. ix, cap. xviii. Aurel. Vict. *Lumen Panegyr. vet.* vii, 15.
[4] Peut-être Spalatro.
[5] *Ad cœtum sanct.*, cap. xxv. Euseb.
[6] *De Administ. imp. ad Rom. fil.*, pag. 72, 85., 86.

favori de Galérius, le même jour que Dioclétien accomplissoit son sacrifice à Nicomédie. Maximien, ayant dans la suite ressaisi la pourpre, fit inviter Dioclétien à suivre son exemple. Dioclétien répondit : « Je voudrais que vous vissiez les beaux choux « que j'ai plantés, vous ne me parleriez plus de « l'empire [1]. » Paroles démenties par des regrets.

Pendant les neuf années que Dioclétien vécut à Salone, sa femme et sa fille périrent misérablement, et il ne put les sauver, obligé qu'il fut alors de reconnoître l'impuissance d'un prince auquel il ne reste d'autorité que celle des larmes. Menacé par Constantin et Licinius, peut-être même par le sénat [2], il résolut d'abréger sa vie. On est incertain du genre de sa mort; on parle de poison, d'abstinence, de mélancolie [3]. L'empereur sans empire ne dormoit plus, ne mangeoit plus; il soupiroit; il gémissoit : saint Jérôme laisse entendre qu'avant d'expirer, il vomit sa langue rongée de vers [4].

La philosophie fut aussi inutile à Dioclétien, pour mourir, que la religion à Charles-Quint : tous deux

---

[1] Vict., *Ep.*, pag. 223. Eutrop., pag. 589.
[2] Lact., *de Morte pers.*
[3] *Id., ibid.* Euseb., lib. viii, cap. xvii. Vict. *Epit.*
[4] Nos autem dicemus, omnes persecutores qui afflixerunt Ecclesiam Domini, ut taccamus de futuris cruciatibus, etiam in præsenti seculo recepisse quæ fecerint. Legamus ecclesiasticas historias : quid Valerianus, quid Decius, quid Diocletianus, etc., passi sint, et tunc rebus probabimus etiam juxta litteram prophetiæ veritatem esse completam : quod computruerint carnes eorum, et oculi contabuerint, et lingua in pedorem et saniem dissoluta sit. (*Commentarior.* D. Hieron., *in Zachar.*, lib. iii, p. xiv, pag. 370-h. Romæ, in ædibus populi romani 1571.)

eurent des remords d'avoir abandonné le pouvoir ; le premier, sur son lit et sur la terre, où il se rouloit au milieu de ses larmes [1] ; le second, au fond du cercueil, où il se plaça pour assister à la représentation de ses funérailles [2].

Dioclétien multiplia les impôts ; il couvrit l'empire de monuments onéreux qu'il faisoit souvent abattre, et recommencer sur un plan nouveau. La Providence a voulu qu'une salle des *Thermes* du persécuteur des chrétiens soit devenue, à Rome, l'église de *Notre-Dame-des-Anges*. Dans le cloître, jadis vaste cimetière de cet édifice, l'espace se trouve aujourd'hui trop grand pour la mort ; un

---

[1] Lact., *de Mort. pers.*

[2] He resolved to celebrate his own obsequies before his death. He ordered his tomb to be erected in the chapel of the Monastery. His domestiks marched thither in funeral procession, with black tapers in their hands; he himself followed his shroud, he was laid in his coffin with much solemnity. The service for the dead was chanted, and Charles joined in the prayers which were offered up for the rest of his soul, mingling his tears with those which his attendants shed, as if they had been celebrating a real funeral. The ceremony closed with sparkling holy water on the coffin in the usual form, and at the assistants retiring, the doors of the chapel were shut. Then Charles arose out of the coffin.(Robertson's, *Hist. of Charl. V*, vol. the third, pag. 817, 1750.)
Sibi adhuc viventi suprema officia repræsentari suoque ipse funeri interesse voluit atratus. Itaque monachis immistus mortuale sacrum canentibus, æternam sibimet requiem tanquam deposito inter sedes beatas apprecatus fuit, majori circumstantium luctu quam cantu : et genibus nixus summo rerum conditori animam suam humili precatione commendavit : inde inter gementium famulorum manus in cellam relatus. (Marianæ, *Hist. Hisp. continuatio ab Emmanuele Miniana*, lib. v, pag. 216, tom. iv.)

petit retranchement, pratiqué au pied de trois ou quatre colonnes, suffit aux tombeaux diminuants de quelques chartreux qui finissent aussi, et qui, dans leur abdication du monde, ne regrettent rien de la terre.

Les faits sont comme il suit après l'abdication de Dioclétien.

GALÉRIEN, CONSTANCE, emp. MARCELIN, pape. An de J.-C. 306.

Constance gouvernoit les Gaules, l'Espagne et la Grande-Bretagne; il étoit doux, juste, tolérant envers les chrétiens, et si dénué de fortune, qu'il étoit obligé d'emprunter de l'argenterie lorsqu'il donnoit un festin [1]. Suidas l'appelle *Constance-le-Pauvre* [2], un des plus beaux surnoms que jamais prince absolu ait portés.

Il eut d'Hélène, fille d'un hôtelier, sa femme légitime ou sa concubine, Constantin-le-Grand, et de Théodora, fille de la femme de Maximien-Hercule, trois filles et trois garçons. On le força de répudier Hélène, comme étant d'une naissance trop inférieure.

Constantin avoit alors dix-huit ans : entraîné dans l'humiliation de sa mère, il fut attaché à Dioclétien, et porta les armes en Égypte et dans la Perse. Galérius, jaloux de la faveur dont le fils de Constance jouissoit auprès des soldats, se voulut

---

[1] EUT., p. 587. Adeo autem cultus modici, ut feriatis diebus, si cum amicis numerosioribus esset epulandum, privatorum ei argento ostiatim petito triclinia sternerentur. (EUTROP. *Rer. romanar.*, lib. II, pag. 135. Basileæ, anno 1532.)

[2] Pauper ita vocabatur Constantius. Παυπερ οὕτω εκαλειτο Χωνσταντιος. (SUIDÆ *Lexicon,* tom. II, Genevæ, 1690.)

défaire de lui en l'excitant à se battre, d'abord contre un Sarmate, ensuite contre un lion [1]. Constantin, sorti heureusement de ces épreuves, se déroba par la fuite aux complots de Galérius ; afin de n'être pas poursuivi, il fit couper de poste en poste les jarrets des chevaux dont il s'étoit servi [2]. Il rejoignit son père à Boulogne, au moment où celui-ci, vainqueur de Carausius, s'embarquoit pour la Grande-Bretagne. Constance mourut à York. Les légions, par un dernier essai de leur puissance, sans attendre l'élection du palais, proclamèrent Constantin empereur, au nom des vertus de son père. Galérius n'accorda à Constantin que le titre de césar, conférant à Valère celui d'auguste.

Galérius avoit ordonné un recensement des propriétés, afin d'asseoir une taxe générale sur les terres et sur les personnes ; il y voulut soumettre l'Italie : Rome se soulève, appelle à la pourpre Maxence, gendre de Galérius, et fils de Maximien-Hercule. Le vieil empereur abdiqué sort de sa retraite, se joint à son fils. Sévère, réfugié dans Ravenne, qu'il rend par capitulation à Maximien-Hercule, est condamné à mort, et se fait ouvrir les veines.

Maximien s'allie avec Constantin, lui donne Fausta, sa fille, en mariage, et le nomme auguste. Galérius fond sur l'Italie avec une armée : parvenu jusqu'à Narni, et forcé de retourner en arrière, il élève Licinius, son ancien compagnon d'armes,

Constantin, emp.
Marcellus, Eusèbe,
Melchiade,
Silvestre 1er, papes.
An de J.-C. 307-333.

[1] Photii *Bib.*, cap. LXII, *In Praxag.*; Zonak., *Ann. Vitæ Diocl.*
[2] Zosim., lib. II, et les deux Victor.

au rang d'où la mort avoit précipité Sévère. Maximin Daïa, le césar qui gouvernoit l'Égypte et la Syrie, enflammé de jalousie, se décore aussi de la dignité d'auguste. Six empereurs (ce qui ne s'étoit jamais vu, et ce qui ne se revit jamais) règnent à la fois : Constantin, Maxence et Maximien en Occident ; Licinius, Maximin et Galérius en Orient.

La discorde éclate entre Maximien-Hercule et Maxence, son fils. Maximien se retire en Illyrie, ensuite dans les Gaules, auprès de Constantin, son gendre. Il conspire contre lui, et sur une fausse nouvelle de la mort de ce prince, s'empare d'un trésor déposé dans la ville d'Arles. Constantin, occupé au bord du Rhin à repousser un corps de Franks, revient, assiége son beau-père dans Marseille, le prend, et condamne à mort un vieillard dont l'ambition étoit tombée en enfance [1].

Galérius meurt à Sardique d'une maladie dégoûtante [2], attribuée par les chrétiens à la vengeance céleste. Galérius avoit été le véritable auteur de la persécution. Maximin Daïa et Licinius se partagent ses États. Licinius fait alliance avec Constantin, Maximin avec Maxence. Constantin, vainqueur des Franks et des Allamans, livre leur prince aux bêtes dans l'amphithéâtre de Trèves [3].

Maxence, oppresseur de l'Afrique et de l'Italie, invente le don gratuit [4] que les rois et les seigneurs

---

[1] Il y a divers récits contradictoires de sa mort.
[2] Lact., *de Morte pers.* Euseb., cap. xvi. Aurel. Vict., *Epit.*
[3] *Paneg. Orat. int. vet. paneg.*
[4] Aurel. Vict., pag. 526.

féodaux exigèrent dans la suite pour une victoire, une naissance, un mariage, et pour l'admission de leur fils à l'ordre de chevalerie : sous les Romains, il s'agissoit du consulat du jeune prince. Maxence immole les sénateurs et déshonore leurs femmes. Sophronie, chrétienne et femme du préfet de Rome, se poignarde afin de lui échapper [1].

Maxence médite d'envahir la Gaule. Constantin, décidé à prévenir son ennemi, voit dans les airs le labarum, et commence à s'instruire de la foi. Maxence avoit rétabli les prétoriens; son armée se composoit de cent soixante-dix mille fantassins et de dix-huit mille cavaliers. Constantin ne craignit point d'attaquer Maxence avec quarante mille vieux soldats. Il passe les Alpes Cottiennes sur une de ces voies indestructibles qui n'existoient pas du temps d'Annibal; il emporte Suse d'assaut, défait un corps de cavalerie pesante aux environs de Turin, un autre à Bresse : Vérone capitule : la garnison captive est liée des chaînes forgées avec les épées des vaincus [2]. Constantin marche à Rome, et gagne la bataille où Maxence perd l'empire et la vie.

Cette bataille est du petit nombre de celles qui, expression matérielle de la lutte des opinions, deviennent, non un simple fait de guerre, mais une véritable révolution. Deux cultes et deux mondes

---

[1] Rufin., *Hist. eccl.*, pag. 145.

[2] Tu divino monitus instinctu, de gladiis eorum gemina manibus aptari claustra jussisti, ut servarent deditos gladii sui, quos non defenderent repugnantes. (*Incerti panegyricus Constantino Augusto*, cap. II, pag. 498, tom. II. Trajecti ad Rhenum, 1787.)

se rencontrèrent au point Milvius ; deux religions se trouvèrent en présence, les armes à la main, au bord du Tibre, à la vue du Capitole. Maxence interrogeoit les livres sibyllins, sacrifioit des lions, faisoit éventrer des femmes grosses, pour fouiller dans le sein des enfants arrachés aux entrailles maternelles : on supposoit que des cœurs qui n'avoient pas encore palpité, ne pouvoient recéler aucune imposture. Constantin, dans son camp, se contentoit de dire, ce qu'on grava sur son arc de triomphe, qu'il arrivoit par l'impulsion de la divinité et la grandeur de son génie [1]. Les anciens dieux du Janicule rangèrent autour de leurs autels les légions qu'ils avoient envoyées à la conquête de l'univers : en face de ces soldats étoient ceux du Christ. Le labarum domina les aigles, et la terre de Saturne vit régner celui qui prêcha sur la montagne : le temps et le genre humain avoient fait un pas.

Six mois après la victoire de Constantin, Maximin Daïa voulut enlever à Licinius la partie de l'Empire qu'il gouvernoit ; vaincu auprès d'Héraclée, il alla mourir à Nicomédie. Des six empereurs il ne restoit plus que Constantin et Licinius.

Ceux-ci se brouillèrent. Une première guerre civile, suivie d'une seconde, amenèrent les batailles de Cibalis, de Mardie, d'Andrinople et de Chrysopolis, où Constantin fut heureux. Licinius, resté aux mains du vainqueur, fut exilé à Thessalonique.

---

[1] *Instinctu divinitatis, mentis magnitudine.*

Quelque temps après, on lui demanda sa tête, sous prétexte d'une conspiration ourdie par lui dans les fers : ce moyen de crime, si souvent reproduit dans l'histoire, accuse de stérilité les inventions de la tyrannie.

Constantin, demeuré en possession du monde, résolut, vers la fin de sa vie, de donner une seconde capitale à ses États : Constantinople s'éleva sur l'emplacement de Byzance, au nom de Jésus-Christ, comme Rome s'étoit élevée sur les chaumières d'Évandre, au nom de Jupiter [1]. Le fondateur de l'empire chrétien déclara qu'il bâtissoit la nouvelle cité par l'ordre de Dieu [2] : il racontoit qu'endormi sous les murs de Byzance, il avoit vu dans un songe une femme, accablée d'ans et d'infirmités, se changer en une jeune fille brillante de santé et de grâce, laquelle il lui sembloit revêtir des ornements impériaux [3]. Constantin, interprétant ce songe, obéit à l'avertissement du ciel; armé d'une lance, il conduit lui-même les ouvriers qui traçoient l'enceinte de la ville. On lui fait observer que l'espace déjà parcouru étoit immense : « Je suis, répondit-il, le guide invisible qui marche devant moi; je ne m'arrêterai que quand il s'arrêtera [4].

La cité naissante fut embellie de la dépouille de

---

[1] Cum muros, arcemque procul, et rara domorum
Tecta vident, quæ nunc romana potentia cœlo
AEquavit. (VIRG.)

[2] *Cod. Theod.*, lib. v

[3] SOZOMENE, pag. 444, *conq. de Const.*, lib. I.

[4] PHILOSTORG., *Hist. eccles.*, lib. II, cap. IX.

la Grèce et de l'Asie : on y transporta les idoles des dieux morts, et les statues des grands hommes qui ne meurent pas comme les dieux. La vieille métropole paya surtout son tribut à sa jeune rivale, ce qui fait dire à saint Jérôme que Constantinople s'étoit parée de la nudité des autres villes [1]. Les familles sénatoriales et équestres furent appelées des rivages du Tibre à ceux du Bosphore, pour y trouver des palais semblables à ceux qu'elles abandonnoient. Constantin éleva l'église des Apôtres, qui, vingt ans après sa dédicace, étoit tombante; et Constance bâtit Sainte-Sophie, plus célèbre par son nom que par sa beauté. L'Égypte demeura chargée de nourrir la nouvelle Rome aux dépens de l'ancienne.

Il y a des jugements que les historiens répètent sans examen; vous aurez souvent lu que Constantin avoit hâté la chute de la puissance des césars en détruisant l'unité de leur siége : c'est, au contraire, la fondation de Constantinople qui a prolongé jusque dans les siècles modernes l'existence romaine. Rome, demeurée seule métropole, n'en eût pas été

---

[1] *Constantinopolis dedicantur pene omnium urbium nuditate.* Chron., pag. 181. *Nuditas*, qui n'est pas de la bonne latinité, ne peut être employé ici que dans le sens de la *Bible*. Les principaux objets d'art transportés à Constantinople furent les trois serpents qui soutenoient, à Delphes, le trépied d'or consacré en mémoire de la défaite de Xerxès, le Pan également consacré par toutes les villes de la Grèce, et les Muses d'Hélicon. La statue de Rhée fut enlevée au mont de Dyndème; mais, par une barbarie digne de ce siècle, on changea la position des mains de la déesse, pour lui donner une attitude suppliante, et on la sépara des lions dont elle étoit accompagnée.

mieux défendue; l'Empire se seroit écroulé avec elle, lorsqu'elle succomba sous Alaric, si la nouvelle capitale n'eût formé une seconde tête à cet empire; tête qui n'a été abattue que plus de mille ans [1] après la première par le glaive de Mahomet II.

Mais, ce qui fut favorable à la durée du pouvoir temporel tel que le créa Constantin, devint contraire au pouvoir spirituel dont il se déclara le protecteur. Fixés dans l'Occident, sous l'influence de la gravité latine et du bon sens des races germaniques, les empereurs ne seroient point entrés dans les subtilités de l'esprit grec : moins d'hérésies auroient ensanglanté le monde et l'Église. Constantinople naquit chrétienne; elle n'eut point, comme Rome, à renier un ancien culte, mais elle défigura l'autel que Constantin lui avoit donné.

[1] Mille quarante-sept ans.

ÉTUDE SECONDE

OU

SECOND DISCOURS

SUR LA CHUTE

DE L'EMPIRE ROMAIN,

LA NAISSANCE ET LES PROGRÈS

DU CHRISTIANISME,

ET L'INVASION DES BARBARES.

PREMIÈRE PARTIE.

DE CONSTANTIN A VALENTINIEN ET VALENS.

CONSTANTIN, emp.
MARCELLUS, EUSÈBE.
MELCHIADE,
SILVESTRE, MARC,
JULES Ier, papes.
An de J.-C. 307-337.

EN entrant dans cette seconde Étude, vous rentrez avec moi dans l'unité du sujet. Je ne me trouve plus obligé de séparer les trois faits des nations païennes, chrétiennes et barbares : ces dernières, ou fixées dans le monde romain, ou préparant au dehors la décisive invasion, se sont déjà inclinées aux mœurs et à la nouvelle religion de l'Empire.

D'un autre côté, le christianisme s'assied sur la

pourpre ; ses affaires ne sont plus celles d'une secte en dehors des masses populaires ; son histoire est maintenant l'histoire de l'État. Bien que la majorité des populations soumises à la domination de Rome est et demeure encore long-temps païenne, le pouvoir et la loi deviennent chrétiens.

Des intérêts nouveaux, des personnages d'une nature jusqu'alors inconnue, se révèlent. Depuis le règne de Néron jusqu'à celui de Constantin, les dissentiments religieux n'avoient guère été, parmi les fidèles, que des démêlés domestiques méprisés ou contenus par l'autorité ; mais aussitôt que le fils de sainte Hélène eut levé l'étendard de la croix, les schismes se changèrent en querelles publiques : quand les persécutions du paganisme finirent, celles des hérésies commencèrent. A peine Constantin avoit-il pris les rênes du gouvernement, qu'Arius divisa l'Église.

Avec Arius parurent ces grands évêques nourris aux écoles d'Antioche, d'Alexandrie et d'Athènes, les Alexandre, les Athanase, les Grégoire, les Basile, les Chrysostome, lesquels renouvelant la philosophie, l'éloquence et les lettres, poussèrent l'esprit humain hors des vieilles règles, le firent sortir des routines où il avoit si long-temps marché sous la domination des anciens génies et d'une religion tombée. Les Pères de l'Église latine, saint Paulin, saint Hilaire, saint Jérôme, saint Ambroise, saint Augustin, conduisirent l'Occident à la même rénovation.

Les discours et les actions de ces prêtres attiroient l'attention principale du gouvernement ; les généraux et les ministres furent relégués dans une classe secondaire d'intérêt et de renommée. Les conciles prirent la place des conseils, ou plutôt furent les véritables conseils du souverain, qui se passionna pour des vérités ou des erreurs que souvent il ne comprenoit pas. Le monde païen essayoit de lutter avec ses fables surannées et les systèmes discrédités de ses sages, contre un siècle qui l'entraînoit.

Le christianisme avoit eu à supporter les persécutions du paganisme : les rôles changent ; le christianisme va proscrire à son tour le paganisme. Mais étudiez la différence des principes et des hommes.

Les païens, comme les chrétiens, ne tinrent point obstinément à leur culte, ne coururent point au martyre : pourquoi ? parce que le polythéisme étoit à la fois l'idée fausse et l'idée décrépite, succombant sous l'idée vraie et rajeunie de l'unité d'un Dieu. L'ancienne société ne trouva donc pas pour se défendre l'énergie que la société nouvelle eut pour attaquer.

Jusqu'alors les mouvements du monde civilisé avoient été produits par les impulsions d'un culte corporel, les réclamations de la liberté, les usurpations du pouvoir, enfin par les passions politiques ou guerrières : un autre ordre de faits commence ; on s'arme pour les vérités ou les erreurs du pur esprit. Ces subtilités métaphysiques, obscures, qui le seront toujours, qui firent couler tant de sang, n'en sont pas moins la preuve d'un immense progrès de l'espèce humaine. Plus l'homme s'éloigne de l'homme matériel pour se concentrer dans l'homme intelligent, plus il se rapproche du but de son existence; s'il ne perdoit pas quelquefois le courage physique et la vertu morale, en développant sa nature divine, il atteindroit avec moins de lenteur le perfectionnement auquel il est appelé.

Avec Constantin se forme l'*Église* proprement dite. Alors prit naissance cette monarchie religieuse qui, tendant à se resserrer sous un seul chef, eut ses lois particulières et générales, ses conciles œcuméniques et provinciaux, sa hiérarchie, ses dignités, ses deux grandes divisions du clergé régulier et séculier, ses propriétés régies en vertu d'un droit différent du droit commun, tandis que, honorés des princes et chéris des peuples, les évêques, élevés aux plus hauts emplois politiques, remplaçoient encore les magistrats inférieurs dans les fonctions municipales et administratives, s'emparoient par les serments, des principaux actes de la vie civile, et devenoient les législateurs et les conducteurs des nations.

Remarquez deux choses peu observées, qui vous expliqueront la manière dont le christianisme parvint à dominer la société tout entière, peuples et rois.

L'*Église* se constitua en monarchie (élective et représentative), et la *communauté chrétienne* en république : tout étoit obéissance et distinction de rangs dans l'une, bien que le chef suprême fût presque toujours choisi dans les rangs populaires : tout étoit liberté et égalité dans l'autre. De là cette double influence du clergé, qui, d'un côté, convenoit aux grands par ses doctrines de pouvoir et de subordination, et de l'autre, satisfaisoit les petits par ses principes d'indépendance et de nivellement évangélique; de là aussi ce langage contradictoire, sans cesser d'être sincère : le prêtre étoit auprès des souverains le tribun de la république chrétienne, leur rappelant les droits égaux des enfants d'Adam, et la préférence que le Rédempteur de tous accorde aux pauvres et aux infortunés sur les riches et les heureux; et ce même prêtre étoit auprès du peuple le mandataire de la monarchie de l'Église, prêchant la soumission, et ordonnant de rendre à César ce qui appartient à César.

Jamais la société religieuse ne s'altère que la société politique ne change : je vous ai déjà dit comment l'élection de l'empereur passa des camps au palais. Les révolutions se concentrèrent au foyer impérial; les guerres civiles n'arrivèrent plus que rarement par les insurrections et les ambitions militaires; elles sortirent des divisions de la famille régnante, comme il advient dans les empires despotiques de l'Orient.

Sous Constantin on voit paroître, avec l'établissement de l'Église, cette espèce d'aristocratie à la façon moderne, qui ne remplaça jamais dans l'Empire le patriciat auquel Rome dut sa première liberté. Constantin multiplia, s'il n'inventa pas, les titres de nobilissime, de clarissime, d'illustre, de duc, de comte (dans le sens honorifique de ces deux derniers mots). Ces titres, avec ceux de *baron* et de *marquis*, d'origine purement barbare, ont passé à la noblesse de nos temps. Ainsi, à l'époque dont nous discourons, une transfusion d'éléments se prépare : au premier autel de Constantinople, autel qui fut chrétien, se rattache un des premiers anneaux de la chaîne de la nouvelle société. Si les créations politiques de Constantin ne furent point l'effet immédiat du christianisme, elles en furent l'effet médiat. Tout tend à se mettre de niveau dans la cité : avancer sur un point, et rester en arrière sur un autre, ne se peut : les idées d'une société sont analogiques, ou la société se dissout.

Les institutions de la vieille patrie mouroient donc avec le vieux culte. Le paganisme, depuis la disparition de l'âge religieux et de l'âge héroïque, s'étoit rarement mêlé à la politique; il sanctifioit quelques actes de la vie du citoyen; il protégeoit les tombeaux; il présidoit à la dénonciation du serment; il consultoit le ciel touchant le succès d'une entreprise; il honoroit l'empereur vivant, lui offroit des libations, lui immoloit des victimes, et couronnoit ses statues; il l'admettoit, après sa mort, au rang des dieux : là se bornoit à peu près l'action du paganisme. Les devins, astrologues et magiciens, venus d'Orient, ajoutèrent quelques fourberies aux mensonges des oracles réguliers.

Mais avec le ministre chrétien s'introduisit la sorte de puissance nationale que les brachmanes de l'Inde, les mages de la Perse, les druides des Gaules, les prêtres chaldéens, juifs, égyptiens, tous serviteurs d'une religion plus ou moins allégorique et mystique, avoient jadis exercée. Le sanctuaire réagit sur les idées du pouvoir en raison du plus ou moins d'immatérialité du dieu, et de son plus grand rapprochement de la vérité religieuse. L'idolâtrie auroit mal servi et n'auroit jamais enfanté l'espèce d'aristocratie qu'impatronisa Constantin. Aussi, lorsque Julien essaya de revenir au polythéisme, il dédaigna les titres et le régime nouveau de la cour. Il n'y eut, après le règne de ce prince, que l'aristocratie de fraîche invention qui se pût soutenir, parce que l'ordre ecclésiastique dont elle dérivoit s'établit : ce qui retraçoit l'ancienne aristocratie disparut; les souvenirs ne surmontent point les mœurs; en voici la preuve.

Constantin avoit formé, dans son autre Rome, un patriciat à l'instar du corps fameux qu'immortalisèrent tant de grands citoyens. Cette noblesse ressuscitée acquit si peu de considération, qu'on rougissoit presque d'en faire partie. On proposa vainement de soutenir sa pauvreté par des pensions[1], de masquer par un langage, par des habits, des us et coutumes d'autrefois, une naissance d'hier : les priviléges ne sont pas des ancêtres;

---

[1] ..... Nec a stultitia ulla re honor iste videretur..... Ac tunc quidem et latifundiorum et pecuniarum auctoramento illecti, munera hæc escam quamdam esse putabant, qua ad illic figendum domicilium attrahebantur. (THEMISTII *Orat.* III, pag. 48. Parisiis, 1634.)

l'homme ne se peut ôter les jours qu'il a, ni se donner ceux qu'il n'a pas. Les sénateurs de Constantin demeurèrent écrasés sous le nom antique et éclatant de *Patres conscripti*, dont on outrageoit leur récente obscurité.

En embrassant le christianisme et fondant l'Église, en fixant les Barbares dans l'Empire, en établissant une noblesse titrée et hiérarchique, Constantin a véritablement engendré ce moyen-âge[1] dont on place la naissance, je l'ai déjà dit, cinq siècles trop tard.

Ce prince ne monta point au Capitole après sa victoire sur Maxence, et sembla répudier avec les dieux la gloire de la ville éternelle. Il publia un édit favorable aux chrétiens, et plus tard un second édit pour les confesseurs et martyrs. Il accorda des immunités et des revenus aux églises, et des priviléges aux prêtres. Il ne fit point aux papes la donation inventée au huitième siècle par Isidore, mais il leur céda le palais de Latran, palais de l'impératrice Fausta, et il y bâtit l'édifice connu sous le nom de Basilique de Constantin[2].

---

[1] Il faut entendre cette expression dans le sens général : le moyen-âge proprement dit n'a guère commencé qu'à Robert, fils de Hugues Capet, et il a fini à Louis XI.

[2] On croit que Constantin fit encore bâtir à Rome six autres églises : Saint-Pierre au Vatican, Saint-Paul hors des murs, Sainte-Croix-de-Jérusalem, Sainte-Agnès, Saint-Laurent hors des murs, Saint-Marcelin et Saint-Pierre, martyrs. Des domaines en Italie, en Afrique et dans la Grèce, formoient à l'église de Latran un revenu de 13,934 sous d'or. D'autres églises, à Ostie, à Albe, à Capoue, à Naples, possédoient un revenu de 17,717 sous

Le supplice de la croix fut prohibé[1]; la vacation du dimanche[2] et peut-être la sanctification du samedi ou du vendredi[3], devinrent coutumières. L'idolâtrie fut condamnée, et toutefois la liberté du culte laissée aux idolâtres; nonobstant quoi divers temples furent dépouillés et quelques-uns démolis[4]. Hélène renversa, à Jérusalem, le simulacre de Vénus, découvrit le Saint-Sépulcre et la

---

d'or. Ces églises avoient encore une redevance en aromates dans l'Égypte et l'Orient. L'église de Saint-Pierre étoit propriétaire de maisons et de terres à Antioche, à Tharse, à Tyr, à Alexandrie, et à Cyr, dans la province de l'Euphrate. Ces terres fournissoient du nard, du baume, du storax, de la cannelle et du safran, pour les lampes et les encensoirs. Toutes ces dotations se composoient des immeubles confisqués sur les martyrs, et dont il ne se trouvoit point d'héritiers, du revenu des temples détruits et des jeux abolis. Anastase, le bibliothécaire, des compilations duquel nous tirons ces détails, donne un catalogue des vases d'or et d'argent employés au service de ces églises; le voici :

Hic fecit in urbe Roma ecclesiam in prædio qui cognominabatur Equitius. Patenam argenteam pensantem libras viginti, ex dono Aug. Constantini. Donavit autem scyphos argenteos duos, qui pensaverunt singuli libras denas; calicem aureum pensantem libras duas; calices ministeriales quinque pensantes singuli libras binas; amas argenteas binas pensantes singulæ libras denas; patenam argenteam; chrismatem auro clusum pensantem libras quinque; phara coronata decem pensantia singula libras octonas; phara ærea viginti pensantia singula libra denas; canthara cerostrata duodecim ærea pensantia libras tricenas. (ANAST. *Bibliothec., de Vit. Pontificum roman.*, pag. 13.)

[1] AUREL. VICT., pag. 526.
[2] *Cod. Just.*, lib. III, *de Fer.*
[3] EUS., *Vit. Const.*, lib. IV, cap. XVIII; SOZOM., lib. I, cap. XVIII.
[4] En particulier, les temples d'Aphaque sur le mont Liban, d'Héliopolis en Phénicie, et les temples d'Esculape et d'Apollon en Cilicie.

vraie croix, bâtit l'église de la Résurrection, celle de l'Ascension, sur le mont des Olives, celle de la Crèche, à Bethléem. Eutropia, mère de l'impératrice Fausta, remplaça par un oratoire chrétien, au chêne de Mambré, un autel profane. Constantine, Maïum, échelle ou port de Gaza, d'autres villes ou d'autres villages, embrassèrent la religion du Christ[1]. Ne semble-t-on pas entrer dans le monde moderne, en reconnaissant les lieux et les noms familiers à nos yeux et à notre mémoire ?

Des lois de Constantin rendent la liberté à ceux qui étoient retenus contre leur droit en esclavage[2], permettent l'affranchissement dans les églises devant le peuple, sur la simple attestation d'un évêque[3]; les clercs même avoient le pouvoir de donner la liberté à leurs esclaves, par testament ou par concession verbale, ce qui, sans les désordres des temps, auroit affranchi tout d'un coup une nombreuse partie de l'espèce humaine. D'autres lois défendent les concubines aux personnes mariées[4], ordonnent la salubrité des prisons, interdisent les cachots[5], exceptent de la confiscation ce qui a été donné aux femmes et aux enfants avant le délit des maris et des pères, proscrivent des choses infâmes

---

[1] SOCRAT., lib. I, cap. XVII; SOZOM., lib. II, cap. I, IV; EUSEB., *Vit. Const.*, lib. IV, cap. XXXVII.

[2] *Cod. Theod.*, tom. I, pag. 447.

[3] *Cod. Just.*, tom. XIII, lib. I; *Cod. Theod.*, tom. I, pag. 354; SOZOM., lib. I, cap. IX.

[4] *Cod. Just.*, tom. XXVI, pag. 464.

[5] *Cod. Theod.*, tom. III, pag. 33.

et les combats de gladiateurs [1]. Ces divers règlements n'eurent pas d'abord leur plein effet, mais ils signalent les premiers moments de l'établissement légal du christianisme, par la condamnation de l'idolâtrie, de l'esclavage, de la prostitution et du meurtre.

Constantin eut à s'occuper des hérésies : dans l'Occident, celle des donatistes fut anathématisée à Arles ; dans l'Orient, la doctrine d'Arius exigea la convocation du premier concile œcuménique. La question théologique intéresse peu aujourd'hui [2], mais le concile de Nicée est resté un événement considérable dans l'histoire de l'espèce humaine. On eut alors la première idée, et l'on vit le premier exemple d'une société existant en divers climats, parmi les lois locales et privées, et néanmoins indépendante des princes et des sociétés sous lesquels et dans lesquelles elle étoit placée; peuple formant partie des autres peuples, et cependant isolé d'eux, mandant ses députés de tous les coins de l'univers à traiter des affaires qui ne concernoient que sa vie morale et ses relations avec Dieu. Que de droits tacitement reconnus par ce bris des scellés du pouvoir sur la volonté et sur la pensée !

Pour la première fois encore, depuis les jours de Moïse, émancipateur de l'homme au milieu des nations esclaves de l'ignorance et de la force, se renouvela la manifestation divine du Sinaï; comme

---

[1] *Cod. Theod.*, tom. v, pag. 397 ; Euseb., *Vit. Const.*, lib. iv, cap. xxv ; Socrat., lib. i, cap. xviii.

[2] J'y reviendrai dans le tableau des hérésies.

autour du camp des Hébreux, les idoles étoient debout autour du concile de Nicée ; lorsque les interprètes de la nouvelle loi proclamèrent la suprême vérité du monde : l'existence et l'unité de Dieu. Les fables des prêtres, qui avoient caché le principe vivant, les mystères dans lesquels les philosophes l'avoient enveloppé, s'évanouirent : le voile du sanctuaire fut déchiré avec la croix du Christ; l'homme vit Dieu face à face. Alors fut composé ce symbole que les chrétiens répètent, après quinze siècles, sur toute la surface du globe; symbole qui expliquoit celui dont les apôtres et leurs disciples se servoient comme de mot d'ordre pour se reconnoître: en les comparant, on remarque les progrès du temps et l'introduction de la haute métaphysique religieuse dans la simplicité de la foi.

« Nous croyons en un seul Dieu, père tout-puis-
« sant, créateur de toutes choses visibles et invi-
« sibles, et en un seul Seigneur Jésus-Christ, fils
« unique de Dieu, engendré du Père, c'est-à-dire
« de la substance du Père, Dieu de Dieu, lumière
« de lumière, vrai Dieu de vrai Dieu, engendré et
« non fait, consubstantiel au Père, par qui toutes
« choses ont été faites au ciel et sur la terre... Nous
« croyons au Saint-Esprit [1]. »

Le concile de Nicée a fait ces choses immenses ; il a proclamé l'unité de Dieu et fixé ce qu'il y avoit de probable dans la doctrine de Platon. Constantin, dans une harangue aux Pères du concile, déclare

---

[1] FLEURY, *Hist. ecclés.*, liv. II, pag. 122.

et approuve ce que ce philosophe admet : un premier Dieu suprême, source d'un second ; deux essences égales en perfections, mais l'une tirant son existence de l'autre, et la seconde exécutant les ordres de la première. Les deux essences n'en font qu'une ; l'une est la raison de l'autre, et cette raison étant Dieu, est aussi fils de Dieu [1].

Et quels étoient les membres de cette convention universelle réunie pour reconnoître le monarque éternel et son éternelle cité ? Des héros du martyre, de doctes génies, ou des hommes encore plus savants par l'ignorance du cœur et la simplicité de la vertu. Spyridion, évêque de Trimithonte, gardoit les moutons et avoit le don des miracles [2]; Jacques, évêque de Nisibe, vivoit sur les hautes montagnes, passoit l'hiver dans une caverne, se nourrissoit de fruits sauvages, portoit une tunique de poil de chèvre et prédisoit l'avenir [3]. Parmi ces trois cent dix-huit évêques, accompagnés des prêtres, des diacres et des acolytes, on remarquoit des vétérans mutilés à la dernière persécution : Paphnuce, de la haute Thébaïde, et disciple de saint Antoine, avoit l'œil droit crevé et le jarret

---

[1] CONST. MAG. *in Orat. sanctor. cœt.*, cap. IX.

[2] Hic pastor ovium, etiam in episcopatu positus permansit. Quadam vero nocte cum ad caulas fures venissent, et manus improbas quo aditum educendis ovibus facerent extendissent, invisibilibus quibusdam vinculis restricti, usque ad lucem velut traditi tortoribus permanserunt. (RUFF., lib. I, cap. V.)

[3] JACOBUS enim episcopus Antiochiæ Mygdoniæ, quam Syri vulgo et Assyri Nisibin appellant, plurima fecit miracula. (THEODOR., lib. I, cap. III, pag. 24.)

gauche coupé [1]; Paul de Néocésarée, les deux mains brûlées [2]; Léonce de Césarée, Thomas de Cyzique, Marin de Troade, Eutychus de Smyrne, s'efforçoient de cacher leurs blessures, sans en réclamer la gloire. Tous ces soldats d'une immense et même armée ne s'étoient jamais vus; ils avoient combattu sans se connoître, sous tous les points du ciel, dans l'action générale, pour la même foi.

Entre les hérésiarques se distinguoient Eusèbe de Nicomédie, Théognis de Nicée, Maris de Calcédoine, et Arius lui-même, appelé à rendre compte de sa doctrine devant Athanase, qui n'étoit alors qu'un simple diacre attaché à Alexandre, évêque d'Alexandrie.

Des philosophes païens étoient accourus à ce grand assaut de l'intelligence. Vous venez de voir que Constantin même, dans une harangue, s'expliqua sur la doctrine de Platon. Un vieillard laïque, ignorant et confesseur, attaqua l'un de ces philosophes fastueux, et lui dit tout le christianisme en peu de mots : « Philosophe, au nom de Jésus-Christ,
« écoute : Il n'y a qu'un Dieu qui a tout fait par son
« Verbe, tout affermi par son Esprit. Ce Verbe est
« le fils de Dieu; il a pris pitié de notre vie gros-
« sière, il a voulu naître d'une femme, visiter les

---

[1] Paphnutius, homo Dei, episcopus ex Ægypti partibus confessor, ex illis quos Maximianus dexteris oculis effossis et sinistro poplite succiso, per metalla damnaverat. (Ruff., lib. I, cap. IV.)

[2] Paulus vero, episcopus Neocæsaræ, ambabus manibus fuerat debilitatus, candente ferro eis admoto. (Theodor., lib. I, cap. VII, pag. 25.)

« hommes et mourir pour eux. Il reviendra nous
« juger selon nos œuvres [1]. »

Constantin ouvrit en personne le concile le 19 juin, l'an 325. Il étoit vêtu d'une pourpre ornée de pierreries : il parut sans gardes et seulement accompagné de quelques chrétiens. Il ne s'assit sur un petit trône d'or au fond de la salle, qu'après avoir ordonné aux Pères, qui s'étoient levés à son entrée, de reprendre leurs siéges. Il prononça une harangue en latin, sa langue naturelle et celle de l'Empire; on l'expliquoit en grec. Le concile condamna la doctrine d'Arius malgré une vive opposition, promulgua vingt canons de discipline, et termina sa séance le vingt-cinquième d'août de cette même année 325.

Transportez-vous en pensée dans l'ancien monde pour vous faire une idée de ce qu'il dut éprouver, lorsqu'au milieu des hymnes obscènes, enfantines ou absurdes à Vénus, à Bacchus, à Mercure, à Cybèle, il entendit des voix graves chantant au pied d'un autel nouveau : « O Dieu, nous te louons ! ô « Seigneur, nous te confessons ! ô Père éternel, « toute la terre te révère ! » La prière latine composée pour les soldats n'étoit pas moins explicite

---

[1] Dialectici quibusdam sermonum prolusionibus... sese exercebant... Laicus quidam, ex confessorum numero, recto ac simplici præditus sensu, cum dialecticis congreditur, hisque illos verbis compellavit. — Christus et apostoli non artem nobis dialecticam, nec inanem versutiam tradiderunt, sed apertam ac simplicem sententiam, quæ fide bonisque actibus custoditur. Quæ cum dixisset, omnes qui aderant, admiratione perculsi, ei assenserunt. (SOCRAT., *Hist. eccles.*, lib. I, cap. VIII, pag. 10.)

que l'hymne de saint Ambroise et de saint Augustin [1].

L'esprit humain se dégagea de ses langes : la haute civilisation, la civilisation intellectuelle sortie du concile de Nicée, n'est plus retombée au-dessous de ce point de lumière. Le simple catéchisme de nos enfants renferme une philosophie plus savante et plus sublime que celle de Platon. L'unité d'un Dieu est devenue une croyance populaire : de cette seule vérité reconnue date une révolution radicale dans la législation européenne, long-temps faussée par le polythéisme, qui posoit un mensonge pour fondement de l'édifice social.

Cependant (telle est la difficulté de se tenir dans les régions de la pure intelligence!) tandis que le polythéisme et la religion corporelle tendoient à sortir des nations, ils y rentroient par une double voie : les philosophes, pour se rendre accessibles au vulgaire, inventoient les *génies ;* et les chrétiens, pour envelopper dans des signes sensibles la haute spiritualité, honoroient les *saints* et les *reliques.*

On a conservé le catalogue des prélats qui portèrent les décrets du concile aux diverses Églises [2].

---

[1] Te solum agnoscimus Deum, te regem profitemur ; te adjutorem invocamus. Tui muneris est quod victorias retulimus, quod hostes superavimus : tibi ob præterita jam bona gratias agimus, et futura a te speramus. Tibi omnes supplicamus, utque imperatorem nostrum Constantinum, una cum piissimis ejus liberis incolumem et victorem diutissime nobis serves, rogamus.

Hoc die solis a militaribus numeris fieri, et hæc verba interprecandum ab iis proferri præcipit. (EUSEB. PAMPH. *de Vit. Const.*, lib. IV, pag. 443.)

[2] Hosius, episcopus Cordulæ, sanctis Dei Ecclesiis quæ Romæ

Les Germains et les Goths connoissoient la foi; Frumence l'avoit semée en Éthiopie, une femme esclave l'avoit donnée aux Ibériens, et des marchands de l'Osroëme à la Perse. Tiridate, roi d'Arménie, professa le christianisme avant les empereurs romains.

Au surplus, Constantin se mêla trop des querelles religieuses où l'entraînèrent quelques femmes de sa famille, et les obsessions des évêques des deux partis. Après avoir exilé Arius, il le rappela, et bannit Athanase, qui remplaça Alexandre sur le siége d'Alexandrie. Arius expira tout à coup à Constantinople en rendant ses entrailles, lorsque Eusèbe de Nicomédie s'efforçoit de le ramener triomphant [1]. Le vieil évêque Alexandre avoit demandé à Dieu sa propre mort ou celle de l'hérésiarque, selon qu'il étoit plus utile à la manifestation de la vérité [2].

Constantin défit successivement les Sarmates et

sunt, et in Italia et Hispania tota, et in reliquis ulterius nationibus usque ad Oceanum commorantibus, per eos qui cum ipso erant, romanos presbyteros Vitonem et Vincentium. (*Gelasii Cyziceni, act. Concil. Nicæn.*, lib. III, pag. 807, *in Concil. gener. Eccles. cath.*, tom I. Romæ, 1608.)

[1] Eusebianis satellitum instar eum stipantibus per mediam civitatem magnifice incedebat. (SOCRAT., *Histor. ecclesiast.*, lib. I, cap. XXXVIII, pag. 63.)

[2] Cum orasset Alexander ac rogasset Dominum, ut aut ipsum auferret... Votum sancti impletum est... nam Arius... crepuit. (EPIPHAN., *episc. Constantiæ, opus contra octoginta hæreses*, lib II, pag. 321. Parisiis, 4564.)

Petitio Alexandri erat hujusmodi : ut si quidem recta esset Arii sententia, ipse diem disceptioni præstitutum nusquam videret; sin vera esset fides quam ipse profiteretur, ut Arius impietatis pœnas lueret. (SOCRAT., lib. I, cap. XXXVII, pag. 61.)

les Goths, et reçut des députations des Blemmyes, des Indiens, des Éthiopiens et des Perses. Il se déclara l'auxiliaire des Sarmates dans une guerre que ceux-ci eurent à soutenir contre les Goths; puis il contracta une nouvelle alliance avec les derniers, qui s'engagèrent à lui fournir quarante mille soldats. appelés *fœderati*, alliés [1]. Les Sarmates avoient armé leurs esclaves; chassés par ces mêmes esclaves, ils sollicitèrent et obtinrent des terres dans l'Empire [2].

Sapor II, alors assis sur le trône de la Perse, portait un nom fatal aux empereurs romains. Son père, Hormisdas II, laissa en mourant sa femme enceinte. Les mages déclarèrent qu'elle accoucheroit d'un fils; ils mirent la tiare sur le ventre de cette reine, et l'embryon roi, Sapor, fut couronné dans les entrailles de sa mère [3]. Ce fut à ce prince que Constantin écrivit une lettre en faveur des chrétiens, lui rappelant la catastrophe de Valérien puni pour les avoir persécutés. Sapor se put souvenir de cette lettre lorsque Julien marcha contre lui. Le monarque des Perses avoit un frère aîné exilé, Hormisdas, que vous retrouverez à Rome.

[1] Nam et dum famosissimam et Romæ æmulam in suo nomine conderet civitatem, Gothorum interfuit operatio, qui, fœdere inito cum imperatore, XL suorum millia illi in solatia contra gentes varias obtulere; quorum et numerus, et millia usque ad præsens in republica nominantur, id est fœderati. (Amm., p. 648; Aur. V., pag. 527; Jorn. *de reb. get.*, pag. 640, cap. 221.)

[2] Eus., *Vit. Const.*, pag. 529; Amm., pag. 476; Jorn., pag. 641.

[3] Qui, cum responderent masculam prolem parituram, nihil ultra morati sunt, sed, cidari utero imposita, embryum regem pronuntiarunt. (*Agathiæ scholast.*, lib. IV, pag. 135. Paris, 1670.)

Constantin, heureux comme monarque, n'échappa pas au malheur comme homme. Les calamités qui désolèrent la famille du premier auguste païen semblèrent se reproduire dans la famille du premier auguste chrétien.

De Minervine, sa première femme, Constantin avoit eu Crispus, prince de valeur et de beauté, élevé par Lactance. Soit que le fils de Minervine inspirât une passion à Fausta, sa marâtre, soit que Fausta fût jalouse pour ses propres enfants des grandes qualités de Crispus, elle l'accusa auprès de son mari[1], et renouvela la tragique aventure de Phèdre. Constantin fit mourir son fils, ainsi que le jeune Licinius son neveu, âgé de onze ans : Crispus eut la tête tranchée à Pôle, en Istrie[2]. Bientôt instruit par sa mère Hélène de l'innocence de Crispus, et des mœurs dépravées de Fausta, Constantin ordonna la mort de cette femme, qui fut étouffée dans un bain chaud[3]. Les chrétiens et les gentils jugèrent diversement ces actions : saint Chrysostome en conclut qu'il ne faut ni désirer la puissance, ni chercher d'autre félicité que celle de la vertu et du ciel[4]; le philosophe Sopâ-

---

[1] Crispum filium Cæsaris ornatum titulo quod in suspicionem venisset quasi cùm Fausta noverca consuesceret, nulla ratione juris naturalis habita sustulit. (Zosim., *Histor.*, lib. II, pag. 31. Basileæ.)

[2] Hier., *Chr. Eutr.*, pag. 588; Amm., lib. xiv, pag. 29.

[3] Nam cum balneum accendi supra modum jussisset, eique Faustam inclusisset, mortuam inde extraxit. (Zosim., *Hist.*, lib. II, pag. 31. Basileæ.)

[4] Αὐτὸς δὲ ὁ νῦν κρατῶν οὐχὶ ἐξ οὗ τὸ διάδημα περιέτετο ἐν πόνοις......
Ἀλλὰ οὐχ' ἡ Βασιλεία τοιαύτη τῶν οὐρανῶν.

tre, consulté par Constantin, selon Zosime, déclara que la religion des Grecs n'avoit point d'expiation pour de pareils crimes [1]. Cependant l'idolâtrie avoit trouvé des dieux indulgents pour Néron et Tibère.

Est-il vrai que Constantin se repentit, qu'il passa quarante jours dans les larmes, qu'il éleva à Crispus une statue d'argent à tête d'or, avec cette inscription : « A mon fils malheureux, mais innocent [2] ? » L'autorité sur laquelle repose ce fait est suspecte. Dieu ne demandoit point à Constantin une statue de Crispus ; il lui demanda le reste de sa famille.

Constantin ne reçut le baptême que peu d'instants avant sa mort, à Achiron, près de Nicomédie. Il avoit témoigné le désir d'être baptisé dans les eaux du Jourdain, comme le Christ ; le temps lui manqua. Dépouillé de la robe de pourpre pour quitter les royaumes de la terre, et revêtu de la robe blanche pour solliciter les grandeurs du ciel,

---

Alter vero qui nunc rerum potitur, nonne ex quo diadema gestat, perpetuo versatur in laboribus, molestiis, calamitatibus ?... At non hujusmodi cœlorum regnum. (S. J. CHRYSOSTOM., *ad Phelip.*, homel. xv, tom. xi, pag. 319.)

[1] Ad flamines accedens, admissorum lustrationes poscebat : illis respondentibus non esse traditum lustrationis modum qui tam fœda piacula posset eluere. (ZOSIM., *Hist.*, lib. II, pag. 31. Basileæ.)

[2] Tandem permotus pœnitentia integros quadraginta dies illum luxit, tanta animi ægritudine, ut nunquam lavaret corpus, nec lecto recumberet. Præterea statuam ei posuit ex argento puro et ex parte inauratam præter caput, quod ex puro auro confectum erat : inscriptis in fronte his versibus : *Filius meus injuria affectus* (ὁ ἠδικημένος ὑιος μοῦ). GEORG. CODIN., *de Antiquitatibus Constantinopolitanis*, pag. 34. Parisiis, 1650.

le premier empereur chrétien expira à midi, le jour de la Pentecôte. Trois cent trente-sept ans s'étoient écoulés depuis que la religion chrétienne étoit née parmi des bergers dans une étable : Constantin la laissoit sur ce trône du monde dont elle n'avoit pas besoin.

Constance, emp. Jules Ier, Liberius, papes. An de J.-C. 338-361.

Constantin avoit eu trois frères de père, par Théodora, belle-fille de Maximien-Hercule; savoir : Dalmatius, Jules Constance, Annibalien.

Dalmatius mourut et laissa un fils de son nom, fait césar, et un autre fils, Claudius Annibalien, nommé roi du Pont et de l'Arménie.

Jules Constance eut de Galla, sa première femme, Gallus, et de Basiline, sa seconde femme, Julien. On ignore la postérité d'Annibalien, ou l'on n'en sait rien de précis.

Les frères, les neveux et les principaux officiers de Constantin furent massacrés après sa mort, à l'exception des deux fils de Jules Constance. Les causes de cette conspiration spontanée de l'armée et du palais, que rien n'avoit semblé présager, ne sont pas clairement expliquées : l'authenticité de l'écrit posthume de Constantin, et dans lequel il déclaroit à ses trois fils avoir été empoisonné par ses deux frères, est à bon droit suspecte. Constance immola-t-il à la seule fureur de son ambition ses deux oncles, sept de ses cousins, le patricien Optatus et le préfet Ablavius? Mais il restoit à Constance des frères qui n'étoient pas alors en sa puissance. Julien, saint Athanase, saint Jérôme, Zosime, Socrate, autorités si contraires, se réunissent néanmoins pour charger sa mémoire [1]. Il est probable que ces meurtres furent le fruit des diverses passions combinées avec la politique du despote, qui enseigne à chercher le repos dans le crime. Le paganisme, l'hérésie, la turbulence militaire, trouvèrent des satisfactions et des vengeances dans cette extermination de la famille impériale.

L'Empire demeura partagé entre les trois fils de Constantin : Constantin, Constance et Constant. Constantin et Constant prirent les armes l'un contre l'autre; Constantin périt auprès d'Aquilée [2], dès la première campagne; Constant, seul maître de l'Occident, fut attaqué par les Franks; et Libanius nous a laissé, à l'occasion de cette guerre, quelques détails sur les mœurs et le caractère de nos ancêtres [3].

Magnence, Barbare d'origine et chef des Joviens et des Herculéens, salué auguste par ses amis, obligea Constant à prendre la fuite, et le fit assassiner au pied des Pyrénées. Ce prince ne trouva qu'un seul homme qui voulût s'associer à sa mauvaise fortune : c'étoit un Frank nommé Laniogaise [4], plus fidèle au malheur des rois qu'à leur autorité.

L'unique fils de Constantin qui restât alors,

---

[1] JULIAN., *ad Athen.*, *Ath. ad Solit.*, *Vit. Agent.*, tom. I, pag. 856; HIER., *Chr.;* Zos., *Hist.*, pag. 692; SOCR., *Hist. eccl.,* lib. III, cap. I, pag. 165.

[2] EUTR., AUREL. VICT. *Epit.*

[3] LIBAN., *Orat.* III, pag. 138.

[4] Zos , lib. II, pag. 693 ; VICT., *Epit.;* EUTR., *Hieron. chr.:* IDAC., *Chr.,* an. 350; AMM., lib. xv, cap. v. Laniogaiso... solum adfuisse morituro Constanti supra retulimus.

Constance, après avoir mal combattu les Perses, après avoir dépouillé Vétranion, usurpateur de la pourpre en Illyrie, après avoir refusé de traiter avec Magnence, vainquit celui-ci à Murza [1] : bientôt après il le réduisit à se tuer.

Avant d'obtenir ce succès, une faute avoit été commise; elle montre le degré de foiblesse et de misère auquel l'Empire étoit déjà descendu : retenu en Orient par des affaires graves, Constance, lorsqu'il apprit la révolte des Gaules, invita les Allamans à passer le Rhin, afin d'arrêter les forces de Magnence. Les Allamans obéirent, et, depuis la source du Rhin jusqu'à son embouchure, ils occupèrent trente lieues de pays en largeur, sans compter celui qu'ils ravageoient.

Les panégyristes affirment que Constance, héritier de tous les États de son père, usa bien de sa victoire; les historiens assurent qu'il ne put porter sa fortune. Durant ces discordes, on voit des capitaines franks et des corps franks servir différents partis, des évêques aller d'un camp à l'autre en qualité d'ambassadeurs; à la bataille de Murza, l'empereur se retire dans une église pour prier; il eût mieux fait de combattre : ce n'est déjà plus le monde antique.

On fixe au règne de Constance le règne des eunuques, jusqu'alors abîmés sous le poids des édits. Ces hommes (excepté trois ou quatre, doués du

---

[1] Il resta cinquante mille hommes sur le champ de bataille, selon Victor, et il prétend que les Romains ne se relevèrent jamais de cette perte.

génie militaire), en butte au mépris public, se réfugièrent dans les sentines du palais : trop dégradés pour les affaires publiques, ils s'enfoncèrent aux intrigues de la cour, et se dédommagèrent par la virilité de leurs vices de l'impuissance de leurs vertus. Eusèbe, eunuque, chambellan et favori de Constance, dans son triple état de bassesse, fit prononcer la sentence de mort de Gallus.

Gallus et Julien, neveux de Constantin et cousins de Constance, avoient, le premier douze ans, et le second six, quand arriva le massacre de la famille impériale. Marc, évêque d'Aréthuse, avoit sauvé Julien, qui fut caché dans le sanctuaire d'une église [1] : Gallus, épargné comme malade et près de mourir, ne sembla pas valoir la peine d'être tué.

L'enfance de ces deux princes fut environnée de soupçons et de périls; ils demeurèrent six ans enfermés dans la forteresse de Marcellum, ancien palais des rois de Cappadoce. Gallus à vingt-cinq ans, honoré du titre de césar par Constance, épousa la princesse Constantina, fille de Constantin-le-Grand, et veuve d'Annibalien, roi du Pont et de l'Arménie. Il établit sa résidence à Antioche, d'où il gouverna ce qu'on appeloit alors les cinq diocèses de la préfecture orientale.

Passé de la solitude à la puissance, Gallus transporta l'inquiétude et l'âpreté de la première dans la placidité et la modération nécessaires à la seconde : il devint un tyran bas et cruel, livré aux

---

[1] Naz., orat. III, pag. 90; Roll., XXII; Mart. gr., pag. 16.

espions, espion lui-même. Il s'en alloit déguisé dans les lieux publics : son travestissement ne l'empêchoit pas d'être reconnu, car Antioche étoit éclairée la nuit d'une si grande quantité de lumières, qu'on y voyoit comme en plein jour [1], ce qui rappelle la police des villes modernes. Constantina, femme de Gallus, étoit encore plus que lui altérée de sang et de rapine : on l'accusoit de prendre en secret le titre d'*augusta* [2], dans l'intention de donner publiquement celui d'auguste à son mari.

Mandé à la cour de Milan après le massacre de deux ministres que lui avoit envoyés l'empereur, Gallus eut l'imprudence d'obéir [3]. La lettre qui l'appeloit étoit pleine de protestations d'amitié et de services. Il fut arrêté à Pettau, conduit à Flone en Istrie, dépouillé de la chaussure des césars, interrogé par l'eunuque Eusèbe, condamné à mort et exécuté non loin de Pôle, où vingt-huit ans auparavant Crispus avoit été décapité [4]. Que de têtes,

---

[1] *Ubi pernoctantium luminum claritudo dierum solet imitari fulgorem.* (AMM., lib. XIV, cap. I.) De quelle manière Antioche étoit-elle éclairée? Le texte de l'historien ne l'explique pas. Ammien Marcellin, qui décrit minutieusement les machines de guerre, n'a pas cru devoir entrer dans le détail d'un usage journalier. Comme il est sujet à l'enflure du style, il ne faut pas prendre trop à la lettre la grande clarté dont il fait ici mention. Saint Jérôme (epist. XIV) parle des feux qu'on allumoit sur les places publiques, à la lueur desquels on se rassembloit, et l'on disputoit sur les intérêts du moment. *Dum audientiam et circulum lumina jam in plateis accensu solverent, et inconditam disputationem nox interrumperet.*

[2] PHILOSTORG., *Hist. eccles.*, lib. III, cap. CCXXII.

[3] Constantina mourut en route à Cène, village de Bithynie.

[4] AMM., lib. XIV, cap. XI.

l'effroi des peuples, furent abattues par le bourreau[1]!

Les Isaures et les Sarrasins désoloient l'Asie[2]; les Franks et les autres Germains continuoient leurs courses transrhénanes; Rome se soulevoit pour du vin au milieu de ses débauches et de ses spectacles[3]. Constantin et Constance singulièrement attachés aux Barbares, et les ayant promus à presque toutes les charges de l'État, il se trouva que Silvain, fils de Bonit, chef frank, commandoit l'infanterie romaine dans les Gaules : c'étoit un homme doux et de mœurs polies, quoique né d'un père barbare; *il savoit même souffrir,* dit l'histoire en parlant de lui. On l'accusa d'aspirer à la pourpre, et il étoit fidèle; la calomnie en fit un traître : il prit l'empire comme un abri. Vingt-huit jours après son usurpation, obligé de chercher un plus sûr asile, il n'eut pas le temps d'y entrer : il fut tué par ses compagnons lorsqu'il essayoit de se réfugier dans une église[4].

Alors les Franks, les Allamans, les Saxons, se précipitèrent de nouveau sur les Gaules, dévastèrent quarante villes le long du Rhin, se saisirent de Cologne, et la ruinèrent[5]. Les Quades et les

[1] *Quot capita, quæ horruere gentes, funesti carnifices absciderunt!*
[2] Amm., lib. xiv, pag. 3 et seq. [3] *Id., ibid.*
[4] *Id.,* lib. xv, cap. v; Aur. Vict., *Epit.;* Eutr., *Hier. chr.* Selon Ammien, Silvain étoit déjà retiré dans une petite chapelle chrétienne; on l'en arracha tout tremblant pour le massacrer. *Silvanum extractum ædicula, quo exanimatus confugerat, ad conventiculum ritus christiani tendentem, densis gladiorum ictibus trucidarunt.*
[5] Zos., lib. iii, pag. 702; Amm., lib. xv.

Sarmates pilloient la Pannonie et la Haute-Mœsie [1] ; les généraux de Sapor troubloient la Mésopotamie et l'Arménie : ce fut l'époque de l'élévation de Julien.

Jusqu'à l'âge de quinze ans, Julien reçut sa première éducation d'Eusèbe, évêque de Nicomédie, qui menoit à la cour l'intrigue arienne, et de l'eunuque Mardonius, personnage grave, Scythe de nation, grand admirateur d'Hésiode et d'Homère. Le futur apostat fut ensuite réuni à Gallus dans la forteresse de Marcellum : il apprit de bonne heure à se contraindre, et parut se plaire aux vérités de la foi. Lorsque Gallus eut été nommé césar, Julien obtint la permission de suivre ses études à Constantinople, sous la surveillance d'Hérébole, d'abord chrétien, puis infidèle avec son élève, puis chrétien encore après la mort de celui-ci [2]. Julien visita les écoles de l'Ionie : Constance même favorisoit les exercices de son cousin, dans l'espoir que les livres lui feroient oublier l'Empire ; mais bientôt la supériorité de l'écolier, même dans les lettres, l'alarma.

Après la mort de Gallus, Julien, conduit à Milan, étroitement gardé pendant sept mois, fut enfin relégué à Athènes. Il y rencontra, avec saint Basile et saint Grégoire de Nazianze, une foule de rhéteurs qui achevèrent de le gagner à leurs doctrines : il prit toutes les allures du philosophe. Universellement instruit, sa mémoire égaloit son

---

[1] Zosim., lib. iii, pag. 702.
[2] Amm., lib. xv, cap. xii.

intelligence : il pensoit et il écrivoit en grec, mais il se servoit aussi du latin [1]. Les Gaules étant désolées par les Franks et les Allamans, l'impératrice Eusébie décida Constance à créer Julien césar, afin de l'opposer aux Barbares. Le disciple de Platon reçut la lettre qui l'appeloit au rang suprême comme un arrêt de mort : il leva les mains vers ce temple dont les admirables ruines ne semblent avoir été conservées qu'afin d'attester la beauté de l'ancienne liberté grecque à cette liberté renaissante. Julien monte à la citadelle, embrasse les colonnes du Parthénon, les mouille de ses larmes, implore la protection de la déesse. Il s'éloigne ensuite de l'immortelle cité, où des déclamateurs et des sophistes fouloient les cendres de Démosthène et de Socrate, mais où Minerve régnoit encore par le génie de Phidias et de Périclès.

Arrivé à Milan, il traça ces mots pour l'impératrice : « Puisses-tu avoir des enfants ! que Dieu « t'accorde ce bonheur et d'autres prospérités ! « mais, je t'en conjure, laisse-moi retourner à mes « foyers [2]. » C'étoit ainsi que Julien appeloit la Grèce. Le billet écrit, il n'osa l'envoyer, arrêté qu'il fut, dit-il, par les menaces des dieux : l'apostat prit la voix de l'ambition pour l'ordre du ciel.

Les officiers du palais s'emparèrent de l'étudiant d'Athènes, le dépouillèrent du manteau et de la barbe du philosophe, et le revêtirent de l'habit du

---

[1] Epist. ix, LVI, or. iii; Eutrop., lib. xv; Eunap., *Vit. Max.*, lib. or. x; Socr., lib. iii.
[2] Ad Ath.

soldat. Il a peint lui-même sa gaucherie dans ce nouvel accoutrement, son embarras à la cour et les railleries des eunuques [1]. La dernière partie de l'éducation de Julien avoit été populaire ; il assistoit aux cours des rhéteurs à Constantinople, comme les autres élèves : en se plongeant dans les mœurs publiques, il y puisa des enseignements qui manquent à l'éducation privée des princes.

Constance, le sixième jour de novembre, l'an de Jésus-Christ 335, ayant assemblé à Milan les légions, proclama Julien césar. L'orphelin dans la pourpre, au milieu des meurtriers de sa famille, répétoit tout bas un vers d'Homère : « La mort *pourprée* et son invincible destin l'enlevèrent. »

Après avoir épousé Hélène, sœur de l'empereur, Julien partit pour son gouvernement des Gaules, auquel on avoit ajouté la Grande-Bretagne, et peut-être l'Espagne [2]. Eusébie lui donna des livres, ses conseillers ; Constance, des valets, ses maîtres [3]. Tenu dans une tutelle jalouse, il ne pouvoit ni prendre seul une résolution, ni intimer un ordre, ni changer un domestique : tout étoit réglé dans son intérieur par les ordres de Constance, jusqu'aux mets de sa table ; aucune lettre ne lui parvenoit qu'elle n'eût été lue : il se sevroit de la compagnie de ses amis dans la crainte de les compromettre et de s'exposer lui-même à sa perte. A peine mit-

---

[1] JULIAN., ad Ath.

[2] AMM., lib. xx ; ZOSIM., lib. III.

[3] JULIAN, ad Ath., or. III.

on à sa disposition quelques soldats ¹. Sa seule consolation, en entrant dans le pays ravagé que l'on confioit à son inexpérience, fut de rencontrer une vieille femme aveugle, qui le salua du nom de restaurateur des temples ².

Durant les cinq années que Julien gouverna les Gaules, il courut d'une ville à l'autre, d'Autun à Auxerre, d'Auxerre à Troyes, de Troyes à Cologne, de Cologne à Trèves, de Trèves à Lyon : on le voit assiégé dans la ville de Sens ; on le voit passant le Rhin cinq fois, gagnant la bataille de Strasbourg sur les Allamans, faisant prisonnier Chrodomaire, le plus puissant de leurs rois, rétablissant les cités, punissant les exacteurs, diminuant les impôts, et enfin, ce qui nous intéresse par les liens du sang, soumettant les Camaves et les Franks Saliens : on commence à vivre avec les Franks au milieu de la future France. Julien avoit écrit ses guerres des Gaules : cet ouvrage, que l'on mettoit auprès des *Commentaires de César,* est malheureusement perdu ; il auroit jeté une vive lumière sur l'histoire obscure de nos aïeux au quatrième siècle.

Julien passa au moins à Lutèce les deux hivers de 358 et de 359. Il aimoit cette bourgade, qu'il appeloit sa *chère Lutèce* ³, et où il avoit rassemblé,

---

¹ Amm., lib. xvii, xx, xxi, xxii; Zosim., lib. iii; Liban., or. xii; Julian., ad Ath.

² Tunc anus quædam orba luminibus, cum, percontando quinam esset ingressus, Julianum Cæsarem comperisset, exclamavit, hunc deorum templa reparaturum.

³ Φίλην Λευκετίαν. *Caram Lutetiam.*

autant qu'il avoit pu au milieu de ses entreprises militaires, des savants et des philosophes. Oribase le médecin, dont il nous reste quelques travaux, y rédigea son *abrégé* de Galien : c'est le premier ouvrage publié dans une ville qui devoit enrichir les lettres de tant de chefs-d'œuvre.

On se plait à rechercher l'origine des grandes cités, comme à remonter à la source des grands fleuves : vous serez bien aise de relire le propre texte de Julien :

« Je me trouvois, pendant un hiver, à ma chère
« Lutèce [1] (c'est ainsi qu'on appelle dans les Gaules
« la ville des Parisii). Elle occupe une île au milieu
« d'une rivière ; des ponts de bois la joignent aux
« deux bords. Rarement la rivière croit ou diminue ;
« telle elle est en été, telle elle demeure en hiver :
« on en boit volontiers l'eau très pure et très riante
« à la vue [2]. Comme les Parisii habitent une île, il
« leur seroit difficile de se procurer d'autre eau. La
« température de l'hiver est peu rigoureuse, à cause,
« disent les gens du pays, de la chaleur de l'Océan

---

[1] ΜΙΣΟΠΩΓΩΝ Η ΑΝΤΙΟΧΙΚΟΣ. JULIAN., *Op.*, pag. 340. D. Lipsiæ, 1696.

[2] Tout cela s'accorde peu avec ce que nous voyons aujourd'hui, excepté ce qui concerne la salubrité de l'eau. Même à l'époque dont parle Julien, les débordements de la Seine étoient assez fréquents. Si Julien étoit né à Rome, ou même s'il eût jamais vu le Tibre, la Seine auroit pu lui paroître limpide en comparaison de ce fleuve (*flavus Tiberinus*). Il est vrai que, dans l'Ionie, Julien n'avoit rencontré que l'Hermus (*turbidus Hermus*); il n'avoit trouvé à Athènes que deux ruisseaux ; et l'Éridan, dans la Lombardie, laissoit encore l'avantage à la Seine pour la clarté de l'eau. Mais enfin Julien avoit habité les rives du lac de Cosme ;

« qui, n'étant éloigné que de neuf cents stades, en-
« voie un air tiède jusqu'à Lutèce : l'eau de mer est
« en effet moins froide que l'eau douce. Par cette
« raison, ou par une autre que j'ignore, les choses
« sont ainsi[1]. L'hiver est donc fort doux aux habi-
« tants de cette terre ; le sol porte de bonnes vignes ;
« les Parisii ont même l'art d'élever des figuiers[2] en
« les enveloppant de paille de blé comme d'un vê-
« tement, et en employant les autres moyens dont
« on se sert pour mettre les arbres à l'abri de l'in-
« tempérie des saisons.

« Or, il arriva que l'hiver que je passois à Lutèce
« fut d'une violence inaccoutumée : la rivière char-
« rioit des glaçons comme des carreaux de marbre :
« vous connoissez les pierres de Phrygie ? tels étoient,
« par leur blancheur, ces glaçons bruts, larges, se
« pressant les uns les autres, jusqu'à ce que, venant
« à s'agglomérer, ils formassent un pont[3]. Plus dur

il avoit vu les autres fleuves de la Gaule, les rivières de la Cappadoce ; il écrivoit le *Misopogon* aux bords de l'Oronte, et bientôt
ses cendres devoient reposer sur ceux du Cydnus : comment donc
la Seine lui paroissoit-elle si limpide ? La Marne, comme on l'a
cru, couloit-elle au-dessous de Paris ?

[1] L'observation des Gaulois-Romains étoit juste : les hivers sont
plus humides, mais moins froids aux bords de la mer que dans
l'intérieur des terres.

[2] On voit que le climat de Paris n'a guère changé. Il y a long-
temps que l'on cultive la vigne à Surène. Julien ne se piquoit
pas de se connoître en bon vin ; il préféroit, dit-il, les Nymphes
à Bacchus. Quant aux figuiers, on les enterre et on les empaille
encore à Argenteuil.

[3] Julien peint très bien ce que nous avons vu ces derniers
hivers. Les glaçons que la Seine laisse sur ses bords, après la
débâcle, pourroient être pris pour des blocs de marbre.

« à moi-même, et plus rustique que jamais, je ne
« voulus point souffrir que l'on échauffât à la ma-
« nière du pays, avec des fourneaux, la chambre
« où je couchois [1]. »

Julien raconte qu'il permit enfin de porter dans sa chambre quelques charbons dont la vapeur faillit l'étouffer.

Il y avoit à Lutèce des thermes construits sur le modèle de ceux de Dioclétien à Rome : on croit que Julien et Valentinien Ier y demeurèrent; Ammien en parle assez souvent. Il est probable que ces thermes étoient bâtis avant l'arrivée de Julien dans les Gaules, peut-être du temps de Constantin ou de Constance Chlore. D'autres ont pensé, mal à propos, que Julien occupoit dans l'île un palais élevé sur le terrain où fut construit depuis le palais de nos rois. On voyoit encore à Lutèce un champ de Mars et des arènes : celles-ci devoient se trouver du côté de la porte Saint-Victor ; c'est ce qui résulte de quelques titres du treizième siècle [2]. La flotte chargée de garder la Seine étoit stationnée chez les Parisii; elle avoit vraisemblablement pour bassin l'espace que couvre aujourd'hui la nef gothique de Notre-Dame [3].

[1] Ces fourneaux étoient apparemment des poêles. Il faudroit aussi conclure du charbon que Julien fit porter dans sa chambre, que l'on n'échauffoit pas les appartements avec du bois, soit qu'il fût rare dans les environs de Paris, ou qu'on préférât l'usage des fourneaux. Les Romains, comme on peut s'en assurer par ce qui nous reste de leurs constructions domestiques, avoient porté l'art d'échauffer leurs maisons au plus haut degré de raffinement.

[2] D.-T. DU PLES., *Nouv. Ann. de Paris;* BREUL., *Ant. de Paris.*

[3] *Præfectus classis Andericianorum Parisiis.* Notit. Imper. Méze-

Tandis que Julien habitoit la petite et naissante Lutèce, Constance visitoit la grande et mourante Rome, que n'avoit jamais vue cet empereur des Romains.

Il existoit sans doute à Rome quelque vieillard à qui, dans son enfance, son aïeul avoit raconté l'entrée d'un prêtre de Syrie, Élagabale, sautant avec la pourpre au milieu des eunuques et des danseuses, devant une pierre triangulaire consacrée au soleil : voici venir dans une pompe triomphale pour un succès obtenu sur des Romains [1], voici venir une espèce d'idole chrétienne, Constance, pareillement environné d'eunuques, mais immobile sur un haut char éclatant de pierreries, les yeux fixes, ne se remuant ni pour cracher, ni pour se moucher, ni pour s'essuyer le front ; baissant seulement quelquefois sa courte stature afin de passer sous de hautes portes [2]. Autour de lui flottoient, au bout de longues piques dorées, des étendards de pourpre découpés en forme de dragons, dont les queues effilées siffloient dans les vents. Des gardes superbement armés, des

---

rai, dont la lecture et la critique doivent être suivies avec précaution, conjecture que cette flotte se tenoit à Andrésy, vers le confluent de l'Oise et de la Seine, parce que les matelots qui montoient cette flotte sont nommés dans la notice *Andériciens*. On jugera de la force de l'argument. (*Histoire de France avant Clovis*, liv. III.) J'ai suivi l'opinion de l'abbé Dubos.

[1] La défaite de Magnence.

[2] *Corpus perhumile curvabat portas ingrediens celsas, et velut collo munito rectam aciem luminum tendens, nec dextra vultum, nec lœva flectebat, tanquam figmentum hominis : non cum rota concuteret nutans, nec spuens, aut os aut nasum tergens vel fricans, manumve agitans visus est nunquam.* (AMM., lib. XVI, cap. X.)

cavaliers couverts de fer, ressemblant non à des hommes, mais à des statues polies par la main de Praxitèle ¹, l'environnoient. En approchant de Rome, Constance rencontra les patriciens, le sénat, qu'il ne prit pas comme Cinéas pour une assemblée de rois, mais pour le conseil du monde ²; il crut, en voyant les flots de la foule, que le genre humain étoit accouru à Rome ³.

Lorsqu'il eut pénétré jusqu'aux Rostres, il demeura stupéfait au souvenir de l'ancienne puissance du Forum ⁴. De là l'auguste oriental alla descendre à l'ancien palais d'Octave, qui n'avoit ni marbre ni colonne, et dans lequel le fondateur de l'Empire, l'ami d'Horace, habita quarante ans la même chambre hiver et été ⁵.

Ammien Marcellin, dont ces détails sont empruntés, nous peint ensuite deux choses consi-

¹ *Limbis ferreis cincti, ut Praxitelis manu polita crederes simulacra, non viros.* (Amm., lib. xvi, cap. x.)
² *Non ut Cineas ille, Pyrrhi legatus, in unum coactam multitudinem regum, sed asylum mundi totius adesse existimabat.* (Id., ibid.)
³ *Stupebat qua celeritate omne quod ubique est hominum genus confluxerit Romam.* (Id., ibid.)
⁴ *Proinde Romam ingressus, imperii virtutumque omnium larem, cum venisset ad Rostra, perspectissimum priscæ potentiæ Forum obstupuit.* (Id., ibid.)
⁵ Ammien a seulement *in palatium receptus.* Je me range à l'opinion de Gibbon, qui veut que ce soit l'ancien palais d'Auguste, dont Suétone dit :
Ædibus modicis neque laxitate neque cultu conspicuis, ut in quibus porticus breves essent, albanarum columnarum, et sine marmore ullo, aut insigni pavimento conclavia, ac per annos amplius quadraginta eodem cubiculo hieme et æstate mansit. (C. Sueton. Tranq. *Octav.*, pag. 109. Antuerpiæ.)

dérables : une partie des édifices de Rome, tels qu'ils existoient de son temps, l'étonnement de Constance à la vue de ces édifices. Que d'événements étoient survenus, que de jours s'étoient écoulés, pour que le maître de l'empire romain ne fût qu'un étranger dans la capitale de cet empire! pour qu'il demeurât muet d'admiration au milieu des ouvrages de tant de génies, de tant de fortunes, de tant de siècles, de tant de liberté et d'esclavage, comme un voyageur qui rencontreroit aujourd'hui Rome tout entière dans un désert! Mais ces monuments des mœurs vivantes d'un peuple ne vivent point eux-mêmes; leurs masses insensibles ne purent s'émerveiller de la petitesse de Constance, comme il s'ébahissoit de leur grandeur.

Il est un certain travail de temps qui donne aux choses humaines le principe d'existence qu'elles n'ont point en soi; les hommes cessent, et ne sont rien par eux-mêmes, mais leurs vies mises bout à bout, leurs tombeaux rangés à la file, forment une chaîne dont la force augmente en raison de la longueur. De ces néants réunis se compose l'immortalité des empires. Le nom de Rome étoit la seule puissance qui restât à vaincre aux Barbares. Rome, quoique habitée d'une foule innombrable, n'étoit plus réellement défendue que par les souvenirs de quelques vieux morts. Constance visita curieusement cette cité, dont il empruntoit l'autorité qu'on vouloit bien encore passer à sa pourpre. Il harangua le sénat et le peuple. Qu'eût répondu Marius, s'il eût mis la tête hors de sa tombe?

En parcourant les sept collines couvertes de monuments sur leurs pentes et sommets, l'empereur se figuroit à chaque pas que l'objet qu'il venoit de voir étoit inférieur à celui qu'il voyoit[1]. Le temple de Jupiter-Tarpéien, les bains, pareils à des villes de province, la masse de l'amphithéâtre, bâti de pierres tiburtines, et dont les regards se fatiguoient à mesurer la hauteur, la voûte du Panthéon suspendue comme le ciel, les colonnes couronnées des statues des empereurs, et dans lesquelles on montoit par des degrés, la place et le temple de la Paix, le théâtre de Pompée, l'Odéon, le Stade, magnifiques ornements de la ville éternelle[2]. Mais au forum de Trajan, Constance s'arrêta confondu promenant ses regards sur ces constructions gigantesques que, dans leur ineffable beauté, l'historien déclare ne pouvoir décrire[3].

Le grand roi, le monarque légitime de la Perse, le frère aîné de ce Sapor II, si funeste à Julien et à l'empire romain, Hormisdas étoit réfugié dans cet

---

[1] *Deinde intra septem montium culmina, per acclivitates planitiemque posita urbis membra collustrans et suburbana, quidquid viderat primum, id eminere inter cuncta sperabat.* (AMM.)

[2] *Jovis Tarpeii delubra, quantum terrenis divina præcellunt: lavacra in modum provinciarum exstructa: amphitheatri molem solidatam lapidis tiburtini compage, ad cujus summitatem ægre visio humana conscendit: Pantheum velut regionem teretem, speciosa celsitudine fornicatam; elatosque vertices qui scansili suggestu consurgunt, priorum principum imitamenta portantes, et urbis templum, forumque Pacis, et Pompei theatrum, et Odeum, et Stadium, aliaque inter hæc decora urbis æternæ.* (AMM., lib. XVI, cap. X.)

[3] *Ut opinamur... nec relatu ineffabiles, nec rursus mortalibus appetendos.* (Id., ibid.)

empire. Il accompagnoit Constance dans sa visite de Rome. L'empereur, se tournant vers son hôte, lui dit : « Si je ne puis reproduire en entier ce « forum, j'espère du moins faire imiter le cheval « de la statue équestre du prince. » — « Tu le peux, « dit Hormisdas ; mais bâtis d'abord une semblable « écurie, afin que ton cheval y soit à l'aise comme « celui que nous voyons[1]. »

Ce même exilé, interrogé sur ce qu'il pensoit de Rome : « Ce qui m'y plaît, répondit-il, c'est que « les hommes y meurent comme ailleurs[2]. »

Hormisdas suivit Julien dans son expédition contre les Perses, et s'entendit appeler traître par un officier de Sapor, lequel Sapor occupoit, contre le droit, le trône de son frère. Hormisdas vit mourir Julien ; il avoit vu passer Constantin et Constance : il laissa un fils, que Théodose Ier chargea de conduire une troupe de Goths en Égypte. Le dernier successeur du héros macédonien qui renversa l'ancien empire de Cyrus, Persée, détrôné, vint mourir greffier parmi ses vainqueurs ; l'héritier du nouvel empire des Perses, rétabli sur les ruines de celui d'Alexandre, vint chercher un abri dans les palais croulants des césars. Au lieu d'assister à l'histoire de son propre pays, Hormisdas fut un témoin des Parthes, envoyé pour assister à l'inventaire des

---

[1] *Ante imperator stabulum tale condi jubeto, si vales; equus quem fabricare disponis, ita late succedat, ut iste quem videmus.* (AMM., lib. XVI, cap. X.)

[2] *Id tantum sibi placuisse quod didicisset ibi quoque homines mori.* (Id., ibid.)

monuments romains mis à l'encan des nations, et pour certifier véritable la chute de Rome. Vous ne savez pas tout : Hormisdas, nourri par les mages, étoit chrétien. Ainsi vont les choses et les hommes dans l'enchaînement des conseils éternels[1].

Constance déclara que la renommée, coutumière de mensonge, de malignité, et toujours d'exagération, étoit restée, dans ce qu'elle racontoit de Rome, fort au-dessous de la vérité[2]. Il y voulut laisser quelques traces de son passage ; mais, sentant sa propre impuissance, il emprunta à la terre des tombeaux une parure funèbre pour la reine expirante du monde. L'obélisque du temple d'Héliopolis, que Constantin avoit projeté de transporter à Constantinople, fut envoyé du Nil au Tibre, et élevé à Rome dans le grand cirque. Depuis, Sixte-Quint en décora la place de Saint-Jean-de-Latran. On peut voir encore aujourd'hui debout ce monument d'un pharaon, d'un empereur et d'un pape également tombés[3].

---

[1] J'ai suivi particulièrement Zosime pour l'histoire d'Hormisdas ; mais Zonare, Agathias et Albufarage (*ex arabico latine reddita Historia*) diffèrent de Zosime en plusieurs points.

[2] *Imperator de fama querebatur ut invalida vel maligna, quod augens omnia semper in majus, erga hæc explicanda quæ Romæ sunt obsolescit.* (Amm., lib. xvi, cap. x.)

[3] Constance avoit voulu faire transporter à Constantinople un autre obélisque ; Julien reprit ce projet : il en écrivit aux Alexandrins, leur proposant, en échange de l'obélisque, une statue colossale qui venoit d'être achevée, et qui vraisemblablement étoit la sienne. Julien ajoute que des solitaires se tenoient sur la pointe de cet obélisque, que d'autres personnes y dormoient au milieu des immondices, et y commettoient des infamies. Il

Constance, auquel il manquoit, selon Libanius, le cœur d'un prince et la tête d'un capitaine; ce souverain, qui passa son règne dans les transes des discordes civiles et d'une guerre peureuse contre Sapor, se donnoit encore l'embarras des querelles ecclésiastiques. Sa cour étoit arienne : dans les conciles de Séleucie et de Rimini, il embrassa lui-même le parti des Ariens. A la sollicitation de Constant, son frère, il avoit d'abord rappelé Athanase de son premier exil; il le maintint encore sur son siége, après la déposition prononcée au concile arien d'Antioche; mais il l'abandonna au troisième concile de Milan. Il y eut des évêques bannis, intrus, catholiques, ariens, semi-ariens. Le premier concile de Paris ou de Lutèce se tint alors [1], et se déclara catholique sous la protection de Julien, qui méditoit au même lieu le rétablissement du paganisme. Saint Hilaire de Poitiers, exilé en Orient, trouva les mêmes désordres en rentrant dans son église. Il écrivit contre l'empereur Constance : « Vous saluez les évêques du baiser par lequel

veut donc, dit-il, détruire à la fois cette superstition et cette honte : il prétend que les Alexandrins auront un grand plaisir à reconnoître de loin, en arrivant à Constantinople, le présent dont ils auront embelli la ville natale de l'apostat. On croit que cet obélisque, transporté à Constantinople par Julien ou par Valens, fut élevé par Théodose dans l'Hippodrome. L'édition allemande dont je me sers n'a point la fin de cette lettre aux Alexandrins sous le n° 58. Cette fin, retrouvée par Muratori, a été transportée des *Anecdotes grecques* dans la *Bibliothèque grecque* de Fabricius.

[1] Hier., *de Scriptor. eccles.*; Rufin., *pro Orig.*; Hilarii *Fragmenta a Pithœo Ed.*

« Jésus-Christ fut trahi ; vous courbez la tête pour
« recevoir leur bénédiction, et vous foulez aux
« pieds leur foi. » Lucifer de Cagliari, plus hardi encore, menace du glaive de Matathias et de Phinées
Constance infidèle. Saint Martin, qui commençoit
à paroître, servit d'abord comme soldat dans les
troupes de l'apostat, et donna naissance au premier
monastère des Gaules, Lugugiacum ou Ligugé, à
deux lieues de Poitiers. Pacôme, Hilarion, Macaire,
avoient succédé à saint Antoine et à saint Paul, et
saint Basile méditoit déjà la règle qui devoit gouverner dans l'Orient un peuple de solitaires.

La turbulence et la légèreté de Constance ruinoient l'Empire en convocations de conciles, transports d'évêques par les voitures et les chevaux des
postes impériales [1]. Ses profusions augmentoient
sa convoitise ; il portoit des sentences injustes, et
la torture arrachoit des mensonges qu'il transformoit en vérités [2]. Au lieu d'employer son autorité
à éteindre les disputes religieuses, il les enflammoit
par sa manie d'argumenter et par les rêveries mystiques des femmes et des eunuques.

Les papes Jules et Libère s'étoient déclarés successivement à Rome pour saint Athanase, bien que
Libère eût d'abord été foible, et que saint Hilaire
l'eût anathématisé. Libère, persécuté, se cacha dans
les cimetières autour de la ville, fut enlevé, conduit à Milan, où l'empereur l'interrogea. Il défendit
Athanase, et répondit à Constance qui l'accusoit

---

[1] Amm., Marcell., lib. xxi, cap. xvi.
[2] Id., ibid.

de soutenir seul un impie : « Quand je serois seul, « la foi ne succomberoit pas [1]. » Exilé à Bérée, dans la Thrace, il refusa l'argent que l'empereur, l'impératrice et l'eunuque Eusèbe lui offroient. « Tu « as rendu désertes les églises du monde, dit-il au « dernier, et tu m'offres une aumône comme à un « criminel [2] ! » Félix, archidiacre de l'Église romaine, devint l'anti-pape arien.

Le séjour de Constance à Rome eut lieu à l'époque de la plus grande chaleur des partis attachés à Félix et à Libère. Les matrones romaines catholiques se présentèrent à l'empereur dans la magnificence accoutumée de leur parure, le suppliant de rendre au troupeau leur pasteur absent. L'empereur consentit à rappeler Libère, pourvu qu'il gouvernât l'Église en commun avec Félix. Cette résolution fut lue dans le Cirque au peuple assemblé : les deux factions païennes, qui se distinguoient par leurs couleurs, dirent, en se moquant, qu'elles auroient chacune leur pasteur ; puis la foule chrétienne fit entendre cette acclamation : Un Dieu ! un Christ ! un évêque [3] ! Naguère cette même foule s'écrioit : Les chrétiens aux bêtes !

Au milieu de cette confusion, Constance, re-

[1] Imperator Liberio dixit : Quota pars es orbis terrarum, ut tu solus homini impio suffragari velis ?... Liberius dixit : Etiamsi solus sim, fidei causa non idcirco minuitur. (Parisiis, 1683; THEODOR., *Hist. eccles.*, lib. II, cap. XVI, pag. 94.)

[2] Ecclesias orbis terrarum vacuas ac desertas fecisti, et mihi tanquam noxio eleemosynam adfers ! (*Id.*, pag. 95.)

[3] Unus Deus, unus Christus, unus Episcopus. (THEODORET., lib. II, pag. 96.)

tourné en Orient[1], et devenu jaloux des triomphes de Julien, songea à l'affoiblir en lui demandant la plus grande partie de son armée, sous le prétexte de continuer la guerre contre Sapor. Julien pressa ses troupes, ou feignit de les presser de partir. C'est la première grande scène militaire dont Paris ait été témoin.

Assis sur un tribunal élevé aux portes de Lutèce, Julien invite les soldats à obéir aux ordres d'Auguste : les soldats gardent un silence morne et se retirent à leur camp. Julien caresse les officiers, leur témoigne le regret de se séparer de ses compagnons d'armes sans les pouvoir récompenser dignement. A minuit les légions se soulèvent, sortent en tumulte du banquet donné pour leur départ, environnent le palais, et, tirant leurs épées à la lueur des flambeaux, s'écrient : Julien auguste[2] !

Il avoit ordonné de barricader les portes, elles furent forcées au point du jour. Les soldats se saisissent du césar, le portent à son tribunal aux cris mille fois répétés de Julien auguste ! Julien prioit, conjuroit, menaçoit ses violents amis, qui, à leur tour, lui déclarèrent qu'il s'agissoit de la mort ou de l'Empire : il céda. Une acclamation le salua maître ou compétiteur du monde. Il fut élevé sur un bouclier[3] comme un roi frank, et couronné

---

[1] Je ne parle point de l'autel de la Victoire que Constance fit ôter du sénat, et qui y fut replacé vraisemblablement par Julien. Il en sera question sous Théodose Ier.

[2] *Augustum Julianum horrendis clamoribus concrepabant.* (AMM., lib. XX, cap. IV.)

[3] Impositusque scuto pedestri. (*Id., ibid.*) Libanius s'écrie : O

comme un despote asiatique : le collier militaire d'un hastaire[1] lui servit de diadème, car il refusa d'user à cette fin (étant chose de mauvais augure) d'un collier de femme[2] ou d'un ornement de cheval que lui présentoient les soldats.

Afin qu'il ne manquât rien d'extraordinaire à l'avénement du restaurateur de l'idolâtrie, Julien écrivit au peuple et au sénat athénien (*Ad S. P. Q. Ath.*) la relation de ce qui s'étoit passé à Lutèce. Il adressa des lettres explicatives à Constance, lui demanda la confirmation du titre d'auguste. Pour trouver un second exemple d'un empereur proclamé à Paris, il faut passer de Julien à Napoléon. Après des négociations inutiles, Constance rejeta les prières de son rival ; il lui enjoignit de quitter la pourpre, non sans le traiter d'ingrat : « Rappelle-toi que je t'ai protégé alors que tu étois « orphelin. » — « Orphelin ! dit Julien dans sa ré- « ponse à Constance ; le meurtrier de ma famille « me reproche d'avoir été orphelin[3] ! »

Julien rassemble à Lutèce le peuple et l'armée, leur communique les messages venus d'Orient, et leur demande s'il doit abdiquer le titre d'auguste. Un grand bruit s'élève avec ces paroles : « Sans « Julien auguste, la puissance est perdue pour

felix scutum, in quo solemnis inaugurationis mos peractus est, omni tibi tribunali convenientius!

[1] Il se nommoit *Maurus*.

[2] Le texte parle aussi en particulier d'une parure de tête de sa femme : *Uxoris colli vel capitis*.

[3] Julian., *Orat. ad S. P. Q. Athen.*; Liban., *Orat. parent.*; Zonar., lib. XIII.

« les provinces, les soldats et la république[1]. »

Le questeur Léonas fut chargé de porter la réponse publique à son maître, avec une lettre particulière remplie de la colère et du mépris de Julien.

Décidé à marcher sur l'Orient, Julien part avec trois mille soldats; il étoit à peine suivi de trente mille autres. Tout s'épouvante : Taurus, préfet d'Italie, s'enfuit; Florent, préfet de l'Illyrie, s'enfuit; Nébridius, préfet du prétoire en Occident, demeure seul fidèle à Constance; il perd une main d'un coup d'épée, et Julien refuse de serrer la noble main qui reste à Nébridius[2].

Le nouvel auguste descend le Danube, tantôt cotoyant ses bords, tantôt s'abandonnant à son cours; Sirmium, capitale de l'Illyrie occidentale, le reçoit; il se saisit du pas de Suques, entrée de la Thrace, et s'arrête pour attendre son armée[3].

Il tourne alors le visage au passé et le dos à l'avenir, et, se préparant la triste gloire d'avoir été le premier prince apostat, il abjure publiquement le christianisme; il déclare qu'il confie sa vie et sa cause aux dieux immortels, efface l'eau du baptême par la cérémonie du taurobole : une seule des divinités évoquées apparut un moment à la fumée des sacrifices de Julien, la Victoire.

---

[1] *Auguste Juliane ut provincialis, et miles, et reip. decrevit auctoritas.* (AMM., lib. XX, cap. XI.)

[2] AMM., lib. XXI; LIBAN., *Orat. parent.*

[3] MAMERT., *Paneg.;* LIBAN., *Orat.*

Les soldats qui l'accompagnoient, brandissant leurs épées au-dessus de leurs têtes, ou tournant la pointe de ces épées contre leurs poitrines, avoient juré de mourir pour lui : cependant plusieurs d'entre eux étoient chrétiens; mais Julien les avoit trompés. Avant de quitter les Gaules, il étoit entré le jour de l'Épiphanie dans l'église de Vienne, et y avoit fait sa prière. Ammien Marcellin affirme qu'en ce moment même il professoit secrètement le paganisme[1]. Qu'est-ce donc que le parjure avoit dit à Vienne au Dieu des chrétiens?

Constance se préparoit à repousser l'invasion : il meurt à Mopsucrène, en Cilicie, après avoir été baptisé par Euzoïus, de la communion arienne. Le sénat de la nouvelle capitale se range du côté de la fortune; Julien entre dans sa ville natale, que Constance, dit-il, aimoit comme sa sœur, et que lui Julien aimoit comme sa mère[2]. Constantinople chrétienne reçoit l'idolâtrie ainsi que Rome païenne avoit reçu l'Évangile.

Une commission établie à Calcédoine jugea les ministres de Constance : Paul, Apodème et l'eunuque Eusèbe furent justement punis; d'autres subirent injustement la mort et l'exil.

La cour éprouva une réforme totale : on congédia des milliers de cuisiniers et de barbiers. Un de ces derniers se présente superbement vêtu pour

---

[1] *Adhærere cultui christiano fingebat a quo jampridem occulte desciverat.* (Lib. xx.)

[2] Ὁ μὲν γὰρ αὐτὴν ὡς ἀδελφὴν ἐγὼ δὲ ὡς μητέρα φιλῶ. (JULIAN, epist. 58.)

couper les cheveux au successeur de Constance. « Je n'ai pas demandé un trésorier, dit Julien, mais « un barbier [1]. » Les *agents*, au nombre de plus de dix mille, furent réduits à dix-sept, les *curieux*, et autres espions abolis.

Maintenant il convient de connoître plus intimement l'homme qui a pris dans l'histoire une place tout à part, en opposant son génie et sa puissance à la transformation sociale dont les peuples modernes sont sortis.

---

[1] *Ego non rationalem jussi, sed tonsorem acciri.*

TABLE DES MATIÈRES.

ÉTUDES HISTORIQUES.

Avant-Propos.......................... Page 1

Préface 5

Étude première, ou Premier Discours sur la chute de l'Empire romain, la naissance et les progrès du Christianisme, et l'invasion des Barbares. — Exposition.. 129

Premier Discours. — *Première Partie.* De Jules César à Dèce ou Décius........................... 154

Seconde Partie. De Dèce ou Décius à Constantin..... 248

Étude seconde. — *Première Partie.* De Constantin à Valentinien et Valens........................ 304

FIN DE LA TABLE.

www.ingramcontent.com/pod-product-compliance
Lightning Source LLC
Chambersburg PA
CBHW050804170426
43202CB00013B/2561